DE ROUSSEAU A GRAMSCI

Carlos Nelson Coutinho

DE ROUSSEAU A GRAMSCI

ensaios de teoria política

Copyright © Boitempo Editorial, 2011
Copyright © Carlos Nelson Coutinho, 2011

Coordenação editorial
Ivana Jinkings

Editora-adjunta
Bibiana Leme

Assistência editorial
Caio Ribeiro e Livia Campos

Preparação
Mariana Echalar

Diagramação
Bianca Mimiza

Capa
Antonio Kehl e Ivana Jinkings
sobre "Ancient Sound, Abstract on Black", óleo de Paul Klee, 1925

Coordenação de produção
Juliana Brandt

Assistência de produção
Livia Viganó

CIP-BRASIL. CATALOGAÇÃO-NA-FONTE
SINDICATO NACIONAL DOS EDITORES DE LIVROS, RJ

C895r
Coutinho, Carlos Nelson, 1943-
 De Rousseau a Gramsci : ensaios de teoria política / Carlos Nelson Coutinho. - São Paulo : Boitempo, 2011.
 Inclui bibliografia
 ISBN 978-85-7559-183-3

 1. Rousseau, Jean-Jacques, 1712-1778. 2. Gramsci, Antonio, 1891-1937. 3. Ciência política. I. Título.

11-6617.	CDD: 320
	CDU: 32
04.10.11 11.10.11	030347

É vedada a reprodução de qualquer parte deste livro sem a expressa autorização da editora.

1ª edição: novembro de 2011;
4ª reimpressão: abril de 2025

BOITEMPO
Jinkings Editores Associados Ltda.
Rua Pereira Leite, 373
05442-000 São Paulo SP
Tel.: (11) 3875-7250 / 3872-6869
editor@boitempoeditorial.com.br | boitempoeditorial.com.br
blogdaboitempo.com.br | youtube.com/tvboitempo

Para Leandro Konder,
por meio século de amizade

Sumário

Prefácio 9

I. Contribuições à história da teoria política
1. Crítica e utopia em Rousseau 15
2. Hegel e a dimensão objetiva da vontade geral 41
3. O lugar do *Manifesto* na evolução da teoria política marxista 57

II. Ensaios sobre Gramsci
4. Sobre os *Cadernos do cárcere* e suas edições 79
5. O conceito de política nos *Cadernos do cárcere* ... 107
6. Verbetes para um dicionário gramsciano 121
7. Os conceitos políticos de Gramsci segundo Valentino Gerratana 139
8. Lukács e Gramsci: apontamentos preliminares para uma análise comparativa 149

Origem dos textos 169
Bibliografia 171
Índice onomástico 177

Prefácio

Como seu subtítulo indica, esta coletânea reúne ensaios que pretendem tratar de temas de *teoria* política. Ao contrário do que supõe uma concepção hoje corriqueira, há uma diferença essencial entre a *teoria* política e a chamada "*ciência* política". A teoria política – uma disciplina filosófica – não se submete à estreita divisão acadêmica do pensamento social hoje dominante, que faz distinção entre "ciência política", "sociologia", "antropologia", "economia", "história" etc. Contrapondo-se a essa empobrecedora departamentalização do saber, a teoria política não hesita em ligar a esfera da política à totalidade social; aliás, parte da convicção de que só nessa articulação dialética com a totalidade é que os fenômenos políticos (que certamente têm sua especificidade) podem ser devidamente elevados a conceitos. A teoria política considera parte ineliminável do seu domínio teórico também os temas hoje considerados "sociológicos", "econômicos", "antropológicos", "históricos" etc.

De resto, esse modo de abordar os fenômenos políticos não tem nenhum compromisso com a chamada "neutralidade axiológica", ou seja, com a recusa supostamente científica da formulação de juízos de valor. Para quem pretende compreender os fenômenos políticos no quadro da totalidade social, torna-se inescapável a necessidade de articular o ser com o dever ser, ou seja, os fatos empíricos com as possibilidades concretas que estão sempre presentes em qualquer realidade social, por mais aparentemente coisificada que ela se apresente à primeira vista. Como toda manifestação do ser social, também a práxis política resulta de uma articulação entre causalidade e teleologia, entre determinismo e liberdade, entre ser e dever ser. Portanto, a teoria política não tem a pretensão durkheimiana de tratar os fenômenos políticos como "coisas" semelhantes aos objetos naturais; ao contrário, pretende compreendê-los como processos dinâmicos determinados pela práxis, situados no devir histórico e que, por isso, têm sua gênese no passado e apontam para o futuro.

Gramsci, em suas reflexões de *teoria* política, fez uma importante distinção entre "grande política" (alta política) e "pequena política" (política do dia a dia, política parlamentar, de corredor, de intrigas). Essa distinção, segundo ele, baseia-se no fato de que

> a grande política compreende as questões ligadas à fundação de novos Estados, à luta pela destruição, pela defesa, pela conservação de determinadas estruturas orgânicas econômico-sociais. A pequena política compreende as questões parciais e cotidianas que se apresentam no interior de uma estrutura já estabelecida em decorrência de lutas pela predominância entre as diversas frações de uma mesma classe política.[1]

Poderíamos dizer que, enquanto a teoria política se ocupa da "grande política", a "ciência política" tem como objeto questões de "pequena política". Algumas das análises dessa "ciência" (por exemplo, sobre sistemas eleitorais e regimes de governo, sobre a distribuição dos votos, sobre conjunturas imediatas etc. etc.) podem em muitos casos ter interesse empírico e fornecer assim subsídios para a *teoria* política, mas não vão além da esfera da "pequena política".

Não é difícil constatar que os autores tratados neste livro (Rousseau, Hegel, Marx, Gramsci) são *teóricos* da política e não *cientistas* políticos. Nesse sentido, eles fazem parte de uma tradição que começa em Platão e chega até Hannah Arendt e John Rawls, passando por Maquiavel, Hobbes, Locke, Montesquieu e tantos outros. Nenhum desses autores se sentiria à vontade se tivesse de responder, num currículo solicitado hoje por uma agência financiadora, a que campo das chamadas "ciências sociais" pertenceriam. Platão era filósofo ou cientista político? Montesquieu era sociólogo ou historiador? Rousseau era pedagogo ou linguista? Marx era economista ou crítico literário? A simples formulação de tais questões revela quanto a atual divisão departamental do saber acadêmico é incapaz de dar conta da atividade dos grandes pensadores e, portanto, também dos grandes teóricos da política.

Isso significa que a teoria política, assim como a filosofia em geral, tem uma relação orgânica com a ideologia. Gramsci define a ideologia como "unidade de fé entre uma concepção do mundo e uma norma de conduta adequada a ela", ou seja, como uma representação do ser que está na base da proposta de um dever ser. Uma relação com a ética, com juízos de valor, é assim momento inelimin ável da teoria política. Marx formulou isso com precisão ao dizer que não basta entender o mundo, trata-se também de transformá-lo.

Contudo, essa relação entre teoria política e ideologia seria mal compreendida se tomássemos "ideologia" apenas no sentido de "falsa consciência", "ilusão"

---

[1] A. Gramsci, *Cadernos do cárcere* (Rio de Janeiro, Civilização Brasileira, 1999-2002), 6 v., v. 3, p. 21.

ou, o que é pior, "engano" deliberado. Existe também – e é bastante difundida – essa acepção e essa forma de ideologia, que Gramsci chamou de "pejorativa". É precisamente ela que determina o caráter ideológico de grande parte da produção da "ciência política", que é "ideologia" no sentido de ser "falsa consciência", ou seja, de confundir a aparência com a essência, o particular com o universal etc. Ao contrário, na definição de Gramsci, independentemente de ser verdadeira ou não do ponto de vista epistemológico, uma teoria se torna ideologia quando se "apodera das massas", quando se torna estímulo para uma ação efetiva no mundo real. É nesse sentido que a teoria política se articula com a ideologia: os grandes teóricos da política não se limitam a interpretar o mundo, mas todos eles formulam – de maneira implícita ou explícita – uma proposta de conservá-lo ou de transformá-lo. A depender do ponto de vista de classe que adotam e do contexto histórico em que atua essa classe, suas formulações teóricas podem se aproximar mais ou menos de uma reprodução fiel do ser social. Em todos eles, porém, essa reprodução está ligada a uma proposta de intervir na realidade.

Mas não é só a unidade metodológica assegurada pelo ponto de vista totalizante da teoria política, adotado em todos os ensaios que formam esta coletânea, que justifica a sua publicação conjunta. Ainda que esse fio vermelho não seja explícito, os vários ensaios aqui reunidos estão ligados também pela preocupação de oferecer um conceito substantivo de democracia que vá além das atuais teorias minimalistas segundo as quais a democracia é apenas uma mera regra do jogo, reduzindo-se à possibilidade de escolha entre diferentes elites através de eleições competitivas e periódicas. Como tento mostrar no ensaio sobre Rousseau que abre esta coletânea, democracia implica uma igualdade efetiva, substantiva, entre os membros de uma comunidade fundada na vontade geral. Não é casual, assim, que esse conceito de "vontade geral" (ou "universal", ou "coletiva") apareça ao longo da coletânea, nos ensaios sobre Rousseau, Hegel, Marx e Gramsci. Como o leitor atento perceberá, a definição correta da noção de vontade geral me parece indispensável para que seja fundado efetivamente um conceito universal e substantivo, e não apenas procedimental e minimalista, de democracia.

Só me resta esperar que o leitor concorde comigo que esta coletânea pode contribuir, ainda que modestamente, para o debate sobre os temas abordados.

C. N. C.
Rio de Janeiro, março de 2011

I. CONTRIBUIÇÕES À HISTÓRIA DA TEORIA POLÍTICA

1. Crítica e utopia em Rousseau

Entre os muitos pontos polêmicos presentes na vastíssima literatura que busca interpretar a obra de Jean-Jacques Rousseau, destaca-se aquele sobre a unidade do seu pensamento. Parecem-me estar no caminho certo os que afirmam a existência dessa unidade; contudo, gostaria previamente de ressaltar que, em minha opinião, ela se manifesta não *apesar* das muitas contradições certamente presentes na obra de Rousseau, mas precisamente *através* do específico e original modo pelo qual ele soube articulá-las numa totalidade dialética[1]. O objetivo deste ensaio, assim, é o de tentar argumentar em favor dessa unidade num plano específico do pensamento de Rousseau, o de sua filosofia política. Para isso, sugiro uma leitura conjunta dos dois mais importantes textos rousseaunianos nesse terreno, ou seja, *Discours sur l'origine et les fondements de l'inégalité parmi les hommes* (1755) e *Du contrat social* (1762)[2].

---

[1] Um texto clássico sobre o tema é o de Ernst Cassirer, *A questão Jean-Jacques Rousseau* (São Paulo, Unesp, 1999). Publicado originalmente em 1932, o ensaio de Cassirer propõe, a meu ver corretamente, uma resposta afirmativa à questão da unidade do pensamento rousseauniano; mas, para obter tal resultado, Cassirer termina por fazer do filósofo genebrino um precursor direto de Kant e, com isso, sacrifica boa parte de sua originalidade teórica.

[2] A análise de outros textos políticos de Jean-Jacques Rousseau (em particular *Projet de Constitution pour la Corse* e *Considérations sur le gouvernement de Pologne et sur sa réformation projetée*, explicitamente normativos e posteriores à redação do *Contrato*) confirmaria ainda mais a proposta de leitura que sugiro aqui. De resto, como a teoria política de Rousseau depende estreitamente de sua concepção filosófica geral, formando com ela uma unidade sistemática, essa proposta de leitura ganharia densidade se fosse completada por um exame dos seus conceitos estritamente filosóficos, tais como aparecem sobretudo em *Emílio*. Contudo, para melhor demonstrar minha hipótese, atenho-me aqui ao comentário do *Discurso* e do *Contrato*, inclusive no que se refere aos temas filosófico-antropológicos. Deveria me referir ao *Discurso sobre a desigualdade* como *Segundo discurso*, para diferenciá-lo do *Discurso sobre as ciências e as artes*, de 1749; mas, como não havia possibilidade de confusão, julguei desnecessário fazê-lo.

Ainda que esses textos possam parecer contraditórios (muitos intérpretes já se referiram ao suposto "pessimismo antissocial" do primeiro, em contraste com o "otimismo ingênuo" do segundo), penso ser possível demonstrar que uma análise adequada dos conceitos essenciais do *Contrato* implica uma compreensão prévia da problemática desenvolvida no *Discurso*[3]. Nesse caso, a precedência cronológica coincide com a precedência lógica ou sistemática: a segunda obra aparece como a *pars construens* da teoria política de Rousseau, enquanto a primeira é sua *pars destruens*. É através da articulação entre esses dois momentos (ou "partes") que se forma a totalidade orgânica e unitária da reflexão política rousseauniana: em minha avaliação, o *Contrato* deve ser lido como a proposta – no nível normativo do *dever ser* – de uma formação social e política alternativa àquela que aparece no *Discurso* como fruto de uma análise que se situa no nível do *ser*. É porque discorda profundamente do *ser* da desigualdade e da opressão, por ele identificado com a *société civile* de seu tempo, que Rousseau propõe o *dever ser* de uma formação social na qual liberdade e igualdade se articulem indissociavelmente: a crítica do presente se completa assim com a proposição de uma utopia alternativa[4].

Essa proposta de leitura unitária encontra fundamento, como tentarei mostrar em seguida, nos próprios textos rousseaunianos. Antecipando minhas conclusões, diria que o principal ponto de apoio dessa leitura reside no fato de que as referidas obras nos apresentam dois diferentes tipos de contrato: no *Discurso*, temos um contrato iníquo, expressão da desigualdade e origem de um Estado posto a serviço dos ricos; no *Contrato*, aparece a figura de um pacto legítimo, gerador de uma sociedade igualitária e base de uma ordem política fundada na predominância do interesse comum[5]. Por outro lado,

---

[3] Embora cite o *Discurso* e o *Contrato* segundo a edição da Abril Cultural (*Discurso sobre a origem e os fundamentos da desigualdade entre os homens* e *Do contrato social*, São Paulo, Abril Cultural, 1973, Os Pensadores), tanto por ser de mais fácil acesso ao leitor brasileiro como para homenagear a bela tradução de Lourdes Santos Machado, cotejei-a com os originais franceses, tais como estão reproduzidos em Jean-Jacques Rousseau, *Oeuvres complètes* (Paris, Gallimard, 1964) e em poucos casos alterei a tradução. Doravante, citarei o *Discurso* como *D* e o *Contrato* como *C* no corpo do texto e nas notas, seguidos do respectivo número de página na edição brasileira citada.

[4] Pode-se alegar, contra minha argumentação, que essa articulação entre as duas obras não é feita explicitamente por Rousseau. Ainda que se possa refutar o método da "leitura sintomal" proposto por Althusser e discordar profundamente dos conteúdos concretos a que ele chega em sua interpretação de Marx (ver Louis Althusser e outros, *Lire Le Capital*, Paris, Maspero, 1967, sobretudo v. 1, p. 9-89), é certamente justa a sua afirmação de que um autor nem sempre está plenamente consciente de todas as implicações contidas em sua atividade teórica.

[5] "A ideia desse contrato [apresentado no *Discurso*] afasta-se notavelmente, já em suas premissas, daquele descrito por Rousseau no *Contrato*; e essa diferença não foi suficientemente observada

parece-me importante observar desde já que as duas formas de contrato, ao mesmo tempo em que fundam duas diferentes formas de organização política, pressupõem a presença de duas formações econômico-sociais diversas. Pode-se afirmar que, em última instância, a formação econômico-social que está na base do Estado absolutista de Hobbes e do governo liberal de Locke, duas diferentes formas de regime político, é essencialmente a mesma (uma ordem mercantil e individualista); Rousseau, ao contrário, quando nos fala de dois tipos de contrato, não pensa apenas nas diferentes ordens políticas que deles resultam (despótica ou democrática), mas mostra também que, a cada um desses regimes *políticos*, corresponde como pressuposto uma diferente formação *econômico-social*. (Nesse, como em muitos outros pontos de sua reflexão, Rousseau revela ter recolhido a lição de Montesquieu sobre o vínculo genético entre "princípio" e "natureza" do governo.)

1.1. Indivíduo e sociedade em Rousseau

Uma leitura superficial do prefácio do *Discurso* poderia dar a falsa impressão de que o ponto de partida antropológico-filosófico de Rousseau é o mesmo de Hobbes e Locke (ou, de modo mais geral, de grande parte da filosofia social da época), isto é, o individualismo. Com efeito, para os principais pensadores do período histórico que se inicia com o Renascimento e vai até o século XVIII, a sociedade aparece não como um pressuposto – como era o caso na concepção aristotélica do *zoon politikon* e como voltaria a sê-lo em Hegel e Marx –, mas como um resultado, ou seja, como fruto de um processo que tem como ponto de partida e fundamento permanente a existência de indivíduos ontologicamente isolados. Em Rousseau, provavelmente também sob a influência de Montesquieu, a concepção do indivíduo é distinta: para ele, as determinações essenciais do homem enquanto homem (inclusive o pensamento racional, a linguagem articulada e o sentimento moral) não são atributos naturais, pré-sociais, mas, como logo veremos, resultam precisamente do processo de socialização. Além disso, para Rousseau, a estipulação do contrato social não tem como meta a conservação de um mundo de indivíduos privados, garantido por uma esfera pública "especializada" e "separada", como em Hobbes e Locke; ao contrário, é algo que reorganiza a própria forma de articulação entre o público e o privado, de modo que a sociabilidade se torne um elemento constitutivo imanente ao próprio indivíduo: a vontade geral e

---

pelos estudiosos" (Iring Fetscher, *La filosofia politica di Rousseau*, Milão, Feltrinelli, 1977, p. 42). Esse belo livro de Fetscher não só confirma em grande parte minha leitura, mas também registra que ela não é habitual na literatura sobre Rousseau.

o interesse comum não se impõem ao indivíduo como algo externo, mas são uma emanação possível de sua própria individualidade.

Apesar disso, Rousseau foi certamente marcado pelo pensamento de seu tempo, já que – como os jusnaturalistas – toma como ponto de partida de sua análise um "estado de natureza" anterior à formação da sociedade. Isso significa, evidentemente, que esse "estado de natureza" tem de ser definido com base em características supostamente "naturais" (pré-sociais) dos indivíduos que o compõem. Mas, mesmo onde parece haver identidade, há também diferença. Como Macpherson demonstrou em suas belas análises de Hobbes e Locke, o indivíduo "natural" que aparece nas reflexões desses dois autores apresenta, malgrado suas diferenças, os mesmos traços "possessivos" do peculiar indivíduo da era burguesa[6]. Não é assim casual que essa concepção do homem como um ser orientado "naturalmente" por seus interesses singulares e egoístas (como um ser que, nas palavras de Hobbes, quer "poder e mais poder") esteja na origem da concepção liberal de sociedade, uma concepção que – malgrado o absolutismo *político* defendido pelo autor do *Leviatã* – forma a essência da teoria da sociedade tanto nele como no liberal Locke. Possessivos e autocentrados, os indivíduos se organizariam em sociedade apenas para melhor garantir sua segurança pessoal e suas propriedades, ameaçadas no "estado de natureza"; o Estado ou o governo, ao "regulamentar" os conflitos, forneceria o quadro no qual os indivíduos poderiam explicitar do melhor modo possível essa sua "possessividade" natural. Mesmo vivendo em sociedade, portanto, os indivíduos não perderiam os atributos que tinham em "estado de natureza".

A posição de Rousseau é radicalmente oposta: para ele, a "possessividade" não é um atributo natural e eterno do indivíduo, mas apenas uma de suas virtualidades, que pode ou não ser atualizada pelo processo de socialização. E é exatamente para demonstrar isso – e, desse modo, para refutar a concepção hobbesiana em seu próprio terreno – que Rousseau sugere sua peculiar concepção de "estado de natureza"[7]. Ele afirma de modo explícito que esse estado é uma abstração, a

---

[6] Crawford Brough Macpherson, *The Political Theory of Possessive Individualism* (Oxford, Oxford University Press, 1962), em particular p. 9-106 e 194-262. Na verdade, a linha interpretativa de Macpherson já havia sido sugerida pelo próprio Rousseau quando, no *Discurso*, afirma que a "guerra de todos contra todos" que Hobbes atribui ao "estado de natureza" é, na verdade, a transposição para aquele estado do que acontece efetivamente na "sociedade civil" da época (J.-J. Rousseau, "Discurso sobre os fundamentos e origens da desigualdade entre os homens", em *Do contrato social*, cit., p. 245).

[7] O melhor estudo sobre as relações entre Rousseau e os demais contratualistas é o notável livro de Robert Derathé, *Jean-Jacques Rousseau et la science politique de son temps* (Paris, Vrin, 1979). A grande lacuna desse livro, reconhecida pelo próprio autor, é deixar de lado as evidentes relações entre Rousseau e Montesquieu, um tema, aliás, pouco tratado na bibliografia rousseauniana. O famoso livro de Émile Durkheim, *Montesquieu et Rousseau*

qual, ao eliminar todas as determinações que advêm ao homem do processo de socialização, é capaz de restituir uma imagem adequada do "indivíduo natural". (Como veremos, essa abstração é tão radical que termina por eliminar a própria humanidade do "homem natural".) Para Rousseau, portanto, o importante é mostrar que esse indivíduo "natural" não é de modo algum o lobo de seu semelhante, não é um ser que se oriente exclusivamente conforme interesses egoístas. Ao contrário, é um ser que dispõe – diz-nos ele – de "dois princípios anteriores à razão, um dos quais interessa profundamente ao nosso bem-estar e à nossa conservação; e o outro que inspira uma repugnância natural por ver perecer ou sofrer qualquer ser sensível" (*D*, 236-7). Rousseau nos fala assim de um instinto de conservação, através do qual o indivíduo se refere a si mesmo; mas também nos fala de um sentimento que designa como "piedade" ou "compaixão" (*pitié*) e que pode ser considerado como uma forma primordial de expressão do humano-genérico no indivíduo[8]. Desse modo, já em sua estrutura instintual (ou, se preferirmos, pulsional), o indivíduo natural rousseauniano se abre – através da *pitié* – para a sociabilidade, para a participação (cada vez menos muda ou inconsciente) no gênero humano. Além do mais, nem mesmo o "instinto de conservação" pode ser definido ao modo de Hobbes; para Rousseau, esse "instinto" não conduz necessariamente ao egoísmo, a uma luta de todos contra todos. Diz ele:

> Não se deve confundir o amor-próprio [*amour-propre*] com o amor de si mesmo [*amour de soi*]; são duas paixões bastante diferentes, seja por sua natureza, seja por seus efeitos. O amor de si mesmo é um sentimento natural que leva todo animal a zelar por sua própria conservação, e que, no homem *dirigido pela razão e modificado pela piedade*, produz a humanidade e a virtude. O amor-próprio não passa de um sentimento relativo, fictício, nascido na sociedade, que leva cada indivíduo a fazer mais caso de si mesmo do que de todos os outros. (*D*, 312-3)

O traço que distingue de maneira mais aguda a antropologia de Rousseau daquela de Hobbes e Locke, contudo, é uma compreensão profundamente

---

(Paris, Marcel Rivière, 1966, ed. original de 1892), é formado, na verdade, por dois ensaios independentes.

[8] Para usar uma conceituação de György Lukács, poderíamos dizer que a "compaixão" seria a primeira manifestação da quebra do "mutismo" do gênero no indivíduo; segundo o filósofo húngaro, com "a crescente socialização da sociedade (o recuo das barreiras naturais)", ocorreria "uma maturação do gênero humano enquanto não-mais-mudo, como, ao contrário, são e continuam a sê-lo todas as demais espécies biológicas que objetivamente existem" (G. Lukács, *Per l'ontologia dell'essere sociale*, Roma, Editori Riuniti, 1981, v. 2, p. 610 [ed. bras.: *Ontologia do ser social*, São Paulo, Boitempo, no prelo]). Penso que essa tese lukacsiana, a de que se verifica uma superação cada vez maior do "mutismo" durante o processo de socialização, com a consequente tomada de consciência de nosso pertencimento ao gênero humano, aproxima-se bastante da posição rousseauniana que analisaremos a seguir.

dinâmica do homem. Esse dinamismo aparece já no nível biológico, na medida em que Rousseau atribui ao homem um polimorfismo instintual: "Se cada espécie possui apenas o seu próprio instinto, o homem – não tendo talvez nenhum que lhe pertença exclusivamente – apropria-se de todos" (*D*, 244). Mas é com o processo de socialização que tal dinamismo se revela plenamente. Esse processo, ao retirar o homem do seu isolamento no estado natural e ao torná-lo dependente dos outros homens, transforma-o radicalmente, atualizando a sua essência, que existia apenas em potência no período pré-social. Por meio da atividade, do trabalho coletivo, o homem que se socializa vai adquirindo não apenas novas determinações, que não possuía no estado de natureza, mas ao mesmo tempo articula de modo diverso a sua gama instintual polimórfica. Para Rousseau, como podemos ler tanto no *Discurso* como em muitas de suas outras obras, resultam da socialização não apenas o pensamento racional e a linguagem articulada, mas também a consciência moral[9]. Por outro lado, ele também mostra que, em função das alternativas e vicissitudes do processo de socialização, os homens podem combinar diferentemente suas pulsões: nas sociedades individualistas fundadas na desigualdade, por exemplo, eles subordinam o *amour de soi* ao *amour-propre*, tornando-se egoístas; nas sociedades onde impera a vontade geral, ao contrário, o *amour de soi* é temperado pela *pitié* e eleva-se à virtude, consagrando o predomínio do interesse público sobre o interesse privado.

Tanto no *Contrato* como no *Emílio*, Rousseau afirma sua crença na possibilidade de transformação do homem, ou seja, em sua *perfectibilidade*, que resultaria precisamente dessa sua plasticidade, transformação que ele coloca de maneira explícita como condição para o êxito da sociedade livre e igualitária proposta no *Contrato*[10]. Tudo isso significa que Rousseau, ainda sob a inspiração de Montesquieu, foi o primeiro a introduzir a dimensão da historicidade no cerne da problemática contratualista. Enquanto nos demais contratualistas temos uma sequência lógica (não necessariamente cronológica) que leva do estado de natureza à sociedade civil através de um único tipo de contrato, aparece em Rousseau uma dinâmica bem mais complexa: depois do estado natural e *antes* do contrato, ocorre um longo processo *histórico* de socialização, através do qual o desenvolvimento das forças produtivas gera várias formações sociais, preparando assim as condições de possibilidade para dois diferentes tipos alternativos de contrato, um que perpetua a sociedade injusta, outro que gera uma sociedade livre e igualitária. E essa historicidade rousseauniana não envolve apenas as for-

---

[9] Sobre isso, particularmente no que se refere à razão, ver Robert Derathé, *Le rationalisme de Jean-Jacques Rousseau* (Paris, PUF, 1948), sobretudo p. 9-32.

[10] "Quem enfrenta a tarefa de dar instituições a um povo deve, por assim dizer, sentir-se capaz de transformar a natureza humana" (*C*, 64).

mações sociais e os regimes políticos, que se transformam ao longo do processo de socialização, mas se refere também ao próprio homem, que modifica seus atributos no curso da evolução histórica.

Portanto, existe uma nítida oposição entre, por um lado, a concepção rousseauniana das relações entre indivíduo e sociedade e, por outro, aquela defendida pelos demais contratualistas, em particular por Hobbes e Locke: Rousseau não só define o ser do seu indivíduo natural mediante características bastante diversas daquelas usadas pelos dois pensadores ingleses, mas atribui ao homem um dinamismo histórico e uma potencialidade de transformação que estão inteiramente ausentes neles. Portanto, longe de poderem ser subsumidas na corrente individualista de sua época, as reflexões filosóficas de Rousseau antecipam em muitos pontos a ontologia do ser social de Hegel e, sobretudo, de Marx: o homem enquanto tal (enquanto ser que raciocina, dispõe de linguagem e age moralmente) é produto de seu próprio trabalho, de sua história, de sua práxis social. Embora Rousseau pareça deplorar o processo histórico de socialização, é inegável que lhe atribui um decisivo papel ontológico-genético na construção do ser humano, tanto no nível individual como no plano da espécie: pondo fim ao isolamento do indivíduo natural, multiplicando as necessidades humanas e gerando ao mesmo tempo a faculdade de satisfazê-las, ampliando a produtividade do trabalho por meio de sua crescente divisão e especialização, o processo de socialização é a causa material e eficiente que faz o homem passar de potência a ato[11].

Nesse ponto, cabe uma breve digressão sobre um dos conceitos centrais tanto da filosofia como da teoria política de Rousseau: o conceito de liberdade. Talvez seja essa a única determinação essencial do homem que ele não faz derivar do processo de socialização, vendo-a, ao contrário, como um atributo do indivíduo natural. Rousseau afirma mesmo que a "distinção específica" entre o homem e o animal "não é [...] tanto o entendimento quanto a qualidade de agente livre possuída pelo homem" (*D*, 249). Mas, embora se aproxime dos jusnaturalistas nessa concepção não social da gênese da liberdade, ele volta a antecipar Hegel e Marx quando define suas características ou atributos ontológicos. Portanto, também nesse caso, é preciso distinguir entre a liberdade rousseauniana e a liberdade "liberal" e individualista que vemos se manifestar, entre outros, em Hobbes e

---

[11] Engels foi o primeiro a enfatizar a relação de Rousseau com Hegel e Marx: "Em Rousseau, já nos encontramos não só com um processo de ideias idênticas, como duas gotas d'água, às que se desenvolvem em *O capital* de Marx, mas também, em detalhes, com toda uma série dos mesmos giros dialéticos que Marx emprega [...]. E se Rousseau, em 1754, ainda não podia se expressar no jargão hegeliano, ele já estava, dezesseis anos antes de Hegel nascer, profundamente contaminado pela peste hegeliana, pela dialética da contradição, pela teoria do logos, pela teologia etc." (F. Engels, *Anti-Dühring*, Rio de Janeiro, Paz e Terra, 1987, p. 120).

Locke. Para os liberais em geral, liberdade é a capacidade de satisfazer os próprios interesses individuais nos limites do respeito aos interesses igualmente individuais dos outros (é, na terminologia consagrada por Berlin[12], uma "liberdade negativa"). Em Rousseau, ao contrário, a liberdade adquire uma dimensão nitidamente social e histórica: não só é entendida como "autonomia" (como a ação conforme com as leis que o próprio homem cria enquanto parte do todo social) e, nesse sentido, é "liberdade positiva", mas também é algo que se articula ontologicamente com o caráter dinâmico do homem, com sua plasticidade histórica ou, como diria o próprio Rousseau, com sua "perfectibilidade". A liberdade, diz ele, "é a faculdade de aperfeiçoar-se, faculdade que, com o auxílio das circunstâncias [sociais], desenvolve sucessivamente todas as outras e se encontra entre nós tanto na espécie como no indivíduo" (*D*, 249). Em outras palavras, a liberdade rousseauniana, ainda que tenha uma gênese "natural", atualiza-se através da práxis social, manifestando-se mais como um *processo* do que como um *estado*. É preciso levar em conta essa dimensão social e dinâmica do *conceito* de liberdade em Rousseau caso se queira compreender plenamente o significado *político* da liberdade que ele coloca como pressuposto e resultado da sociedade gerada pelo contrato social legítimo[13].

Pode parecer paradoxal insistir, como até agora venho fazendo, na grande importância ontológico-social do progresso na teoria rousseauniana. E isso porque Rousseau foi também, e ao mesmo tempo, um implacável crítico do progresso e do processo de socialização em que esse progresso até então se havia expressado (e, poderíamos acrescentar, continua ainda hoje a expressar-se). Essa crítica resulta do exame da *société civile* de seu tempo, na qual a desigualdade – em cujas origens e fundamentos se concentra a reflexão contida no segundo *Discurso* rousseauniano – atingiu um ponto intolerável. Todavia, uma leitura mais atenta revelará que Rousseau não é um crítico do progresso em si, ou da socialização em si, mas um dos primeiros a indicar – antecipando uma corrente conceitual que depois se desenvolverá com Marx e Engels e chegará a Lukács, Benjamin, Horkheimer e Adorno, entre outros – o caráter *contraditório* do progresso tal

---

[12] Isaiah Berlin, *Quatro ensaios sobre a liberdade* (Brasília, Editora da Universidade de Brasília, 1981), p. 133 e ss.

[13] Lucio Colletti, quando ainda marxista, observou: "A liberdade não é mais, para Rousseau, a liberdade liberal ou liberdade do indivíduo 'em relação à' sociedade, mas é a liberdade que se realiza na e através da sociedade" (L. Colletti, "Rousseau critico della 'società civile'", em *Ideologia e società*, Bári, Laterza, 1972, p. 207). No mesmo sentido se orienta, ainda que sublinhando com mais ênfase os limites "burgueses" de Rousseau, o antigo mestre de Colletti, Galvano Della Volpe, em *Rousseau e Marx* (Roma, Editori Riuniti, 1962), p. 19 e ss. Para uma interpretação de Rousseau que, ao contrário, identifica-o com o liberalismo, ver Rodolfo Mondolfo, *Rousseau y la conciencia moderna* (Buenos Aires, Eudeba, 1962), sobretudo p. 53 e ss. E, para uma posição intermediária, que situa Rousseau entre o liberalismo e a democracia, ver José Guilherme Merquior, *Rousseau e Weber* (Rio de Janeiro, Guanabara, 1990), p. 15-94.

como até hoje o conhecemos. Como vimos, Rousseau está convencido de que, sem a socialização e o progresso, "a *perfectibilidade*, as virtudes sociais e as outras faculdades que o homem natural recebera *potencialmente* jamais poderiam se desenvolver" (*D*, 264; grifo meu). Ao mesmo tempo, porém, ele se propõe uma questão: como foi possível que "o aperfeiçoamento da razão humana" tenha levado "a deteriorar a espécie, a fazer com que um ser se tornasse malvado ao se converter em ser social" (*D*, 264)? O paradoxo se dissolve se compreendermos que não estamos aqui diante de uma contradição *lógica* do pensamento de Rousseau, mas sim da elevação a conceito de uma contradição *objetiva (histórico--ontológica)* do processo de socialização por ele examinado.

Uma análise da resposta que Rousseau buscou dar à questão, sobretudo na segunda parte do *Discurso*, mostra que sua demolidora crítica não incide – ao contrário do que supõe uma opinião predominante desde sua época – sobre a sociedade em geral: ela se dirige a uma sociedade concreta, que ele chama de "sociedade civil" e que é, na verdade, a ordem social mercantil-burguesa que se vai desenvolvendo em seu tempo. Não é correto dizer que Rousseau, como o fizeram muitos críticos românticos da sociedade burguesa, identificou essa sociedade historicamente específica com a sociedade em geral. Na verdade, ao retomar na segunda parte do *Discurso* o exame do papel da divisão do trabalho e do desenvolvimento das forças produtivas na gênese do progresso, ele julga entrever no que chama de "estado intermediário", situado numa "posição média exata entre a indolência do estado primitivo e a atividade petulante do nosso amor-próprio" (e que ele caracteriza como sendo uma formação social pastoril e pré-mercantil), a gestação de uma sociedade adequada ao homem; ele afirma explicitamente, de resto, que "o gênero humano era feito para nele permanecer, [pois] esse estado é a verdadeira juventude do mundo" (*D*, 270). E se, logo após, afirma de maneira taxativa que "todos os progressos posteriores [a esse 'estado intermediário'] foram, aparentemente [...], passos para a perdição do indivíduo e, efetivamente, para a decrepitude da espécie", parecendo cair assim num completo pessimismo quanto ao presente, o conjunto de sua obra não justifica essa aparência pessimista. Ao exaltar, na dedicatória do *Discurso*, a República de Genebra como exemplo de uma sociedade de homens livres e iguais (exaltação que decerto não correspondia à realidade e da qual ele será constrangido a se retratar posteriormente, nas *Lettres écrites de la montagne*), Rousseau já revela que acredita na possibilidade *contemporânea* de formações político-sociais diferentes daquela que tão duramente critica[14]. Mas será no *Contrato*, como logo veremos,

---

[14] Uma interpretação da dedicatória do *Discurso* como o primeiro esboço rousseauniano de um "Estado ideal" foi muito bem desenvolvida por Mario Einaudi, *Il primo Rousseau* (Turim, Einaudi, 1979), p. 145 e ss.

que ele nos proporá – de modo explícito e sistemático – um modelo alternativo de sociedade, o qual, sem renegar as conquistas fundamentais do progresso (e, antes de mais nada, a definitiva conversão do homem num ser social), elimina ao mesmo tempo as principais causas e manifestações das degenerescências que eram apontadas, no próprio *Discurso*, como características da "sociedade civil".

1.2. A crítica da desigualdade

Trata-se agora de ver quais são essas causas ou, nos termos do próprio Rousseau, quais são "a origem e o fundamento da desigualdade entre os homens". A principal delas, diz-nos Rousseau, é o nascimento da *propriedade privada*: "O verdadeiro fundador da sociedade civil foi o primeiro que, tendo cercado um terreno, lembrou-se de dizer *isto é meu* e encontrou pessoas suficientemente simplórias para acreditar nele" (*D*, 265). Ao mesmo tempo, temos o surgimento e a crescente intensificação da *divisão do trabalho*, que se tornou cada vez mais necessária em razão da desmesurada ampliação dos carecimentos humanos, bastante exíguos e limitados em estado de natureza. Quebrando a independência do homem natural e ampliando a dependência recíproca entre os indivíduos socializados, no quadro de um regime baseado na propriedade privada, a divisão do trabalho criou conflitos e rivalidades entre os seres humanos, tornando o egoísmo desenfreado (o *amour-propre*) a motivação básica da ação humana e da vida social. Sobre isso, Rousseau é categórico:

> Por um lado, temos concorrência e rivalidade; por outro, oposição de interesses; e, em ambos, o desejo oculto de alcançar lucros em detrimento dos outros. Todos esses males constituem o primeiro efeito da propriedade e o cortejo inseparável da desigualdade nascente. (*D*, 273)

Além disso, Rousseau registra a presença na "sociedade civil" de fenômenos que, mais tarde, Marx designará com o nome de "alienação": as objetivações criadas pelos homens sociais reciprocamente dependentes não são mais apropriadas de modo autônomo por seus criadores, produzindo-se assim um antagonismo entre a essência social-objetiva da humanidade e a existência singular de cada indivíduo. Rousseau registra com acuidade psicológica o aspecto subjetivo dessa alienação: "Para proveito próprio, foi preciso mostrar-se diferente do que na realidade se era. Ser e parecer se tornaram coisas totalmente diferentes" (*D*, 273)[15]. É esse antagonismo entre a independência (do homem natural) e a dependência

---

[15] A problemática da alienação em Rousseau foi examinada, entre outros, por Bronislaw Baczko, *Rousseau: solitude et communauté* (Paris/Haia, Mouton, 1974), p. 13-56, e Guglielmo Forni, *Alienazione e storia: saggio su Rousseau* (Bolonha, Il Mulino, 1976), sobretudo p. 21-90.

(do homem da "sociedade civil") – questão central no pensamento rousseauniano – que o aproxima estreitamente da problemática marxiana da alienação. Na verdade, o que Rousseau critica não é tanto o fato de que os homens dependam uns dos outros para satisfazer seus carecimentos, mas sim o modo peculiar como se dá essa dependência, ou seja, nos quadros da propriedade privada e da divisão do trabalho, o que, segundo ele, leva à perda da autonomia e, por conseguinte, da independência e da liberdade dos indivíduos. No *Contrato*, a proposta apresentada será precisamente a de construir uma sociedade na qual os indivíduos, conservando todas as vantagens decorrentes da colaboração social, reconquistem *em nível superior* – porque agora na condição de homens em ato e não só em potência – a independência perdida que outrora haviam desfrutado no estado de natureza[16].

É interessante observar aqui, de passagem, como a análise do *Discurso* confirma plenamente a observação de Engels segundo a qual Rousseau foi, em pontos essenciais de sua reflexão, um precursor de Marx. Lendo esse texto, podemos constatar que a articulação dialética entre propriedade privada, divisão do trabalho e alienação não foi feita pela primeira vez em *A ideologia alemã**, escrita entre 1845 e 1846. Quase cem anos antes, embora de modo menos sistemático, essa articulação já era utilizada por Rousseau como o principal instrumento conceitual da análise crítica da sociedade burguesa de seu tempo. Também não é difícil perceber, no *Discurso*, a antecipação de outros conceitos decisivos do materialismo histórico, como, por exemplo, o vínculo orgânico entre o desenvolvimento das forças produtivas e a gestação de diferentes modos de produção e formações sociais. É a partir do desenvolvimento das técnicas produtivas (pastoreio, agricultura, metalurgia etc.) e das faculdades humanas (linguagem, razão, especialização no trabalho etc.), as quais, em conjunto, formam o que Marx chamou de "forças produtivas", que Rousseau deduz as diferentes estruturas econômico-sociais que descreve como etapas sucessivas do processo de socialização. E, mais do que isso, é com base nos conflitos imanentes a essa estrutura material que ele deduz, num segundo momento, o tipo de contrato e de ordem política que não só sanciona a desigualdade econômica, mas também introduz dali em diante a desigualdade

---

[16] Comentando textos de Rousseau, Robert Derathé sintetiza muito bem esse problema: "Rousseau distingue 'o homem natural vivendo em estado de natureza' e o 'homem natural vivendo em estado de sociedade', que não deve ser confundido com o 'homem civil' do segundo *Discurso* [...]. O primeiro, o 'homem selvagem', vive na independência natural, enquanto o 'homem civil' é escravo de suas paixões, de seus preconceitos e de seus vícios. Somente 'o homem natural vivendo em sociedade' – ou seja, o homem verdadeiramente homem, já que o selvagem é 'animal' [...] – é perfeitamente livre" (R. Derathé, *Le rationalisme de Jean-Jacques Rousseau*, cit., p. 112). Caberia acrescentar que o "homem natural vivendo em sociedade", aquele figurado no *Emílio* e no *Contrato*, é livre precisamente porque é autônomo e não alienado.

* São Paulo, Boitempo, 2007. (N. E.)

política. (Nesse ponto, como em muitos outros, a "antecipação" de Marx pressupõe claramente a recepção de Montesquieu.)

Como já dissemos antes, o objeto da crítica de Rousseau não é a sociedade em geral, mas sim a sociedade concreta de seu tempo, que pode ser definida – embora Rousseau não se valha da expressão – como uma sociedade capitalista ou, mais precisamente, como o estágio dessa sociedade no qual a rápida e intensa generalização das relações mercantis impôs, de modo cada vez mais abrangente, a dominação do capital. Se, para confirmar isso, não bastasse a simples comparação entre a "sociedade civil" criticada no *Discurso* e a sociedade real da época, poder-se-ia aduzir outro argumento, ou seja, a extraordinária semelhança entre a ordem social criticada por Rousseau e uma das mais lúcidas expressões teóricas da sociedade mercantil capitalista, aquela figurada por Adam Smith em *A riqueza das nações*[17]. Tanto para Smith como para Rousseau, a mola do progresso reside na ampliação crescente da divisão do trabalho, na multiplicação das demandas e dos carecimentos humanos; para ambos, o agente central desse progresso é o indivíduo que se empenha na busca de seu próprio interesse, expresso no lucro privado. A diferença básica – e radical – reside na avaliação dos resultados a que conduz esse processo. Smith, ainda que não negue as contradições geradas pelo desenvolvimento da sociedade que descreve, conclui afirmando que uma suposta "mão invisível", atuando através do mercado, terminaria por harmonizar os vários interesses individuais conflitantes: a máxima explicitação do individualismo seria a condição para o bem-estar geral. Não é outra, em última instância, a concepção do liberal Bernard Mandeville, explicitamente criticada por Rousseau (*D*, 259); para o autor de *A fábula das abelhas*, como se sabe, o mundo é organizado de tal modo que os vícios privados se convertem em virtudes públicas, ou seja, a busca pelo luxo privado gera empregos e, portanto, é um fator de bem-estar social. O diagnóstico axiológico de Rousseau é completamente diverso do otimismo smithiano: para ele, essa sociedade "liberal" regida pelo mercado – na qual cada um busca apenas aumentar sua propriedade e satisfazer seu próprio interesse – conduz não ao bem-estar geral, mas sim ao aumento da desigualdade *social* (que ele distingue explicitamente da desigualdade natural), com todas as suas sequelas negativas no plano da moral social e individual.

Portanto, é um equívoco ver nas reflexões de Rousseau – como fazem muitos marxistas – somente uma crítica ao *Ancien Régime* feudal-absolutista feita em nome

---

[17] Para um eficiente paralelo entre Rousseau e Smith, ver Lucio Colletti, "Rousseau critico della 'società civile'", cit., p. 211-2. É interessante observar que o próprio Smith escreveu uma breve resenha do *Discurso* na qual, embora evite comentar os argumentos teóricos nele contidos, define o texto rousseauniano como "uma obra que consiste quase inteiramente de retórica e descrições", o que é decerto um modo de desqualificá-la. A resenha de Smith encontra-se em Iring Fetscher, *La filosofia politica di Rousseau*, cit., p. 265-6.

da nascente "democracia burguesa", ainda que se admita que essa crítica parta de um ponto de vista "plebeu" ou pequeno-burguês[18]. *Rousseau, na verdade, é um implacável crítico da própria sociedade burguesa*, talvez o primeiro grande crítico dessa sociedade a apoiar sua oposição não numa tentativa de retorno (ou conservação) da ordem feudal historicamente ultrapassada, mas na utopia de uma sociedade democrática e igualitária, que ele identifica, no *Contrato*, com uma república autogovernada fundada na vontade geral. Decerto, em sua crítica ao capitalismo, Rousseau não se apoia – nem poderia, dado o contexto histórico – no ponto de vista da classe trabalhadora moderna, do proletariado; ele adota o ângulo de visão do pequeno camponês e do artesão, que tinham na época suas condições de vida rapidamente destroçadas pelo avanço do capitalismo. Por isso, as bases econômicas da sociedade democrática que defende não se fundam na *socialização da propriedade*, mas sim em sua *distribuição igualitária*: é como se Rousseau pretendesse conservar o modo de produção mercantil simples, mas impedindo-o de se converter em modo de produção capitalista. Esse anacronismo, como veremos, é uma das principais razões do caráter utópico de sua proposta; mas isso não justifica, de nenhum modo, que Rousseau seja qualificado como um "democrata burguês". Aliás, foi precisamente o caráter profundamente antiburguês e anticapitalista de sua reflexão que o tornou um dos principais alvos da crítica de quase todos os liberais, desde os iluministas de seu tempo (como Voltaire) até os neoliberais do século XX (como J. L. Talmon, que inaugurou a moda de considerá-lo o precursor da "democracia totalitária")[19], passando pelos liberais antidemocratas do século XIX (como Benjamin Constant).

---

[18] Em última instância, é essa a posição expressa não apenas por Della Volpe (*Rousseau e Marx*, cit., passim), mas também por Althusser ("Sobre el *Contrato social*", em Claude Lévi-Strauss et al., *Presencia de Rousseau*, Buenos Aires, Nueva Visión, 1972, p. 57-101). Para refutar essa tese, bastaria lembrar que, na ordem legítima proposta por Rousseau, "nenhum cidadão jamais será suficientemente rico para comprar outro, nem ninguém será tão pobre a ponto de ser obrigado a se vender" (*C*, 70). Como corretamente observa Macpherson, "a referência [de Rousseau] a comprar e vender pessoas manifestamente não diz respeito à escravidão, porque esse princípio é enunciado como norma permanente para os cidadãos, isto é, homens livres; presumivelmente, então, trata-se de uma proibição de compra e venda de mão de obra assalariada livre" (C. B. Macpherson, *A democracia liberal: origens e evolução*, Rio de Janeiro, Zahar, 1978, p. 23). Trata-se assim da proibição de uma relação social que está na base do capitalismo, sem a qual essa formação econômico-social não poderia existir.

[19] J. L. Talmon, *The Origins of Totalitarian Democracy* (Londres, Secker & Warburg, 1952). É curioso observar que, em 1978, aderindo à teoria de Talmon, Fernando Henrique Cardoso não hesitou em afirmar que "o democratismo radical de Rousseau inspirou historicamente momentos que poderiam ser qualificados como de 'democracias totalitárias'" (F. H. Cardoso, *Democracia para mudar*, Rio de Janeiro, Paz e Terra, 1978, p. 35). Registre-se que um outro liberal brasileiro, o saudoso José Guilherme Merquior, opôs-se de maneira enfática a essa bizarra teoria, chamando Talmon de "o último difamador influente de Rousseau" (J. G. Merquior, *Rousseau e Weber*, cit., p. 38).

Já vimos que, em dado momento do processo de socialização, os homens fazem um contrato com o objetivo de instituir um corpo político. Rousseau o descreve na segunda parte do *Discurso*. Como em Hobbes e Locke, esse primeiro contrato rousseauniano é descrito como um pacto que se legitima – ou pretende se legitimar – em nome da garantia da segurança e da propriedade. A condição anterior ao contrato (que, nunca é demais insistir, para Rousseau é uma condição já social e não mais natural) é descrita como "o horror de uma situação que armava todos uns contra os outros, que tornava suas posses tão onerosas quanto as necessidades, e na qual ninguém se encontrava seguro, fosse na pobreza ou na riqueza" (*D*, 274). Mas, enquanto para Hobbes e Locke o resultado do contrato seria a criação de um governo que beneficia igualmente todos, assegurando o melhor espaço possível para o livre desenvolvimento dos indivíduos singulares, o contrato que Rousseau nos descreve no *Discurso* beneficia apenas uma parcela da sociedade, precisamente os ricos, os detentores de propriedade. Na medida em que a propriedade, no estado anterior ao contrato, resultava apenas de uma usurpação, de "uma conquista pela força" (*D*, 274) – estando longe, portanto, de ser um direito natural legitimado pelo trabalho, como supunha Locke –, interessava aos proprietários fundá-la e garanti-la não por meio de um "direito precário", mas através de uma legalidade positiva reconhecida e aceita por todos, inclusive pelos não proprietários. Tendo convencido os pobres das supostas vantagens de criar uma ordem legal mediante um contrato, valendo-se para isso de um discurso que os marxistas não hesitariam em definir como "ideologia" (ou seja, apresentando como interesse universal o que não passava de um interesse particular), os ricos tornaram-se os únicos beneficiários da nova situação.

Rousseau se expressa com toda clareza:

> Todos correram ao encontro dos seus grilhões, acreditando garantir sua liberdade [...]. Tal foi ou deve ter sido a origem da sociedade e das leis, que deram novos entraves ao fraco e novas forças ao rico, destruíram irremediavelmente a liberdade natural, fixaram para sempre a lei da propriedade e da desigualdade, fizeram de uma usurpação sagaz um direito irrevogável e, para vantagem de alguns ambiciosos, passaram doravante a submeter todo o gênero humano ao trabalho, à servidão e à miséria. (*D*, 275-6)

Ele não poderia formular de modo mais contundente sua crítica ao modelo de contrato defendido por Locke e pelos liberais, revelando claramente que sua fundamentação não é mais do que uma ideologia a serviço das classes economicamente dominantes.

Mas a crítica rousseauniana prossegue. Se, no terreno econômico e social, a estipulação do contrato legaliza a desigualdade e sua principal causa, a propriedade privada, ocorre no terreno político um processo que leva inevitavelmente à opressão, ao arbítrio, ao despotismo. Com base numa sociedade injusta e num contrato mistificador, diz-nos Rousseau, a ordem política não pode permanecer legítima. Mais uma vez, suas conclusões são enfáticas:

> Se seguirmos o processo da desigualdade nessas diferentes revoluções, verificaremos que seu primeiro termo foi constituído pelo estabelecimento da lei e do direito de propriedade; o segundo, pelo estabelecimento da magistratura [ou seja, pela instituição de uma camada politicamente dominante]; o terceiro e último foi a transformação do poder legítimo [já que fundado num contrato] em poder arbitrário. (*D*, 283)

A desigualdade, a partir do terreno das relações econômicas (do que os marxistas chamariam de "relações sociais de produção"), estende-se à superestrutura política. Prossegue Rousseau: "Assim, o estado de rico e pobre foi autorizado pela primeira época; o de poderoso e fraco, pela segunda; e, pela terceira, o de senhor e escravo, que é o último grau de desigualdade" (*D*, 283).

É como se Rousseau nos dissesse que, quando se mantêm os fundamentos anti-igualitários da formação econômico-social, a ordem política fundada num contrato de tipo lockeano termina por levar ao Leviatã hobbesiano[20]. Diante dessa situação de despotismo, produzida como consequência última do contrato iníquo, Rousseau prega claramente – como fizera Locke, ao contrário de Hobbes, em seu tempo – o direito de rebelião. Diz ele:

> [Nesse] último grau de desigualdade, [...] tudo se governa unicamente pela lei do mais forte. [...] O contrato de governo é assim desfeito pelo despotismo; o déspota só é senhor enquanto é o mais forte; e, tão logo seja possível expulsá-lo, de modo algum ele pode reclamar contra a violência. [...] Só a força mantinha [o déspota], só a força pode derrubá-lo. (*D*, 283)

Contudo, cabe observar que, ao contrário de Locke, Rousseau não prega o direito de rebelião apenas contra o despotismo e o arbítrio políticos; na medida em que estes são "apenas" o resultado final de uma sociedade fundada na desigualdade, ele estende implicitamente esse direito em relação também à própria sociedade burguesa, àquela "sociedade civil" smithiana que confia a realização do

---

[20] Também aqui podemos ver como Rousseau – ainda que não disponha de uma noção precisa de classe social, já que fala em "ricos" e "pobres" – antecipa mais um conceito que depois seria desenvolvido por Marx e Engels, sobretudo no *Manifesto Comunista*: o de que o poder político, numa sociedade antagônica, dividida em classes, assume necessariamente traços opressivos, na medida em que representa os interesses de uma classe minoritária mas economicamente dominante. E isso acontece, como Rousseau nos mostra, mesmo quando esse poder político busca se legitimar através de um contrato.

bem comum à plena explicitação de todos os apetites "possessivos" do indivíduo dominado pelo *amour-propre*.

No contexto do *Discurso*, Rousseau parece não estar seguro do modelo de sociedade em nome do qual exercer esse direito de rebelião. Ele oscila assim, aparentemente, entre a nostalgia e o pessimismo: nostalgia de um "estado intermediário", pré-mercantil, no qual os homens já socializados ainda não teriam sucumbido às alienações da "sociedade civil"; pessimismo em face de uma socialização que, embora convertendo o homem potencial em homem real, teria inexoravelmente deteriorado as melhores qualidades (em particular, a independência) de que o homem desfrutava em seu estado natural. Nesse quadro, a dedicatória em que exalta a suposta democracia de Genebra poderia aparecer como uma simples reverência sentimental à sua pátria, sem nenhuma relevância na estrutura do *Discurso* e, de modo mais geral, em sua filosofia política. Talvez tivesse sido essa a impressão que nos teria ficado de Rousseau se, sete anos depois do *Discurso*, ele não tivesse publicado sua outra obra-prima, *Do contrato social*, em que – ainda que no horizonte da utopia, como veremos – ele busca nos apresentar a imagem de um modelo alternativo de sociedade. Kant escreveu, alguns anos depois, os *Prolegômenos a toda metafísica futura que se queira apresentar como ciência*; se Rousseau tivesse conhecido esse livro, talvez o *Contrato social* trouxesse o seguinte subtítulo: "Prolegômenos a toda ordem social futura que se queira apresentar como legítima".

1.3. A utopia democrática

Não foi por acaso que, ao me referir ao possível subtítulo do livro de Rousseau, falei em "ordem *social*" e não simplesmente em "ordem *política*": não é possível entender de modo adequado o pensamento de Rousseau se não for levado em conta que o seu conceito de legitimidade – tal como o dos gregos e ao contrário do de Locke e dos liberais – refere-se ao conjunto da ordem social e não apenas ao seu nível especificamente político. A legitimidade proposta por Rousseau é uma legitimidade quanto aos conteúdos e não somente quanto aos procedimentos. Tanto é assim que, já no *Discurso*, depois de descrever um contrato *formalmente* legítimo (pois baseado no consenso), ele nos mostra como tal contrato se deslegitima e revela sua iniquidade precisamente por ser instrumento da consolidação de uma ordem social não igualitária e, portanto, ilegítima. Por outro lado, mesmo quando se situa no nível dos procedimentos, Rousseau não se limita a discutir simplesmente formas de governo. No Livro III do *Contrato*, ele mostra como são possíveis diferentes tipos de governo (ou de regime político) igualmente legítimos, sendo condição para tal legitimidade que eles sejam emanações da soberania popular: é a presença efetiva dessa soberania que, para ele, constitui a verdadeira "regra do jogo", capaz de legitimar uma sociedade efetivamente livre e igualitária. E, em sua opinião, como veremos, essa "regra do jogo" só pode funcionar de maneira adequada com base num específico modo de constituição da ordem econômico-social. Enquanto o objetivo de Locke era indicar a forma política adequada (legítima) a uma organização social que lhe aparece *a priori* como "natural", ou seja, como expressão necessária dos atributos "antropológicos" dos indivíduos que a compõem, a intenção de Rousseau é precisamente a de pôr em questão a "naturalidade" dessa ordem. Já vimos que, no *Discurso*, embora não negue a compatibilidade entre a estrutura pulsional do indivíduo e a "sociedade civil" burguesa, ele se empenha em mostrar que esse tipo de sociedade – além de não ser o único possível do ponto de vista "antropológico" – conduz à deterioração de determinados valores por ele considerados como essenciais à plena expansão do homem enquanto ser perfectível, entre os quais se destaca a independência.

Portanto, logo no início do *Contrato*, quando Rousseau se propõe a indicar o que pode tornar legítima a mudança do estado natural para o estado social, não se deve entender essa proposta como a simples busca de uma ordem *estatal* legítima. O que ele nos apresenta é não apenas uma proposta de remodelação da sociedade como um todo, mas também – enquanto pressuposto e resultado necessários dessa remodelação – a construção de um novo tipo de indivíduo humano. Do ponto de vista dos fundamentos econômico-sociais, ele propõe uma sociedade que elimine os principais inconvenientes da propriedade privada (a polarização extrema entre riqueza e pobreza) e, desse modo, evite a conflitualidade e a desigualdade próprias da "sociedade civil" burguesa. Do ponto de vista do indivíduo, propõe a construção de um tipo de homem que, colocando o *amour de soi* (temperado pela *pitié*) acima do *amour-propre*, seja capaz de tornar-se efetivamente *virtuoso*, orientando-se não mais pelo egoísmo (pelo interesse privado), mas sim pela "vontade geral" (pelo interesse comum). (Não é preciso insistir no fato de que, para Rousseau, a transformação do fundamento econômico-social e a reconstrução do indivíduo estão dialeticamente vinculadas.) Somente com base *nessa* sociedade e *nesse* indivíduo, que são estruturalmente diversos da sociedade e do indivíduo descritos no *Discurso*, é que se torna possível pensar em uma ordem legítima também *politicamente*. A mais clara expressão desse caráter globalmente societário e não apenas político-procedimental do contrato rousseauniano aparece em sua convicção de que "conviria examinar o ato pelo qual um povo é povo, já que esse ato – sendo necessariamente anterior ao outro [àquele pelo qual um povo escolhe o seu regime político] – constitui o verdadeiro fundamento da sociedade" (*C*, 37).

Se Rousseau considera agora ser possível propor *para o presente* uma sociedade adequada ao homem, diferente daquela descrita no *Discurso*, isso deve implicar uma atitude menos negativa em face do processo de socialização ou, mais precisamente, deve levá-lo a uma acentuação dos lados positivos desse processo. Sem negar os aspectos contraditórios do progresso, sobre os quais se concentrara no *Discurso*, ele agora nos diz:

> Embora nesse estado [civil] ele [o homem] se prive de muitas vantagens que frui da natureza, ganha outras de igual magnitude: suas faculdades se exercem e desenvolvem, suas ideias se alargam, seus sentimentos se enobrecem, toda a sua alma se eleva a tal ponto que, se *os abusos* dessa nova condição não o degradassem *frequentemente* a uma condição inferior àquela de onde proveio, deveria incessantemente bendizer o instante feliz que dela o arrancou para sempre e fez, de um animal estúpido e limitado, um ser inteligente e um homem. (*C*, 42; grifo meu)[21]

Essa posição mais "otimista" em face do progresso – do qual agora são criticados "os abusos" que "frequentemente" (o que significa "nem sempre" ou "necessariamente") levam o homem a se degradar – é precondição da utopia democrática exposta no *Contrato*: somente se forem possíveis *uma outra forma de sociedade, um outro tipo de homem e uma outra modalidade de progresso* é que se poderá escapar do círculo vicioso do contrato iníquo e estabelecer outro tipo de contrato efetivamente legítimo. Vemos aqui como é insustentável a posição dos que caracterizam Rousseau como um crítico romântico do progresso enquanto tal: é precisamente porque tem consciência da *contraditoriedade* do progresso que Rousseau é capaz de nos fornecer, em suas duas obras-primas de filosofia política, a descrição de modelos alternativos de sociedade, sugerindo assim a existência de um espaço no qual pode se exercer a liberdade humana de optar entre a alienação na desigualdade ou a reconquista da autonomia. E é também essa consciência da contraditoriedade do progresso (e, portanto, de suas alternativas) que assegura a unidade estrutural da sua filosofia política.

Não é necessário recordar aqui as várias características que Rousseau aponta como constitutivas tanto do contrato legítimo como da sociedade livre e igualitária que dele resulta. Para meu objetivo – o de apresentar o *Contrato* como indicação de uma solução alternativa para os problemas analisados e criticados no *Discurso*, ressaltando assim a unidade da teoria política rousseauniana –, será suficiente indicar alguns traços essenciais que distinguem essa sociedade legítima

---

[21] Esse é um dos muitos pontos de sua obra em que afirma que o "homem da natureza" não passa de um animal e que somente através do processo de socialização é que esse "animal estúpido" se torna efetivamente humano. Como vemos, o processo de abstração utilizado por ele para construir seu "homem natural" é tão radical que, no fim das contas, este se transforma não só num ser pré-social, mas também pré-humano.

(que *deve ser*) da sociedade iníqua (que *é*). O primeiro traço diferenciador, decerto, já aparece no próprio modelo de contrato que fundamenta esses dois tipos de sociedade: enquanto o contrato iníquo descrito no *Discurso* sanciona uma situação de desigualdade e opressão, que atenta contra a liberdade humana, o contrato legítimo apresenta-se como "solução" para um "problema fundamental", ou seja, nas palavras do próprio Rousseau, aquele de "encontrar uma forma de associação que defenda e proteja a pessoa e os bens de cada associado com toda a força comum, e pela qual cada um, unindo-se a todos, obedece, porém, apenas a si mesmo, permanecendo assim tão livre como antes" (*C*, 38).

Essa "forma de associação", segundo Rousseau, implica dois pressupostos (que são também repostos no resultado do contrato). Em primeiro lugar, como vimos, deve haver uma relativa igualdade de riquezas e, consequentemente, de propriedade; em segundo, é necessário assegurar o predomínio da "vontade geral". Observa-se com facilidade que esses dois pressupostos implicam um ao outro: não pode haver predomínio da vontade geral (do interesse comum) numa sociedade em que a desigualdade de riqueza e propriedade leve cada um a atuar apenas segundo seu egoísta interesse privado. O primeiro pressuposto, a alteração da base material, implica uma *restrição* do direito de propriedade. O contrato legítimo inclui explicitamente a cláusula da subordinação da propriedade privada ao interesse comum, o que demonstra que, ao contrário de Locke, Rousseau não a considera de modo algum como um direito natural inalienável. Diz ele: "O direito de cada particular a seus próprios bens está sempre subordinado ao direito que a comunidade tem sobre todos, sem o que não teria solidez o vínculo social, nem verdadeira força o exercício da soberania" (*C*, 45).

Mas cabe observar que Rousseau não propõe a supressão ou socialização da propriedade privada, embora o tratamento da questão no *Discurso* – no qual a propriedade privada é apontada como a causa primeira da desigualdade – pudesse fazer supor a adoção desse caminho. Ainda que tenha sido possível a construção de propostas socialistas ou comunistas a partir da teoria de Rousseau, baseadas tanto em sua crítica do presente quanto em sua utopia igualitária – basta pensar em Babeuf –, não existe em sua obra nenhum traço de socialismo ou coletivismo no que diz respeito à questão da propriedade. Parece-lhe possível alcançar um ponto ótimo de igualdade material, pelo menos o suficiente para assegurar a emergência da vontade geral, através da limitação do excesso de propriedade e da consequente manutenção de uma relativa igualdade de riquezas.

Essa defesa da pequena propriedade, a meu ver, permite determinar o ponto de vista de classe a partir do qual Rousseau elabora não só sua crítica da "sociedade civil", mas também sua proposta utópica de uma nova sociedade. No caso concreto de Rousseau, parece haver identidade entre sua classe de origem e aquela cujo ponto de vista adota em sua obra teórica. Essa classe (ou conjunto de classes) é formada pelos pequenos camponeses e artesãos independentes, cujas condições materiais de vida – fundadas no modo de produção mercantil simples – estavam sendo destruídas pelo desenvolvimento capitalista[22]. Esse ponto de vista é amplo o suficiente para permitir a Rousseau elaborar uma crítica radical do capitalismo e da sociedade de seu tempo, talvez a mais profunda e abrangente jamais elaborada até então. Mas, ao mesmo tempo, é responsável pelo caráter claramente anacrônico de suas propostas econômicas; e, como veremos, é também, em última instância, a razão do caráter essencialmente utópico de seu modelo democrático.

De qualquer modo, porém, essa subordinação da propriedade privada ao interesse comum já é suficiente para indicar a radical diferença entre os dois tipos de contrato analisados por Rousseau. Enquanto o contrato descrito no *Discurso* garante ilimitadamente a propriedade privada e tem mesmo nessa garantia a sua razão de ser (o que consolida a desigualdade e gera a opressão), o segundo tipo de contrato – que põe a propriedade privada sob o controle do interesse comum – aparece a Rousseau como condição para atenuar as desigualdades naturais e construir uma efetiva igualdade social. (De passagem, pode-se observar que, embora não o diga expressamente, é muito provável que Rousseau tenha se inspirado em Locke quando descreveu o tipo de contrato criticado no *Discurso*.) O próprio Rousseau nos indica, com palavras contundentes, a diferença entre os dois tipos de contrato:

> O pacto fundamental [legítimo], ao invés de destruir a igualdade natural, substitui por uma igualdade moral e legítima aquilo que a natureza poderia comportar de desigualdade física entre os homens, os quais, podendo ser desiguais na força ou no gênio, tornam-se todos iguais por convenção e direito [...]. Sob os maus governos [resultantes do contrato iníquo], essa igualdade é somente aparente e ilusória; serve apenas para manter o pobre em sua miséria e o rico em sua usurpação. Na realidade, as leis são sempre úteis aos que possuem e prejudiciais aos que nada têm, donde se segue que *o estado social só é vantajoso quando todos têm alguma coisa e nenhum tem demais*. (*C*, 45; grifo meu)

Deriva da lógica interna do sistema categorial rousseauniano o fato de o capítulo em que fala do controle social da propriedade, no fim do Livro I do *Contrato*, ser imediatamente seguido pela exposição e pelo exame dos conceitos de soberania e vontade geral, que ocupam o essencial do Livro II. Com efeito, somente depois de resolvida a questão da propriedade, ou seja, quando já estru-

---

[22] Essas classes são essencialmente aquelas que, durante a Revolução Francesa, deram apoio ao movimento jacobino, quando passaram a ser conhecidas como *sans-culottes*. Isso com certeza explica a adesão dos principais jacobinos (a começar por Robespierre e Saint-Just) às ideias de Rousseau. Sobre o tema, ver, entre outros, Albert Soboul, "Jean-Jacques Rousseau et le jacobinisme", *Studi storici*, Roma, n. 1, 1963, p. 2-22.

turados os fundamentos de uma ordem econômico-social que assegure as bases materiais da igualdade, é possível colocar a questão do predomínio da vontade geral e, por conseguinte, a fundação de uma verdadeira soberania (a constituição do povo como sujeito coletivo). Em outras palavras: somente depois de terem sido resolvidos os problemas conteudísticos da ordem legítima é que podem ser solucionadas as questões relativas aos procedimentos formais. (Decerto, trata-se aqui de uma precedência ontológica e não necessariamente cronológica.) Enquanto o conteúdo social garante a gestação de um interesse comum que se expressa na vontade geral, os procedimentos formais – as "regras do jogo" da soberania popular – asseguram o predomínio de tal interesse na ação do Estado. É o que nos diz Rousseau:

> Somente a vontade geral pode dirigir as forças do Estado de acordo com a finalidade de sua instituição, que é o bem comum [...]. Se não houvesse um ponto em que todos os interesses concordassem, nenhuma sociedade poderia existir. Ora, somente com base nesse interesse comum é que a sociedade deve ser governada. (*C*, 49)

Como vemos, o segundo pressuposto da ordem social legítima, para Rousseau, é a existência de uma vontade geral e seu predomínio na direção do Estado. Não me proponho aqui a empreender uma análise detalhada do conceito de vontade geral, embora ele seja central na teoria política rousseauniana[23]; limito-me a tomá-lo em sua acepção principal, que me parece decisiva para entender a lógica da argumentação de Rousseau. Essa acepção é assim resumida por ele: "Há habitualmente muita diferença entre a vontade de todos e a vontade geral. Esta se refere apenas ao interesse comum; a outra, ao interesse privado, sendo apenas uma soma das vontades particulares" (*C*, 52). Com essa distinção, Rousseau colocou um claro ponto de discriminação entre o liberalismo e a democracia. Partindo da concepção da sociedade como um agregado de interesses individuais, o liberalismo – em suas diferentes versões – não pode ir além do conceito rousseauniano de "vontade de todos", ou seja, de uma eventual convergência de interesses privados que, sem deixar em nenhum momento de ser privados, podem encontrar pontos comuns que interessem, pelo menos, à maioria. Não é casual que, nos principais teóricos liberais, essa convergência se refira somente às "regras do jogo", aos procedimentos formais, enquanto a definição dos conteúdos e dos valores é deixada ao arbítrio individual;

---

[23] Sobre o tema da vontade geral, há instigantes observações em Iring Fetscher, *La filosofia politica di Rousseau*, cit., p. 104-7; e em Patrick Riley, *The General Will before Rousseau* (Princeton, Princeton University Press, 1986), p. 181-250. Discuti mais amplamente a questão, embora ainda de modo preliminar, no ensaio "Vontade geral e democracia em Rousseau, Hegel e Gramsci", em *Gramsci: um estudo sobre seu pensamento político* (Rio de Janeiro, Civilização Brasileira, 1999), p. 223-53.

é precisamente esse arbítrio, aliás, que os liberais definem como a essência da "liberdade negativa" que propõem.

Para Rousseau, como para os democratas em geral, essa posição é insuficiente. O governo baseado na soberania popular, na participação coletiva, implica certamente uma modalidade específica de "regras de jogo", de procedimentos formais, os quais, de resto, são distintos daqueles do liberalismo clássico. (Como se sabe, durante todo o século XIX, o liberalismo negava prática e teoricamente a universalização dos direitos políticos através da restrição do sufrágio, da proibição dos sindicatos etc.; assim, mesmo quando não o fazia de modo explícito, negava a soberania popular.) Mas esses procedimentos formais, sendo necessários, não são suficientes: já que postula a igualdade material como um dos pré-requisitos fundamentais da "liberdade positiva", a democracia – e, em particular, aquela proposta por Rousseau – exige também um consenso sobre os conteúdos. Ora, não pode haver um consenso desse tipo se não houver um interesse *comum* capaz de se sobrepor aos vários interesses individuais conflitantes, interesse que se expressa ativamente através da "vontade geral".

O grande mérito de Rousseau, no que se refere à construção da teoria democrática, é precisamente o de ter colocado com justeza essa problemática decisiva: a democracia implica a gestação de uma vontade geral, o que pressupõe um consenso – expresso em um contrato – tanto sobre conteúdos como sobre procedimentos[24]. Contudo, a mesma justeza não pode ser atribuída a todas as soluções que ele formula no *Contrato*, sobretudo no que se refere à determinação do modo pelo qual se opera a *gênese* da vontade geral. Embora nem sempre clara, sua exposição parece indicar a crença de que existe em cada indivíduo uma faculdade capaz de elevá-lo ao nível do interesse comum, ao nível do que chama de "virtude", faculdade que se atrofia ou desaparece quando a desigualdade e o *amour-propre* são os traços sociais dominantes. Temos aqui, decerto, um momento materialista, mas que se limita ao lado negativo da questão: a vontade geral *não* pode se manifestar em condições sociais adversas. Mas, quanto ao aspecto positivo, Rousseau adota uma posição idealista: vê o processo de elevação ao nível do interesse comum como fruto de um movimento essencialmente ético[25], e não como resultado da tomada de consciência de interesses *objetivamente* comuns, gerados no plano das relações sociais de produção da vida material e espiritual. Esse idealismo moralizante o leva,

---

[24] É precisamente nesse ponto que Rousseau me parece antecipar a teoria gramsciana da hegemonia. Sobre isso, ver meu ensaio "Vontade geral e democracia em Rousseau, Hegel e Gramsci", cit.

[25] Não é casual, portanto, que Ernst Cassirer (*A questão Jean-Jacques Rousseau*, cit.) tenha podido ver em Rousseau um precursor de Kant; ele esquece, contudo, que Rousseau não contrapõe, como Kant, moral e interesse, mas põe precisamente o *interesse comum* na base da vontade geral, da ação socialmente virtuosa.

entre outras coisas, a contrapor de modo excessivamente polarizado o público e o privado, o comum e o individual; Rousseau não enxerga gradações ou mediações *reais* entre o interesse singular e o interesse universal, mediações que, se descobertas, teriam tornado menos abstratos seus conceitos de privado e público, de singular e universal, e, ao mesmo tempo, mais concretas e realistas as passagens que se situam entre uns e outros. Para Rousseau, é como se o público devesse (freudianamente) *reprimir* o privado, com todos os riscos – para os quais está alerta – de que este *retorne* e, ao fazê-lo, leve à corrupção da sociedade (como é o caso, entre outros, do que pode sempre ocorrer na ação dos governantes); ele não parece supor, ao contrário, que o privado possa ser (hegelianamente) *superado* no público, ou seja, ao mesmo tempo conservado, eliminado e elevado a nível superior[26].

Essa incapacidade de reconhecer as mediações *particulares* entre o singular e o universal é a razão principal da condenação rousseauniana da existência de associações particulares no seio da sociedade global. Segundo ele:

> quando se estabelecem facções, associações particulares em detrimento da grande, a vontade de cada uma dessas associações torna-se geral em relação a seus membros e particular em relação ao Estado [...]. Para alcançar o verdadeiro enunciado da vontade geral, é preciso que não haja no Estado sociedade parcial e que cada cidadão só opine de acordo consigo mesmo. (*C*, 53)

Essa posição leva Rousseau, para falarmos em termos modernos, a afirmar uma incompatibilidade entre democracia e pluralismo. Combinada com sua conhecida recusa da representação (e, talvez mais do que isso, com sua afirmação de que chegamos a saber qual é a vontade geral, opinando apenas de acordo com a voz de nossa consciência e não através do debate público), essa negação do pluralismo torna claramente anacrônica a estrutura institucional da democracia – as "regras do jogo" – que é proposta no *Contrato*. Mas seria injusto afirmar – como muitos liberais – que Rousseau ignore ou negue a autonomia da esfera privada, subordinando-a "totalitariamente" a uma vontade geral concebida como simples negação da vontade de todos. Ele diz de modo explícito que "o poder soberano, por mais absoluto, sagrado e inviolável que seja, não passa e não pode passar dos limites das convenções gerais; e todo homem pode dispor plenamente do que lhe foi deixado, por essas convenções, de seus bens e de sua liberdade" (*C*, 38). É evidente que o anacronismo do modelo democrático de Rousseau não resulta do fato de que ele antecipe os totalitarismos do século XX, mas sim de que se fixe nostalgicamente na velha democracia da pólis grega.

---

[26] Nos ensaios sobre a vontade geral em Hegel e em Gramsci, busquei indicar o modo pelo qual esses dois pensadores, sem abandonar o conceito de vontade geral, tentam apontar mediações objetivas capazes de torná-lo mais concreto e realista. Ver p. 41 e 133 desta coletânea.

O ponto débil da resposta de Rousseau não consiste assim numa negação da autonomia do privado; consiste, como vimos, em que a relação entre o público e o privado – despojada das mediações fornecidas pelos interesses particulares concretos, sobretudo os interesses de classe – seja vista por ele como uma relação de oposição e mesmo de antagonismo. É por isso que só lhe resta, como meio para superar esse antagonismo, propor um apelo abstrato à consciência moral, cuja emergência, de resto, quando não for suficiente a "voz interior" ou o "diálogo consigo mesmo", deverá ser auxiliada pela prática pedagógica de um mestre iluminado (no caso do indivíduo) ou pela ação de um legislador externo (no caso da sociedade). Desse modo, Rousseau se torna vulnerável às críticas que o jovem Marx dirige ao que chama de "emancipação meramente política": essa emancipação é insuficiente, diz Marx, por não ser capaz de superar a divisão interna do homem em *citoyen* e *bourgeois*[27]. Ou, para usarmos os termos do próprio Rousseau, seu "homem natural vivendo em sociedade" – que é o ideal proposto no *Emílio* e no *Contrato* – não supera de fato o "homem civil" deplorado no *Discurso*, mas coexiste forçosamente com ele, buscando incessantemente reprimi-lo. (E que Rousseau esteja consciente de que essa repressão não é uma tarefa fácil é algo que se revela no tom pessimista que termina, em última instância, por reaparecer também no *Contrato*.) Ora, o fato de que Rousseau, malgrado seus esforços, reste prisioneiro dessa divisão alienada entre *citoyen* e *bourgeois* parece-me ser consequência do ponto de vista de classe que adotou em sua obra: situando-se do ângulo de camadas sociais enraizadas no modo de produção mercantil simples, Rousseau – ainda que critique radicalmente os efeitos do mercado em sua fase capitalista – não foi capaz, no fim das contas, de transcender o horizonte da propriedade privada, do "homem civil", do *bourgeois*. É indiscutível que, ao contrário dos liberais, ele prioriza enfaticamente o *citoyen* em relação ao *bourgeois*, ou o público em relação ao privado; mas isso não evita nem o anacronismo do modelo econômico-social que defende nem o caráter em última instância utópico de sua proposta democrática.

Seria, contudo, uma profunda injustiça concluir sublinhando os limites de Rousseau. Espero ter demonstrando, em primeiro lugar, que sua teoria política forma uma sólida unidade sistemática, capaz de abarcar com profundidade os principais problemas colocados em sua época. E, em segundo, que não é possível elaborar uma teoria da democracia adequada ao nosso tempo sem um profundo diálogo com a herança de Rousseau. Se seus conceitos de interesse comum e vontade geral foram construídos de modo problemático, ou mesmo

---

[27] Karl Marx, *Sobre a questão judaica* (São Paulo, Boitempo, 2010). Embora o escrito sobre a questão judaica não se refira explicitamente a Rousseau, parece-me evidente que ele e os jacobinos são um dos principais alvos dessa obra juvenil de Marx.

equivocado, resta o fato de que ele viu corretamente que a tarefa de construí-los é dever incontornável de todo pensamento democrático que pretenda superar *dialeticamente* as propostas do liberalismo. Se as condições que ele acreditava suficientes para a construção de uma sociedade livre e igualitária parecem hoje não sê-lo, nem por isso o pensamento democrático pode deixar de aceitar sua definição da ordem legítima como uma sociedade autogovernada pelo conjunto dos cidadãos ou esquecer sua lição – cada vez mais atual – de que existe uma incompatibilidade estrutural entre desigualdade e democracia.

Hegel dizia, num poema juvenil: "Não te tornarás melhor que tua época, mas serás essa época o melhor que puderes". Esse poema poderia ter sido dedicado a Jean-Jacques Rousseau.

2. Hegel e a dimensão objetiva da vontade geral

Uma das muitas chaves de leitura da filosofia política de Hegel é sua relação com a problemática da vontade geral, tal como formulada por Jean-Jacques Rousseau[1]. Ao longo da evolução de seu pensamento, Hegel alterou substancialmente sua relação com a obra de Rousseau. Se, em sua juventude, foi um leitor entusiasta do pensador genebrino, em sua maturidade, ao contrário, polemizou de modo explícito com a versão rousseauniana do conceito de vontade geral, considerada agora como abstrata e subjetivista, ainda que, ao mesmo tempo, ele reafirme a importância central do conceito, na nova versão que lhe atribui, para a apreensão das características centrais do Estado moderno.

É em especial na *Filosofia do direito* que Hegel apresenta uma tentativa de superar as aporias do subjetivismo rousseauniano. Ao fazê-lo, ele certamente abandona alguns importantes aspectos do conceito moderno de democracia, em particular o de soberania popular, que recebera na obra de Rousseau sua primeira e talvez mais brilhante expressão sistemática. Contudo, isso não impede que as reflexões de Hegel contenham, ao mesmo tempo, importantes avanços em relação a Rousseau, na medida em que apresentam indicações no sentido de determinar de modo mais concreto o próprio conceito de vontade geral. Desse modo, como tentarei demonstrar neste ensaio, o fato de que Hegel se afaste claramente, em muitos pontos, de concepções democráticas expressas em sua época não o impede de trazer contribuições decisivas, independentemente de suas intenções explícitas, para uma teoria moderna da democracia.

---

[1] Sobre a problemática da vontade geral e suas aporias no pensamento rousseauniano, ver o capítulo 1 desta coletânea. Ver também Carlos Nelson Coutinho, "Vontade geral e democracia em Rousseau, Hegel e Gramsci", em *Gramsci: um estudo sobre seu pensamento político*, cit., p. 223-53.

2.1.

O jovem Hegel, entusiasta da Revolução Francesa (ainda que não de seu período jacobino)[2], iniciou sua atividade teórica como admirador de Rousseau, de cuja obra tomara conhecimento já em 1788, no Seminário de Tübingen[3]. Nos seus famosos "escritos teológicos" juvenis (que Lukács demonstrou de maneira convincente que se tratavam de escritos políticos e não propriamente teológicos), Hegel critica a sociedade "cristã-burguesa" do seu tempo, na qual aponta – com nostálgica amargura – um predomínio do privado sobre o público, o que implicaria para ele a decadência da "bela eticidade" que florescera na Antiguidade clássica. Como consequência, o jovem Hegel proporá explicitamente – sobretudo em seus escritos de Berna (1793-1796), quando era republicano convicto – uma retomada do modelo político grego, ou seja, de uma comunidade humana solidária, fundada no predomínio do público sobre o privado, segundo uma orientação, de resto, bastante próxima daquela proposta por Rousseau no *Contrato social*[4]. E é também certamente por inspiração de Rousseau que, nesses escritos juvenis, o conceito de autonomia do sujeito, de origem kantiana, deixe de se referir apenas ao sujeito individual, como no próprio Kant ou em Fichte, para assumir uma dimensão claramente coletiva ou comunitária.

A evolução de Hegel para a maturidade – um movimento que ele mesmo chamou de "reconciliação com o real" – consistiu, em grande parte, no empenho teórico de superar essa sua problemática juvenil "rousseauniana". Já no período de Frankfurt (1797-1800), mas sobretudo no de Iena (1801-1807), Hegel se dá conta de que, no mundo moderno, haviam se consolidado figuras sociais que tornavam inviável a proposta de retorno ao modo de organização social da pólis greco-romana. Essa inviabilidade resultaria, talvez não em último lugar, do fato de que a esfera da particularidade (e, em consequência, da individualidade) havia assumido na modernidade uma dimensão inédita em comparação com o mundo antigo. Enquanto neste último a expansão do particular conduzia ao colapso da ordem social, já que entrava em choque com o universal, o mundo

---

[2] Sobre a relação de Hegel com a Revolução Francesa, ver, entre outros, G. Lukács, *Il giovane Hegel e i problemi della società capitalistica* (Turim, Einaudi, 1960); e Joachim Ritter, *Hegel et la Révolution Française* (Paris, Beauchesne, 1970), p. 5-64.

[3] Karl Rosenkranz, *Vita di Hegel* (Milão, Mondadori, 1974), p. 50.

[4] É evidente a influência rousseauniana, por exemplo, quando Hegel, referindo-se à Grécia e à Roma republicana, diz que os seus cidadãos, "enquanto homens livres, obedeciam a leis que eles mesmos se haviam dado, obedeciam a homens que eles mesmos haviam designado para o comando" (G. W. F. Hegel, "La positividad de la religión cristiana", em *Escritos de juventud*, México, Fondo de Cultura Económica, 1978, p. 150).

moderno desenvolveria a universalidade precisamente a partir do livre jogo da ação dos particulares, ou seja, a partir da liberdade dos indivíduos.

Para compreender a real dialética do mundo social que lhe era contemporâneo, Hegel é levado a elaborar um novo conceito, o de *Sittlischkeit* (ou "eticidade", ou "vida ética"): não mais se tratava de condenar sumariamente a "sociedade civil-burguesa", o mundo da particularidade – como fazia Rousseau, sobretudo no *Discurso sobre a desigualdade*, e como o próprio Hegel propunha em seu período republicano –, mas, ao contrário, tratava-se de compreender essa "sociedade civil-burguesa" (a *bürgerlische Gesellschaft*)[5] como um momento essencial da totalidade social moderna, ainda que essa totalidade continuasse a ter para ele, ao contrário do que sucedia nos pensadores liberais, sua máxima expressão na universalidade em-si e para-si (objetiva e autoconsciente) do Estado.

Em outras palavras, ao contrário de Rousseau, o Hegel maduro não pretendia contrapor como reciprocamente excludentes o privado e o público, o singular e o universal, mas buscava mostrar que, entre esses dois momentos, tinha lugar agora uma mediação dialética através da particularidade, mediação que teria seu principal espaço de explicitação precisamente na "sociedade civil-burguesa"[6]. Com a descoberta dessa mediação, Hegel se capacitava a cumprir a tarefa central que propusera para sua filosofia política: a conciliação entre, por um lado, a liberdade individual (ou a autonomia do sujeito), surgida na modernidade e transformada no principal valor do liberalismo, e, por outro, a reconstrução de uma ordem social fundada na prioridade do público (do universal) sobre o privado (ou particular), prioridade que existira nas repúblicas antigas e que voltava agora a se apresentar, como tarefa para a modernidade, na proposta democrática de Rousseau.

A "reconciliação com o real" tornou Hegel um pensador profundamente avesso a qualquer utopismo moralizante que se baseasse na proposta de um dever ser abstrato e subjetivo; para confirmar isso, basta recordar, além do

---

[5] Sigo aqui, como nos demais ensaios deste livro, a terminologia proposta, entre outros, por Marcos Lutz Muller, em suas belas traduções de partes substantivas da *Filosofia do direito*, publicadas na coleção "Textos didáticos", do Instituto de Filosofia e Ciências Humanas da Unicamp. Ver, em particular, G. W. F. Hegel, *A sociedade civil-burguesa* (Campinas, IFCH/Unicamp, 1996, "Textos didáticos", n. 21). O uso desse termo tem a vantagem de evitar a confusão entre a *bürgerlische Gesellschaft* de Hegel e Marx, por um lado, e a noção gramsciana de "sociedade civil", por outro.

[6] Boa parte da bibliografia hegeliana indica o papel decisivo que o estudo da economia política, principalmente nas obras de James Steuart e Adam Smith, desempenhou na construção do conceito hegeliano de "sociedade civil-burguesa". Sobre isso, a obra clássica continua a ser a de G. Lukács, *Il giovane Hegel e i problemi della società capitalistica*, cit.

prefácio à *Filosofia do direito*, em que se refere especificamente à teoria do Estado, a formulação e o desenvolvimento, em seus trabalhos propriamente filosóficos, de uma dura crítica à ética formalista de Kant e à metafísica idealista-subjetiva de Fichte. Foi essa posição antiutópica, entre outras coisas, que lhe permitiu tornar-se um dos primeiros pensadores de estatura universal a criticar, no plano da filosofia política, as aporias de Rousseau, mas sem apresentar nessa crítica nenhum traço restauracionista (de defesa do *Ancien Régime*) ou liberal-individualista. Hegel retém de Rousseau o conceito de "vontade geral" (o que o afasta da tradição liberal, que opera apenas com a noção de "vontade de todos")[7], mas busca fundar de modo mais concreto e realista esse conceito, despojando-o de qualquer vínculo com o arbítrio subjetivo individual, por um lado, e com o formalismo de um mero dever ser moralizante, por outro. A crítica a Rousseau (bem como ao terrorismo jacobino, apontado como consequência das posições do autor do *Contrato social*) recebe uma formulação sistemática já na *Fenomenologia do Espírito*, de 1807, no famoso capítulo sobre "A liberdade absoluta e o Terror", que se segue à análise da dialética do iluminismo[8]. Mas essa crítica reaparece na *Filosofia do direito*, de 1821, onde Hegel tenta conceituar de modo sistemático a sociedade e o Estado de seu tempo. Nessa obra, ele diz o seguinte:

> Rousseau teve o mérito de afirmar que o princípio do Estado [...] é a vontade. Mas, tendo entendido a vontade universal não como a racionalidade em-si e para-si da vontade, mas apenas como o elemento comum que deriva da vontade singular, [Rousseau] faz com que a associação dos indivíduos no Estado se torne um contrato, algo que, portanto, tem como base o arbítrio desses indivíduos, a opinião e o consenso explícito deles.[9]

E, depois de mostrar que as teorias do contrato social resultam de uma injustificada extrapolação de um instituto do direito privado para o campo do direito público, Hegel insiste ainda com mais clareza na objetividade transindividual da vontade geral ou universal:

---

[7] Recordemos a distinção rousseauniana: "Há habitualmente muita diferença entre a vontade de todos e a vontade geral. Esta se refere apenas ao interesse comum; a outra, ao interesse privado, sendo apenas uma soma das vontades particulares" (Jean-Jacques Rousseau, "Du contrat social", cit., v. 3, p. 371).

[8] G. W. F. Hegel, *Fenomenologia do espírito* (Petrópolis, Vozes, 1992), v. 2, p. 67 e ss. Na verdade, já antes da *Fenomenologia*, num texto de 1801 sobre "as maneiras de tratar cientificamente o direito natural" (G. W. F. Hegel, *Du droit naturel*, Paris, Vrin, 1990), o filósofo havia criticado duramente o contratualismo.

[9] Idem, *Grundlinien der Philosophie des Rechts* (Frankfurt, Suhrkamp, 1995), § 258, p. 400.

Deve-se recordar o conceito fundamental: o de que a vontade objetiva é o racional em-si no seu conceito, seja ele reconhecido ou não pela vontade singular e seja ou não desejado pelo querer desta [...]. Não basta saber o que se quer, [mas] o que quer a vontade que é em-si e para-si, ou seja, a razão.[10]

Embora se valendo, como quase sempre, de uma terminologia abstrusa, Hegel coloca aqui um problema real: a vontade geral tem uma base objetiva, ou seja, sofre um processo de determinações histórico-genéticas que transcende a ação dos indivíduos e seus projetos volitivos singulares. Enquanto componente essencial do mundo ético, a vontade geral não resulta de um postulado moral, não é mero resultado da ação "virtuosa" dos indivíduos ouvindo a "voz da própria consciência", como pensava Rousseau, mas se apoia numa comunidade objetiva de interesses, que o movimento da realidade (que Hegel preferia chamar de "Razão" ou "Espírito") produz e impõe aos indivíduos, independentemente da consciência e do desejo deles, ainda que o faça "astuciosamente", ou seja, valendo-se das "paixões" singulares dos próprios indivíduos[11].

A primeira forma objetiva de comunidade universalizadora de interesses é a família, que seria para o filósofo alemão a figura inicial e ainda natural da "eticidade", isto é, daquela esfera do ser social que, com base em formas interativas de práxis, estabelece normas comunitárias para a ação dos indivíduos. A terceira e mais universal figura da eticidade seria precisamente o Estado. Mas, como mediação entre a família e o Estado, aparece na formulação hegeliana madura da eticidade uma segunda figura, que ele chama de "sistema dos carecimentos" e do "trabalho dividido", ou seja, precisamente a esfera da "sociedade civil-burguesa", ou *bürgelische Gesellshaft*. E Hegel nos adverte para o fato de que a "sociedade civil-burguesa" enquanto esfera relativamente autônoma é um fenômeno específico da modernidade, já que no mundo antigo o âmbito das relações econômicas (que forma o essencial da "sociedade civil") estaria compreendido no interior da família, ou seja, do *oikos*.

À primeira vista, não parece existir diferença entre a "sociedade civil-burguesa" conceituada por Hegel e o mundo da economia mercantil capitalista, tal como este foi descrito sobretudo por Adam Smith em *A riqueza das nações*. Vejamos como Hegel define a sua "sociedade civil-burguesa":

> Nessa dependência e reciprocidade do trabalho e da satisfação dos carecimentos, o egoísmo subjetivo se transforma na contribuição para a satisfação dos interesses dos outros. Há uma mediação do indivíduo pelo universal, um movimento dialético

---

[10] Ibidem, § 258 e 259, p. 402 e 405.
[11] Sobre a "astúcia da razão", ver G. W. F. Hegel, *A razão na história* (São Paulo, Moraes, 1990), p. 82 e ss.

pelo qual cada um, ao ganhar, produzir e fruir para si, precisamente por isso produz e ganha para a fruição de todos. Essa necessidade [...] se encontra no encadeamento universal da dependência de todos.[12]

Contudo, além das óbvias semelhanças, existem também importantes diferenças entre a visão hegeliana da sociedade civil-burguesa e aquela presente nos "clássicos" do liberalismo. Hegel, por exemplo, numa formulação não partilhada pelos autores liberais, observa:

[na sociedade civil-burguesa] a acumulação da riqueza aumenta por um lado [...], enquanto, por outro, aumentam também a especialização e a limitação do trabalho particular e, com isso, a dependência e o empobrecimento da classe [*Klasse*] ligada a esse trabalho, o que implica a incapacidade de sentir as outras possibilidades e, em particular, as vantagens espirituais da sociedade civil-burguesa e de desfrutar delas.[13]

Com essa pertinente observação, que retoma uma visão crítica já expressa (de modo ainda mais radical) nos seus manuscritos de Iena, Hegel não só faz eco ao agudo mal-estar rousseauniano diante da *société civile*, expresso sobretudo no *Discurso sobre a desigualdade*, mas antecipa os conceitos de empobrecimento e de alienação da classe trabalhadora no capitalismo, que viriam a ser posteriormente desenvolvidos por Marx.

Mas existe ainda, no que se refere ao conceito de "sociedade civil-burguesa", outra novidade essencial de Hegel com relação ao pensamento liberal clássico. Ela se manifesta no fato de que o autor da *Filosofia do direito* analisa a possibilidade de que o "encadeamento universal" presente na sociedade civil-burguesa deixe de expressar apenas uma universalidade em-si e se converta também em algo para-si, ou seja, eleve-se à consciência subjetiva e, mais que isso, adquira uma figura autoconsciente concreta. Como se sabe, para Adam Smith, a harmonização dos interesses egoístas, com a consequente realização de um "bem de todos", resultaria da ação automática do mercado, da sua famosa "mão invisível"; em Locke, a garantia desse "bem de todos" implicaria a criação, através do contrato, de uma instância (o governo) que regulamentaria os eventuais conflitos, mas sem que isso comportasse nele uma modificação estrutural dos indivíduos contratantes, que continuariam assim a atuar na *civil society* gerada pelo contrato com base em motivações puramente privadas e egoístas. Poderíamos assim dizer que, enquanto a "mão invisível" smithiana, no quadro do pensamento liberal, é o aspecto objetivo da formação da "vontade de todos", o contrato lockeano é a sua expressão subjetiva. Em ambos os casos,

---

[12] Idem, *Grundlinien der Philosophie des Rechts*, cit., § 199, p. 353.
[13] Ibidem, § 243, p. 389.

contudo, estamos diante não da "vontade geral" no sentido de Rousseau, mas sim daquilo que o pensador genebrino chamou de "vontade de todos". Ora, é precisamente por causa do seu empenho em descobrir as formas objetivas e subjetivas desse outro tipo de vontade – a vontade geral ou universal – que Hegel, revelando-se assim ligado à problemática de Rousseau, afasta-se do pensamento liberal clássico.

2.2.

Para Hegel, como se sabe, a figura plena dessa universalidade autoconsciente – isto é, da vontade geral em-si e para-si – é o próprio Estado, considerado por ele como "realidade da ideia ética", "realidade da vontade substancial", "realidade da liberdade concreta" etc.[14] Enquanto terceira e última figura da eticidade, o Estado lhe aparece como a superação dialética das duas primeiras figuras: a ordem estatal eleva a nível superior os momentos de universalização contidos na família e na sociedade civil-burguesa, mas ao mesmo tempo os conserva[15]. E é precisamente nesse ponto que Hegel se situa claramente para além de Rousseau: enquanto este contrapõe como domínios reciprocamente excludentes a esfera do singular-privado (do *bourgeois*) e a do universal-público (do *citoyen*), cabendo ao segundo a tarefa de reprimir o primeiro, aquele tenta encontrar mediações que – já na esfera da "sociedade civil-burguesa" entendida como domínio do particular – iniciem o processo de formação de um universal para-si (autoconsciente). Com lucidez realista, Hegel observa: "Nem o universal tem valor e é realizado sem o interesse, a consciência e a vontade particulares, nem os indivíduos vivem como pessoas privadas, orientadas unicamente pelo seu interesse e sem relação com a vontade universal"[16].

Essa dialética do particular e do universal encontra uma de suas principais manifestações concretas – ao lado das comunas, dos estamentos etc. – naquilo que Hegel chama de "corporações". Indo além do liberalismo clássico, para o qual os atores econômicos e políticos são os indivíduos singulares, Hegel registra o fato de que "o trabalho, na sociedade civil-burguesa, se fraciona [...] em

---

[14] Ibidem, passim.

[15] É importante observar, ainda que de passagem, que o Estado, na dialética hegeliana, tem uma dupla dimensão: por um lado, designa uma parte do todo, a esfera que cuida do propriamente universal (e, nesse sentido, identifica-se objetivamente com o governo e subjetivamente com o patriotismo); mas, por outro, designa também a própria totalidade concreta, que contém em si, através do processo de *Aufhebung*, todas as demais esferas do ser social, ou seja, o direito abstrato, a moralidade, a família e a sociedade civil.

[16] G. W. F. Hegel, *Grundlinien der Philosophie des Rechts*, cit., § 260, p. 407.

vários ramos"; e, por isso, "essa igualdade em-si da particularidade, enquanto algo comum, assume existência [para-si] na corporação"[17]. Ao falar em "corporações", ele certamente emprega aqui uma terminologia tomada de empréstimo do mundo feudal; mas, na verdade, está apontando – já que se refere a um fenômeno que tem lugar na "sociedade civil-burguesa" moderna, claramente mercantil-capitalista – para um fenômeno de associativismo que se generalizaria, sobretudo na segunda metade do século XIX, principalmente sob a forma da organização dos trabalhadores em sindicatos[18].

Ao falar em "corporações", Hegel introduz assim – já na esfera da "sociedade civil-burguesa" – um ator coletivo, cuja vontade não é mais singular e ainda não é plenamente universal, mas sim particular. Vejamos como Hegel define as relações entre as corporações e a sociedade civil-burguesa, por um lado, e o Estado, por outro:

> A sociedade civil-burguesa é o campo de luta do interesse privado singular de todos contra todos; mas, do mesmo modo, tem aqui lugar o conflito desse interesse privado com o interesse de grupos particulares, e, por outro lado, desses dois tipos de interesse com os pontos de vista e ordenamentos mais elevados [universais ou estatais]. O espírito corporativo, que se gera na legitimação dos interesses particulares, converte-se em si mesmo no espírito do Estado, dado que é no Estado que encontra o meio de alcançar seus fins particulares.[19]

Essa citação requer dois comentários. Por um lado, ela nos permite ver que Hegel não opera simplesmente, como o faz Rousseau, com a contraposição entre singular (privado) e universal (público), mas introduz de modo explícito

---

[17] Ibidem, § 251, p. 394.

[18] Gramsci foi um dos primeiros a perceber esse caráter antecipador do pensamento de Hegel, ainda que registre também, com lucidez, os limites históricos dessa antecipação. Numa nota intitulada "Hegel e o associativismo", em que fornece uma importante pista para a compreensão da filosofia política hegeliana, Gramsci observa: "A doutrina de Hegel sobre os partidos e as associações como trama 'privada' do Estado. Ela derivou historicamente das experiências políticas da Revolução Francesa e devia servir para dar uma maior concretude ao constitucionalismo. Governo com o consenso dos governados, mas consenso organizado, não genérico e vago como o que se afirma no instante das eleições: o Estado tem e demanda o consenso, mas também 'educa' esse consenso com as associações políticas e sindicais, que são, porém, organismos privados, deixados à iniciativa privada da classe dirigente. Hegel, num certo sentido, já supera assim o constitucionalismo puro e teoriza o Estado parlamentar com seu regime de partidos. Sua concepção da associação não pode deixar de ser ainda vaga e primitiva, entre o político e o econômico, segundo a experiência histórica da época, que era muito restrita e dava um só exemplo acabado de organização, aquela 'corporativa' (política inserida na economia)" (A. Gramsci, *Cadernos do cárcere*, cit., v. 3, p. 119).

[19] G. W. F. Hegel, *Grundlinien der Philosophie des Rechts*, cit., § 289, p. 458-9.

a categoria mediadora do particular: o interesse corporativo aparece como um campo de mediações entre a singularidade do interesse puramente privado e a universalidade encarnada no Estado. A relação entre privado e público deixa assim de ser uma relação excludente, um ou/ou, para se converter numa relação de *Aufhebung*, ou seja, num tipo de superação que, ao mesmo tempo, elimina, conserva e eleva a nível superior. Por outro lado, a descoberta e plena legitimação desse campo de explicitação do particular faz com que Hegel, na apresentação do ordenamento político-constitucional de seu Estado "racional", apesar de muitos traços "reacionários" (como a monarquia hereditária, a organização por estamentos, as câmaras corporativas etc.), dê mostras de ter entendido – ao contrário de Rousseau, que condenava as associações particulares – a realidade e a necessidade do pluralismo político-institucional na sociedade moderna[20]. Ora, ao propor uma ordem constitucional que combina indissoluvelmente a realidade do pluralismo com a prioridade da vontade geral, Hegel supera as formulações unilaterais simetricamente inversas do liberalismo (que nega a vontade geral e o predomínio do público) e do democratismo utópico de Rousseau (que nega o pluralismo); e, com isso, malgrado suas eventuais intenções subjetivas, deu uma importante contribuição para a construção de uma teoria moderna da democracia.

2.3.

Isso não significa, evidentemente, que a contribuição indireta de Hegel para essa teoria democrática deixe de apresentar muitos pontos problemáticos: se o realismo do filósofo alemão o leva a descrever com bastante exatidão o modo pelo qual se processam as "determinações da vontade" na sociedade moderna, o preço que pagou por tal realismo foi o abandono de muitos elementos democráticos (como, por exemplo, a fundação contratual ou consensual da ordem política) contidos na construção utópico-eticista de Rousseau. Hegel, por exemplo, se insurge contra o conceito, tão marcadamente rousseauniano, de "soberania popular":

> A soberania popular pertence à confusa concepção que tem como base uma representação não orgânica do povo. O povo, considerado sem o seu monarca e sem a organização necessária e imediatamente conectiva da totalidade, é uma

---

[20] O caráter essencialmente moderno do Estado proposto por Hegel foi sublinhado, entre muitos outros, por Éric Weil, *Hegel et l'État* (Paris, Vrin, 1950); Shlomo Avineri, *Hegel's Theory of the Modern State* (Cambridge, Cambridge University Press, 1972); e Domenico Losurdo, *Hegel e la libertà dei moderni* (Roma, Editori Riuniti, 1992).

massa informe, que não possui nenhuma das determinações que existem em um todo organizado.[21]

Decerto, não podemos negar que Hegel está muito perto da verdade quando percebe que, sem a mediação de associações e instituições particulares e concretas, os indivíduos singulares não passam de uma massa informe. No mundo moderno, o assembleísmo permanente proposto por Rousseau, em que cada um opinaria individualmente segundo a voz de sua consciência, não é mais do que uma utopia anacrônica, ainda que certamente generosa; esse assembleísmo, segundo Hegel, é próprio de povos que "se encontram no estado de primitivismo [...] [que não alcançaram] uma verdadeira totalidade orgânica em si mesma desenvolvida"[22]. Um dos momentos dessa "totalidade orgânica desenvolvida" seria precisamente a presença de uma "sociedade civil-burguesa" enquanto esfera (relativamente) autônoma do ser social, algo que, como vimos, Hegel considera ser um traço distintivo da era moderna. Além disso, no próprio interior da "sociedade civil-burguesa", as corporações apareceriam como uma das mais significativas figuras da organização do "povo", ou seja, da superação do seu estágio "primitivo" de amorfismo.

Contudo, da justa constatação do caráter anacrônico da democracia direta, Hegel parte para a sugestão de soluções alternativas à soberania popular, soluções que representam um claro retrocesso não só em relação a Rousseau, mas até mesmo ao conceito liberal de representação. Por um lado, nos parágrafos certamente menos convincentes da *Filosofia do direito*, ele "deduz" – através de argumentos falsamente lógicos e, portanto, objetivamente sofísticos – a necessidade de que a soberania "exista enquanto pessoa natural do monarca"[23]. E, por outro, numa postura mais realista mas nem por isso menos antidemocrática, esforça-se por situar a manifestação concreta da soberania (ou da vontade geral) – a sua transformação em efetivo poder de governo – na burocracia, designada por ele como "classe (ou estamento) geral". Desse modo, a burocracia se torna o efetivo portador material da vontade geral: "A classe geral, que se dedica mais de perto ao serviço do governo, deve ter imediatamente, em sua determinação, o universal como finalidade de sua atividade essencial"[24].

Enquanto as corporações por ramo do trabalho dividido se formam e legitimam na defesa de interesses particulares (apontados como um primeiro grau de universalização em face dos interesses singulares dos indivíduos), a burocracia

---

[21] G. W. F. Hegel, *Grundlinien der Philosophie des Rechts*, cit., § 268, p. 446.
[22] Idem.
[23] Ibidem, p. 379.
[24] Ibidem, § 298, p. 468-9.

aparece como uma corporação de tipo especial, que se caracterizaria por identificar de modo imediato – em sua atuação e motivações – o singular-privado e o universal. Hegel observa:

> O serviço público exige o sacrifício das satisfações individuais e arbitrárias que são próprias das finalidades subjetivas; mas reconhece o direito de obter tais satisfações no cumprimento do dever e somente nele. Nisso reside a união de interesse particular e interesse geral que constitui o conceito de Estado e lhe empresta estabilidade.[25]

Caberia ainda recordar que, se a burocracia hegeliana não é uma casta fechada (pois o ingresso nela depende de mérito e competência), tampouco é eletiva; portanto, a ideia juvenil republicana – recordada acima – de que os "homens livres [...] obedeciam a homens que eles mesmos haviam designado para o comando" é explicitamente abandonada na construção madura do Estado "racional".

Ao atribuir à burocracia a condição de "classe geral", Hegel termina por recusar explicitamente a concepção (de clara inspiração rousseauniana!) de que "todos devem tomar parte na discussão e resolução das questões gerais do Estado"[26]; ou seja, termina por negar a necessidade e a possibilidade de constituição de uma esfera pública que socialize e democratize o poder. Essas atribuições "gerais" seriam monopólio da burocracia; caberia a essa "classe universal" a tarefa de acolher as demandas e sugestões particulares que provêm das corporações, das comunas etc., promovendo a satisfação das que seriam compatíveis com o interesse comum, cuja "interpretação" (já que tal "interesse comum" seria algo objetivamente dado e não intersubjetivamente construído) constituiria uma de suas principais tarefas. Portanto, a figura concreta da vontade geral não é mais buscada, como em Rousseau, na assembleia dos indivíduos virtuosos – e, portanto, malgrado o utopismo, num espaço intersubjetivo criado por meio do contrato e do consenso –, mas na suposta "sabedoria" de uma cinzenta camada de burocratas que atuaria weberianamente *sine ira et studio*. Importa pouco que Hegel tente contornar tal conclusão ao afirmar repetidas vezes que a figura concreta da vontade geral é o próprio Estado; na realidade, já que ele condena explicitamente a participação de todos na discussão das questões gerais do Estado, a vontade geral só existiria de fato através da "classe universal" dos burocratas que exercem o poder de governo.

Portanto, Hegel termina por cair num unilateralismo simetricamente oposto ao de Rousseau: se este via apenas o aspecto subjetivo da vontade geral, seu momento teleológico e "projetual", aquele vê sobretudo o seu momento objetivo, o seu aspecto causalmente determinado. Contra Rousseau, Hegel está

---

[25] Ibidem, p. 462.
[26] Idem.

certo quando mostra que a vontade geral, antes de ser um para-si (uma figura autoconsciente), constitui-se histórico-geneticamente através de um movimento em-si (o movimento das determinações sócio-objetivas que tornam possível sua emergência). Mas, ao negar o papel da intersubjetividade na formação dessa vontade geral, Hegel introduz um momento fortemente conservador em sua reflexão. Por considerar o Estado e a filosofia de seu tempo como a expressão final do que ele chama, respectivamente, de Espírito Objetivo e de Espírito Absoluto, Hegel "fecha" o movimento dialético da realidade. A liberdade, para ele, resume-se então ao ato de conhecer a necessidade e atuar segundo ela; ora, como a vontade geral já se constituiu e se expressa agora no Estado "racional" (e, porque racional, também real), a verdadeira liberdade do cidadão resume-se a conhecer essa vontade definida *post festum* e a obedecer aos seus ditames. Em nome do combate à abstratividade subjetivista que, com razão, critica nos contratualistas, Hegel nega assim a possibilidade de que se forme uma nova eticidade a partir de uma vontade coletiva consensualmente elaborada.

É precisamente por negar essa possibilidade que Hegel recusa categoricamente o contratualismo, em todas as suas versões. Ora, também nesse caso, a formulação hegeliana apresenta ambiguidades no que se refere à construção de uma teoria moderna da democracia. Por um lado, ele contribui decerto para tornar realista essa teoria quando vê que, em função dos condicionamentos econômico-sociais da ação humana, a ordem societária não pode ser concebida globalmente como resultado de um contrato intersubjetivo; mas, por outro, o déficit último de sua contribuição à democracia consiste em não ver que, no interior dos limites postos por esses condicionamentos, continua aberto um espaço de alternativas que assegura a possibilidade de relações contratuais até mesmo na esfera política. Cabe aqui recordar a célebre frase de Marx: "Os homens fazem a sua própria história; contudo, não a fazem de livre e espontânea vontade, pois não são eles quem escolhem as circunstâncias sob as quais ela é feita, mas estas lhes foram transmitidas assim como se encontram"[27]. Ou seja: ainda que limitados pelos condicionamentos objetivos, diz Marx, o fato é que "os homens fazem sua história". Se isso é verdade, abre-se então a possibilidade de que muitas esferas da interação social possam resultar de "contratos" ou, mais precisamente, da ação consciente e consensual de homens atuando intersubjetivamente. Como já observei e busquei demonstrar em outro lugar, é precisamente essa possibilidade que está na base do conceito gramsciano de hegemonia, no qual se pode entrever, ademais, uma proposta implícita de síntese superadora entre as formulações de Rousseau e Hegel[28].

---

[27] Karl Marx, *O 18 de brumário de Luís Bonaparte* (São Paulo, Boitempo, 2011), p. 25.
[28] Ver Carlos Nelson Coutinho, "Vontade geral em Rousseau, Hegel e Gramsci", cit.

2.4.

Tal como já sugerimos ao analisar as aporias de Rousseau, também aqui as razões dos limites de Hegel – mas também de sua grandeza – podem ser apontadas no ponto de vista de classe que adota em sua obra. Se Rousseau, ao formular sua utopia democrática anticapitalista, expressava a perspectiva de classe dos artesãos e dos pequenos proprietários – e essa perspectiva é responsável tanto por seus méritos quanto por suas limitações –, Hegel, ao contrário, adota em sua filosofia política o ponto de vista da classe burguesa tal como essa se havia constituído na época pós-napoleônica. Decerto, como sempre, é preciso concretizar: em função das peculiares condições da Alemanha da época, Hegel busca frequentemente conciliar esse ponto de vista burguês com os interesses das classes dominantes da velha ordem feudal. Vejamos um exemplo dessa conciliação: embora continue atribuindo grande importância aos estamentos (*Stände*) herdados da época feudal na estruturação do seu Estado "racional", Hegel afirma claramente que a pertinência a um estamento já não é simplesmente algo "natural", dado *a priori*, como no feudalismo, mas resulta sobretudo da "liberdade dos particulares", da mobilidade social trazida pelo capitalismo. Por isso, quando fala em "estamentos" na *Filosofia do direito*, está frequentemente designando (salvo no caso da aristocracia fundiária) um fenômeno social que se aproxima bem mais da moderna situação de classe, própria da sociedade capitalista emergente, do que da velha ordem hierárquica do *Ancien Régime* (a burocracia, por exemplo, é uma condição social aberta a todos os que revelem qualificação para tanto, independentemente de seu nascimento). Além disso, o fato de ser ele mesmo um "servidor público", um membro da *Mittelstande*, talvez explique a grande importância que ele atribui à burocracia no quadro da nova ordem burguesa, uma importância que, de resto, só faria se acentuar no período sucessivo da evolução do capitalismo.

Por tudo isso, não me parece equivocado dizer que, enquanto Rousseau expressa uma utopia anacrônica (ainda que plena de implicações políticas positivas para o seu presente e para o futuro), Hegel descreve na *Filosofia do direito*, ao contrário, um Estado análogo – em suas linhas fundamentais – ao Estado burguês moderno realmente existente[29]. Embora as principais determinações desse Estado apenas se anunciassem na época pós-napoleônica em que Hegel escreve a *Filosofia do direito*, ele foi capaz de indicá-las com grande lucidez. O Estado "racional" hegeliano apresenta com o Estado capitalista (sobretudo em suas épocas mais recentes) pelo menos as seguintes determinações em comum: 1) ambos são *liberais* na ordem

---

[29] Ao comentar o modo pelo qual o autor da *Filosofia do direito* relaciona Estado e sociedade civil-burguesa, o jovem Marx já observava que "Hegel descreve com exatidão a situação empírica atual" (K. Marx, *Crítica da filosofia do direito de Hegel*, São Paulo, Boitempo, 2005, p. 69).

econômica, ainda que abertos a intervenções estatais reguladoras, inclusive no terreno dos serviços sociais (a "polícia" hegeliana, por exemplo, tem também funções de assistência social); 2) são *corporativistas* na articulação e representação dos interesses particulares que surgem na sociedade civil-burguesa, no mundo do mercado, pressupondo ainda para a resolução dos conflitos corporativos a arbitragem do Estado; e 3) têm na *tecnoburocracia executiva* (e não tanto no parlamento) o *locus* da tomada das decisões políticas fundamentais, expressando assim o tipo legal-formal de dominação legítima idealizado por Weber.

Ora, é por adotar um ponto de vista burguês que Hegel supera as aporias utópicas e moralizantes de Rousseau, tornando-se capaz de captar de modo mais concreto e realista a ordem político-social de seu tempo; mas, ao mesmo tempo, é também por isso que se vê obrigado a abandonar o ponto de vista democrático-radical de Rousseau e a incidir, por sua vez, em aporias de novo tipo, ao substituir o subjetivismo rousseauniano por um objetivismo, em última instância, resignado e conformista. Ainda que simplificando, poderíamos resumir do seguinte modo o contexto em que Hegel – para usar a expressão com que lucidamente definiu a tarefa da filosofia – "elevou a conceito o seu tempo": enquanto a burguesia ainda não dominava, houve história, o Espírito atravessou diferentes etapas, valendo-se da ação de "indivíduos histórico-universais" para operar transformações revolucionárias que destroçaram velhas formas de eticidade e construíram aquelas adequadas à nova figura assumida, em cada etapa concreta, pelo *Zeitgeist*, pelo "espírito da época"; mas agora, no momento pós-napoleônico em que a burguesia europeia já praticamente consolidou sua dominação, a história chegou ao fim, produzindo um "estado de mundo" em que se dá não só a plena realização da liberdade, mas também a identificação entre real e racional[30]. Com isso, debilita-se fortemente, na filosofia de Hegel, o papel da ação consciente dos homens na construção de sua própria ordem social. Enquanto defensor das consequências político-sociais da revolução burguesa (que ele certamente prefere quando são introduzidas mediante reformas "pelo alto", de tipo prussiano[31], e não através de movimentos populares que operem

---

[30] Lukács define com precisão o que chamou de "limite político-filosófico do pensamento da maturidade" de Hegel quando observa: "Dado que não pode ter uma perspectiva social para o futuro, dado que a miserabilidade do seu presente é para ele o coroamento final da história [...], não pode se manifestar a ideia de um desenvolvimento qualitativo superior. Por isso, a historicidade da dialética histórica hegeliana refere-se tão somente ao caminho que leva do passado ao presente, e não àquele em direção ao futuro" (G. Lukács, *Introdução a uma estética marxista*, Rio de Janeiro, Civilização Brasileira, 1970, p. 49).

[31] Sugiro aqui, sem poder desenvolver o argumento, que Hegel defendia na prática o que Lenin mais tarde chamaria de "via prussiana" para o capitalismo (ver, em particular, V. I. Lenin, *O programa agrário*, São Paulo, Ciências Humanas, 1980, passim). Indicações em sentido aná-

de baixo para cima), Hegel tornou-se incapaz de aceitar a possibilidade de uma nova reconstrução da eticidade; e é sobretudo por isso que o tema rousseauniano do contrato – da formação intersubjetiva de um novo espaço público – lhe aparece como algo subjetivista e utópico.

Contudo, malgrado essa limitação ideológica da proposta hegeliana, penso que ela coloca duas sugestões que não podem mais ser ignoradas por nenhuma teoria democrática que pretenda conservar-se fiel à problemática do contratualismo rousseauniano, mas que se empenhe ao mesmo tempo na superação de suas inegáveis aporias. Podemos resumir assim essas duas sugestões:

1. O "interesse comum" não deve ser concebido de modo maniqueísta como o oposto do "interesse privado", mas é preciso supor um campo de mediações que articule dialeticamente o singular e o universal através do movimento do particular. Portanto, o processo de universalização que leva à vontade geral não pode ser apresentado como fruto do apelo ético à "virtude" dos indivíduos, mas deve ser concebido como tomada de consciência de interesses que se tornam comuns – ou que tendem a se universalizar – já a partir da própria realidade objetiva. (E também se trata de imaginar, em nome do método dialético de Hegel, ainda que eventualmente contra a letra do seu sistema, que a vontade geral não é definida de uma vez por todas, mas – precisamente em função desse movimento de mediação – é resultado de um processo permanente de construção, dissolução e reconstrução.)[32] Ora, será precisamente a partir dessa sugestão que o jovem Marx formulará seu conceito de que a "classe universal" não é a burocracia, mas sim o proletariado, "uma classe que tenha *cadeias radicais*, [...] uma classe da sociedade civil que não seja uma classe da sociedade civil, [...] um estamento que seja a dissolução de todos os estamentos, [...] uma esfera que possua caráter universal porque seus sofrimentos são universais"[33].

2. Em consequência, o portador material da vontade geral deve ser um organismo (ator coletivo e/ou instituição) no qual os interesses privados não sejam "reprimidos" pelo interesse comum ou universal, como em Rousseau, mas em que tenha lugar uma identificação – ainda que tendencial – entre os dois interesses ou, mais precisamente, uma potenciação e uma expansão

---

logo podem ser encontradas no belo livro de Domenico Losurdo, *Hegel: questione nazionale, restaurazione* (Urbino, Università degli Studi, 1983), sobretudo p. 375 e ss.

[32] Essa distinção entre o "método" (revolucionário) e o "sistema" (conservador) de Hegel deve-se inicialmente a Friedrich Engels, *Ludwig Feuerbach e o fim da filosofia clássica alemã*, em Karl Marx e Friedrich Engels, *Obras escolhidas* (Rio de Janeiro, Vitória, 1956), v. 3, p. 171 e ss.

[33] Karl Marx, *Crítica da filosofia do direito de Hegel*, cit., p. 155.

do interesse singular-privado até sua conversão em interesse universal ou comum. Ao elaborar sua noção de "catarse" como "passagem do momento meramente econômico (ou egoístico-passional) [ou corporativo] para o momento ético-político [ou universal]", o que significa também a "passagem do 'objetivo' ao 'subjetivo' ou da 'necessidade à liberdade'"[34], Gramsci revela ter recolhido e desenvolvido o essencial dessa sugestão hegeliana.

Ora, recordar, ainda que de passagem, o débito que Marx e Gramsci têm para com Hegel nos permite sugerir – como conclusão – que as reflexões filosófico-políticas do notável pensador alemão tiveram um importante papel na construção de uma teoria democrática que, por ser parcialmente fiel também à lição de Rousseau, compreende e afirma que a plena realização dos valores democráticos só é possível no horizonte da superação da ordem social capitalista.

---

[34] Antonio Gramsci, *Cadernos do cárcere*, cit., v. 1, p. 314-5. Sobre o conceito gramsciano de catarse, ver p. 121 desta coletânea.

3. O LUGAR DO *MANIFESTO* NA EVOLUÇÃO DA TEORIA POLÍTICA MARXISTA

O *Manifesto do Partido Comunista* é certamente o texto mais conhecido e lido de Marx e Engels. Escrito entre o fim de 1847 e o início de 1848, foi provavelmente redigido apenas por Marx, a partir de um esboço preliminar elaborado por Engels, na forma de perguntas e respostas[1]. O texto do *Manifesto* foi encomendado aos nossos dois autores pela Liga dos Comunistas (antes chamada de Liga dos Justos), um pequeno agrupamento de exilados alemães sediado em Londres e organizado segundo o modelo dos clubes jacobinos e das seitas conspirativas. Marx e Engels colaboraram com esse agrupamento por algum tempo, e nele travaram importantes polêmicas (inclusive com o alemão Wilhelm Weitling, a quem Marx teria dito que "a ignorância jamais serviu a alguém"), mas já em 1852 propuseram a sua dissolução, por considerá-lo – enquanto modelo de organização revolucionária – inadequado à conjuntura aberta pelo fracasso das esperanças revolucionárias expressas em 1848 e pela subsequente retomada do desenvolvimento capitalista[2]. Quando Marx e Engels morreram, respectivamente em 1883 e 1895, o *Manifesto* não só já conhecera inúmeras edições em alemão (a língua em que fora escrito), mas também havia sido traduzido em vários outros idiomas; essas reedições e traduções quase sempre traziam novos prefácios dos autores (sobretudo de Engels, que viveu doze anos mais do que Marx) e, em muitos deles, sobretudo nos mais tardios, já se esboçavam autocríticas sobre algumas de suas afirmações.

---

[1] Friedrich Engels, *Princípios do comunismo*, apêndice a Nikolai Bukharin, *ABC do comunismo* (São Paulo, Global, 1980), p. 117-41.

[2] Idem, "Contribuição à história da Liga dos Comunistas" [1885], em Karl Marx e Friedrich Engels, *Obras escolhidas* (Rio de Janeiro, Vitória, 1963), v. 3, p. 152-68. Ver também Fernando Claudín, *Marx, Engels y la revolución de 1848* (Madri, Siglo XXI, 1976), p. 58-71.

Relembrar o contexto histórico em que foi escrito o *Manifesto* é um modo de advertir para a necessidade de situá-lo na evolução do pensamento de Marx e Engels, que conheceu um *antes* e um *depois* do *Manifesto*. Por um lado, cabe recordar que essa pequena obra-prima foi escrita num momento em que Marx e Engels já haviam elaborado as linhas essenciais de sua ontologia do ser social (à qual deram o nome de "materialismo histórico"), cujas primeiras expressões se encontram em *A ideologia alemã* e nas Teses sobre Feuerbach* (1845), bem como na *Miséria da filosofia* (1847). Mas, por outro lado, também é preciso recordar que muitas das formulações do *Manifesto* seriam superadas em escritos posteriores não só de nossos dois autores, mas também e sobretudo de muitos outros pensadores que se situaram e se situam no que podemos chamar hoje de "tradição marxista". Portanto, uma reflexão histórico-materialista sobre o *Manifesto*, feita 150 anos depois de sua publicação, não pode se deter no resgate de sua indiscutível grandeza, mas deve também indicar os seus não menos evidentes limites históricos e teóricos.

3.1. A evolução de Marx e Engels antes do *Manifesto*

Embora a história da construção do marxismo se inicie antes do *Manifesto*, é nesse pequeno texto que, pela primeira vez, Marx e Engels expressam de modo sistemático os fundamentos essenciais de sua teoria política, ou, mais precisamente, da teoria histórico-materialista do Estado e da revolução[3]. Já antes de 1848, contudo, a preocupação teórica com a política ocupara boa parte da reflexão de nossos dois pensadores, em particular do futuro autor de *O capital*. O primeiro texto importante de Marx, concluído no verão de 1843 mas publicado somente oitenta anos depois, tinha como objetivo uma crítica da *Filosofia do direito*, de Hegel. Nesse texto, o jovem pensador comenta e critica vários parágrafos da obra em que está expressa a versão madura da teoria hegeliana do Estado, assumindo para tanto o ponto de vista de uma concepção democrática radical, na qual se revela claramente a influência do *Contrato social*, de Rousseau[4].

---

* Karl Marx, "Ad Feuerbach", *A Ideologia alemã*, cit., p. 533. (N. E.)

[3] Basta ter lido o *Manifesto* para saber que não é correto dizer que não existe uma teoria política em Marx, como fez, entre outros, Norberto Bobbio ("Esiste una dottrina marxistica dello Stato?", em *Quale socialismo?*, Turim, Einaudi, 1976, p. 21-41).

[4] A influência de Rousseau refere-se à dimensão especificamente política desse texto; do ponto de vista filosófico, a crítica então feita a Hegel ainda se inspira, basicamente, em Ludwig Feuerbach. Sobre isso, ver o belo livro de Celso Frederico, *O jovem Marx (1843-1844): as origens da ontologia do ser social* (São Paulo, Cortez, 1995), p. 27 e ss.

Um dos pontos nodais dessa crítica consiste em mostrar a falsidade (ou a incoerência) da tese hegeliana segundo a qual a burocracia governamental seria a efetiva portadora material da "vontade geral", um conceito que, como se sabe, está na base da construção rousseauniana da teoria democrática[5]. A burocracia, argumenta o jovem Marx, não é uma "classe geral", nem suas ações emanam de uma "vontade geral", pela simples razão de que a sociedade descrita por Hegel não conhece um real interesse comum: a máxima universalização possível da vontade na esfera da "sociedade civil-burguesa", na qual os homens produzem e reproduzem sua vida material, é para Hegel apenas a consciência "corporativa", ou seja, a superação do interesse *singular* pelo interesse *particular*. Nesse quadro, ainda que a burocracia possa arbitrar entre interesses *particulares* (diferentemente dos magistrados de Hobbes ou Locke, que arbitram entre interesses *singulares*), ela não pode encarnar nenhuma universalidade substancial, nenhum interesse efetivamente comum. Essa suposta "classe geral" representa apenas, como diz Marx, um interesse particular entre outros:

> Ela [a burocracia] é a "consciência do Estado", a "vontade do Estado", a "potência do Estado" como *uma corporação* (em contraposição ao particular, o "interesse universal" pode se manter apenas como um "particular", tanto quanto o particular, contraposto ao universal, mantém-se como um "universal". A burocracia deve, portanto, proteger a universalidade *imaginária* do interesse particular, o espírito corporativo, a fim de proteger a particularidade *imaginária* do interesse universal, seu próprio espírito. O Estado deve ser corporação tanto quanto a corporação quer ser Estado), como uma sociedade *particular, fechada*, no Estado.[6]

Nessa etapa de sua evolução, Marx ainda não se dera conta de uma determinação categorial que será depois uma de suas principais descobertas teóricas, ou seja, o fato de que a sociedade civil-burguesa, diferentemente do que supunha Hegel, não se divide apenas em corporações por ramo de atividade, mas também e sobretudo em *classes sociais*, que se constituem em função da diferente posição dos indivíduos no seio das relações de produção. Por conseguinte, ele ainda não podia ver que o Estado – uma universalidade apenas *imaginária* – não representa os interesses particulares de uma corporação, a burocracia, mas sim os interesses *comuns* de uma classe *particular*[7]. Mas já percebera, embora ainda operasse essencialmente no interior da problemática hegeliana, que a dominação

---

[5] Ver "Crítica e utopia em Rousseau", p. 15-39 desta coletânea.
[6] Karl Marx, *Crítica da filosofia do direito de Hegel*, cit., p. 65.
[7] Ou, como ele dirá dois anos depois, "o Estado é a forma na qual os indivíduos de uma classe dominante fazem valer seus interesses comuns" (Karl Marx e Friedrich Engels, *A ideologia alemã*, cit., p. 76).

da particularidade na sociedade civil-burguesa impõe necessariamente a dominação da particularidade também no Estado, o que torna impossível a emergência neste último de uma vontade geral: o que Hegel chama de "vontade universal" não passa do equilíbrio recíproco, através da arbitragem burocrática, de diferentes particularidades. Corporativismo e burocratismo, assim, são duas faces da mesma moeda: "O mesmo espírito que cria, na sociedade [civil-burguesa], a corporação [a dominação do interesse particular], cria, no Estado, a burocracia"[8].

O que o jovem Marx pretende, ainda em nome de uma democracia rousseauniana, é precisamente superar esse espírito burocrático-corporativo, particularista, que pode levar apenas à formação de uma "vontade de todos" (no sentido que Rousseau atribui à expressão, ou seja, o de uma soma de interesses particulares), o que impede que a sociedade em seu conjunto, constituindo-se como vontade geral, possa se apropriar de fato do poder soberano. Para ele, como para o Rousseau do *Contrato social*, "todas as formas de Estado têm como sua verdade a democracia, e, por isso, não são verdadeiras se não são a democracia"[9]. Ora, na medida em que Marx reconhece que, com relação ao vínculo entre Estado e sociedade civil, "Hegel descreve com exatidão a situação empírica atual"[10], podemos supor que aquilo que ele nos sugere, nessa obra juvenil, é uma retomada da proposta de Rousseau, com o que parece afirmar – contra Hegel – que o real (o Estado existente) ainda não é o racional ou o verdadeiro (o Estado democrático).

Mas essa *retomada* da problemática rousseauniana está longe de ser, mesmo nesse Marx ainda não marxista, um simples *retorno*. De certo modo, o que ele nos propõe, nessa sua *Crítica* juvenil, é uma solução que consiste em dirigir contra Hegel a exigência que o próprio Hegel dirigira contra Rousseau: a de buscar determinações ainda mais concretas para a definição da vontade geral. Diz ele:

> Na burocracia, a identidade do interesse estatal e do fim particular privado está colocada de modo que o *interesse estatal* se torna um fim privado *particular*, contraposto aos demais fins privados. A supressão da burocracia só pode se dar contanto que o interesse universal se torne *realmente* – e não, como em Hegel, apenas no pensamento, na *abstração* – interesse particular, o que é possível apenas contanto que o interesse *particular* se torne realmente *universal*.[11]

---

[8] Karl Marx, *Crítica da filosofia do direito de Hegel*, cit., p. 65.

[9] Ibidem, p. 51. Como se sabe, ao distinguir soberania e governo, Rousseau nos diz que só são legítimas (ou, na terminologia do jovem Marx, "verdadeiras") as formas de governo que se apoiam na soberania popular.

[10] Ibidem, p. 69.

[11] Ibidem p. 67.

Portanto, não se trata de pressupor a sociedade civil-burguesa como algo "natural", seja ao modo liberal-individualista, seja ao modo corporativo hegeliano, mas sim de *transformar radicalmente* (ou mesmo *suprimir*) essa sociedade, de forma que a exigência do predomínio da vontade geral não seja apenas um postulado moral, como em Rousseau, nem uma abstração imaginária, como em Hegel, mas sim algo que possa dispor de bases materiais efetivas.

O trabalho seguinte de Marx, *Sobre a questão judaica*, escrito no outono de 1843, concentra-se essencialmente na tentativa de dar uma resposta mais concreta à questão que acabamos de resumir. É curioso observar que, nesse novo trabalho, o principal alvo polêmico já não é Hegel, e sim, ainda que só implicitamente, Rousseau e seus discípulos jacobinos. Na medida em que também Rousseau propusera a substituição da "sociedade civil-burguesa" de seu tempo (duramente combatida no *Discurso sobre a desigualdade*) por uma ordem social legítima (proposta no *Contrato social*), é compreensível que Marx se preocupe nesse novo ensaio em sublinhar as diferenças existentes entre a sua própria proposta e aquela dos discípulos jacobinos de Rousseau. Para Marx, agora, o limite essencial da proposta rousseauniana (e jacobina) residiria no fato de que a "emancipação política" por ela contemplada é insuficiente, na exata medida em que, conservando a dicotomia entre o universalismo do *citoyen* e o particularismo do *bourgeois*, tal proposta só é capaz de afirmar o homem universal – ou o predomínio da vontade geral – no reino da abstração formalista, como um postulado apenas ético. Haveria, na proposta de Rousseau e dos jacobinos, um dualismo insuperável e contraditório entre as esferas do público e do privado. Diz Marx:

> O Estado político pleno constitui, por sua essência, a vida do gênero humano em oposição à sua vida material. Todos os pressupostos dessa vida egoísta continuam subsistindo fora da esfera estatal na sociedade burguesa. [...] Onde o Estado político atingiu a sua verdadeira forma definitiva, o homem leva uma vida dupla não só mentalmente, na consciência, mas também na realidade, na vida concreta; ele leva uma vida celestial e uma vida terrena, a vida na comunidade política, na qual ele se considera um ente comunitário, e a vida na sociedade burguesa, na qual ele atua como pessoa particular, encara as demais pessoas como meios, degrada a si próprio à condição de meio e se torna um joguete na mão de poderes estranhos a ele.[12]

Marx mostra ainda, nesse ensaio, que a dualidade entre público e privado, entre universal e particular, desemboca necessariamente no colapso da vontade geral imaginária diante da irrupção do interesse privado. Referindo-se, com toda probabilidade, primeiro ao período jacobino e depois à etapa termidoriana da Revolução Francesa, ele observa:

---

[12] Idem, *Sobre a questão judaica*, cit., p. 40.

Nos momentos em que está particularmente autoconfiante, a vida política procura esmagar seu pressuposto, a sociedade burguesa e seus elementos, e constituir-se como a vida real e sem contradição do gênero humano. No entanto, ela só consegue fazer isso caindo em contradição violenta com suas próprias precondições de vida, ou seja, declarando a revolução como permanente, e, em consequência disso, o drama político termina tão necessariamente com a restauração da religião, da propriedade privada, de todos os elementos da sociedade burguesa, quanto a guerra termina com a paz.[13]

Observando que, no quadro da emancipação puramente política, "o cidadão é então declarado servidor do homem egoísta"[14], Marx nos fala – ainda sob a influência do humanismo de Feuerbach – em "emancipação *humana*", uma expressão que, pouco depois, será substituída por "comunismo". Caberia registrar, de passagem, contra algumas leituras apressadas[15], que, ao propor a "emancipação humana" ou o comunismo, Marx não está se opondo aos chamados "direitos do homem" ou à emancipação política, mas sugerindo que eles devem ser dialeticamente conservados-superados através de uma forma de emancipação (ou de cidadania) ainda mais radical. Em outras palavras: Marx não critica o modelo democrático de Rousseau por este ser democrático, mas sim por ser utópico, ou seja, por não contemplar as condições materiais que tornam possível a realização de uma ordem efetivamente democrática.

Tratava-se, assim, de retomar o problema da construção da vontade geral de outro modo: um modo que implicasse não a repressão do privado pelo público (como em Rousseau e nos jacobinos) ou a coexistência falsamente superada de ambos (como em Hegel), mas sim a supressão das bases sociais – ou seja, da própria "sociedade civil-burguesa" (*bürgerlische Gesellschaft*) – que reproduzem permanentemente a *realidade* do privado como móvel central da ação humana e condenam o público ao reino do *imaginário*. É na permanência, reprimida ou não, da sociedade civil-burguesa que reside a chave do enigma das aporias da vontade geral. Menos de um ano depois, nos famosos *Manuscritos econômico--filosóficos* de* 1844, Marx já começa a construir a chave heurística que marcará toda a sua obra da maturidade; recordando sua célebre afirmação de 1859, essa chave consiste na compreensão de que:

> tanto as relações jurídicas quanto as formas de Estado não podem ser compreendidas por si mesmas nem pela chamada evolução geral do espírito humano, mas se baseiam,

---

[13] Ibidem, p. 42.
[14] Ibidem, p. 91.
[15] Ver, como exemplo de uma leitura desse tipo, Claude Lefort, *A invenção democrática: os limites do totalitarismo* (São Paulo, Brasiliense, 1983), p. 37 e ss.
* São Paulo, Boitempo, 2004. (N. E.)

pelo contrário, nas condições materiais de vida, cujo conjunto Hegel resume [...] sob o nome de "sociedade civil-burguesa"; e [na compreensão de] que a anatomia da sociedade civil-burguesa precisa ser procurada na economia política.[16]

Para nossos objetivos, basta aqui recordar brevemente a ideia central a que Marx chegou, sobretudo a partir de *A ideologia alemã*, redigida em colaboração com Engels em 1845: somente com a constituição de uma nova forma de sociedade, fundada na propriedade social dos meios de produção e no que ele chamaria depois de "autogoverno dos produtores associados", ou seja, no fim do antagonismo de classes e na extinção do Estado como entidade separada da sociedade, é possível transcender na realidade efetiva a antinomia entre *citoyen* e *bourgeois*, a divisão antagônica entre o público e o privado, e, desse modo, estabelecer a possibilidade de que emerja e predomine de fato uma vontade geral ou, se quisermos utilizar a terminologia própria de Marx, uma atividade prática que permita ao homem se manifestar de maneira objetiva e subjetiva como um ente genérico universal. Portanto, uma verdadeira vontade geral ainda não existe e não pode existir no presente, ou seja, na sociedade capitalista consolidada pela Revolução Francesa e por seus desdobramentos napoleônicos; e não pode existir nem na ação do homem "virtuoso" de Rousseau nem no "Estado ético" ou na "classe geral" hegelianos. Por conseguinte, a construção concreta dessa vontade geral – do homem como um ser prático conscientemente genérico – coloca-se como uma tarefa voltada para o futuro: é como se Marx dissesse, recusando o célebre aforismo hegeliano, que o real ainda não é racional e o racional ainda não é real. Se Hegel é o pensador que eleva a conceito o mundo que resultou da Revolução Francesa, Marx será o teórico da nova revolução que se anuncia: a revolução comunista do proletariado.

Marx tenta mostrar os meios de solucionar a tarefa através de uma nova investigação da sociedade civil-burguesa, capaz de apreender determinações que escaparam à arguta mas ainda insuficiente análise hegeliana[17]. Para evitar o utopismo de Rousseau, reproduzido pelos primeiros socialistas, será preciso descobrir – na própria realidade atual da sociedade civil-burguesa – a presença de um possível portador material do projeto da vontade geral. Ou, mais precisamente: de uma classe social cujos interesses *particulares* contenham em si a possibilidade

---

[16] Karl Marx, prefácio de *Contribuição à crítica da economia política*, em Karl Marx e Friedrich Engels, *Obras escolhidas* (Rio de Janeiro, Vitória, 1956), v. 1, p. 335.

[17] A argúcia da análise hegeliana da sociedade civil resulta do fato de que também Hegel se dera conta de que a chave para entender a anatomia dessa sociedade reside na economia política; por isso, foi um estudioso atento das obras de James Steuart, Adam Smith e David Ricardo. Sobre a relação entre economia e dialética em Hegel, ver G. Lukács, *Il giovane Hegel e i problemi della società capitalistica*, cit., sobretudo p. 246-62 e 447-554.

de uma verdadeira *universalização*. Embora de modo ainda pouco concreto e com um tom quase messiânico, Marx já percebe a existência dessa classe num escrito concluído no início de 1844, que deveria servir de introdução à *Crítica*, redigida no verão de 1843. Nesse novo texto ele fala:

> na formação de uma classe [*Klasse*] com grilhões radicais, de uma classe da sociedade civil que não seja uma classe da sociedade civil, de um estamento [*Stand*] que seja a dissolução de todos os estamentos, de uma esfera que possua um caráter universal mediante seus sofrimentos universais e que não reivindique nenhum direito particular [...]; uma esfera, por fim, que não pode se emancipar sem se emancipar de todas as outras esferas da sociedade e, com isso, sem emancipar todas essas esferas [...]. Tal dissolução da sociedade [civil burguesa], como um estamento particular, é o proletariado.[18]

Nessa fase de sua evolução teórica, Marx – com a colaboração de Engels – elabora dois novos conceitos que serão decisivos na ulterior evolução do seu pensamento. Em primeiro lugar, ele percebe agora que a "sociedade civil-burguesa" não pode ser compreendida a partir do Estado, como supunha Hegel; ao contrário, é nas contradições dessa sociedade civil-burguesa, em particular no antagonismo entre classes sociais, que reside a chave explicativa do enigma do Estado. Este perde a sacralidade que lhe atribuía Hegel e se torna um fenômeno ligado ao período histórico em que a sociedade humana é dividida em classes sociais antagônicas, o que significa que o Estado nem sempre existiu e nem sempre existirá. Assim, já em *A ideologia alemã*, Marx nos mostra que o Estado moderno representa os interesses não de uma *corporação* (a burocracia "universal" hegeliana), como ele ainda supunha em 1843, mas sim de uma *classe social*, a burguesia, que é dominante precisamente porque detém a propriedade dos meios de produção materiais e espirituais. Nessa obra fundamental – que, como tantas outras do jovem Marx, também só viria a ser publicada postumamente –, as classes sociais são apresentadas como um fenômeno próprio da modernidade capitalista, que seria assim a única sociedade propriamente "de classes"; as formações pré-capitalistas, ao contrário, seriam sociedades divididas em estamentos, ao passo que o comunismo se caracterizaria por ser uma sociedade *sem classes*[19]. É essa compreensão

---

[18] Karl Marx, "Crítica da filosofia do direito de Hegel – Introdução", em *Crítica da filosofia do direito de Hegel*, cit., p. 155-6. O uso alternado das expressões "estamento" (*Stand*) e "classe" (*Klasse*) mostra como Marx ainda estava ligado, em 1844, à terminologia hegeliana.

[19] Ver Karl Marx e Friedrich Engels, *A ideologia alemã*, cit., sobretudo p. 29-87. Portanto, nesse momento, Marx já não atribui ao proletariado a condição simultânea de "estamento" e "classe", como fazia em 1844. Contudo, essa formulação de *A ideologia alemã* será novamente superada no *Manifesto*, quando Marx e Engels generalizam para toda a história o uso do conceito de "classe social": "A história de todas as sociedades até hoje existentes é a história das lutas de classes" (Karl

da importância ontológico-genética da "sociedade civil-burguesa" – da esfera das "relações sociais de produção" ou da "estrutura", conforme a terminologia usada nos escritos mais tardios – que levará Marx a dedicar a maior parte de seus esforços teóricos ulteriores à "crítica da economia política", ou seja, ao desvendamento dialético da "anatomia" dessa "sociedade civil-burguesa". E, em segundo lugar, Marx e Engels já possuíam também claramente formulado em 1848 – quando publicaram o *Manifesto* – um outro conceito: o de que o sujeito coletivo capaz de revolucionar o capitalismo, de realizar plenamente as promessas de emancipação contidas na modernidade, é a classe social a que eles dão o nome de "proletariado", designando com esse termo o conjunto dos trabalhadores assalariados destituídos da propriedade dos meios de produção e, por isso mesmo, obrigados a vender a sua força de trabalho. Assim, a possibilidade de constituição da "vontade geral" não estaria, para nossos dois autores, nem na consciência dos indivíduos "virtuosos" (como supunham Rousseau e os jacobinos) nem na cinzenta burocracia governamental (como diz Hegel), mas sim nesse típico produto da "sociedade civil-burguesa" moderna, ou seja, no proletariado.

3.2. Por que e em que o *Manifesto* é atual

É já de posse dessas decisivas conquistas teóricas que Marx e Engels respondem à demanda da Liga dos Comunistas e escrevem o *Manifesto*, no qual, além de expor em suas grandes linhas o movimento contraditório do capitalismo, cuja dinâmica já havia sido elevada a conceito em *A ideologia alemã*, consolidam a primeira formulação sistemática de sua teoria especificamente política. A extraordinária eficácia dessa obra, certamente um dos textos teórico-políticos mais influentes de toda a história, resulta, para além de seus inegáveis méritos literários, da justeza essencial com que esboça o impacto que a emergência e a consolidação do capitalismo provocaram na evolução da humanidade. O que hoje conhecemos como "modernidade" tem suas principais determinações registradas nos dois primeiros capítulos do *Manifesto*, sugestivamente intitulados "Burgueses e proletários" e "Proletários e comunistas". Muitos dos traços que, pelo menos desde os ilumi-

---

Marx e Friedrich Engels, *Manifesto Comunista*, São Paulo, Boitempo, 1998, p. 40). Recordemos que a diferença entre classe e estamento reside no fato de que, enquanto o pertencimento a uma classe é determinado pelo jogo de relações puramente sociais, a inclusão em um estamento é predeterminada de modo jurídico-político, como se fosse um fenômeno natural. Essa diferença fornece ao pensamento liberal a base para afirmar como verdade absoluta o que não é mais do que uma meia-verdade: o fato de que todos os homens, com a dissolução dos estamentos, tornam-se *formalmente* iguais, ou iguais perante a lei, com o que o liberalismo busca ocultar ideologicamente a desigualdade *material* produzida pela divisão em classes.

nistas e os economistas clássicos, já vinham sendo apontados como distintivos da era moderna (em contraposição à Antiguidade clássica e ao mundo medieval) encontram no *Manifesto* uma exemplar síntese histórico-dialética, síntese possibilitada pelo emprego do princípio metodológico da totalidade, certamente recolhido de Hegel, mas que recebe em nossos dois autores uma formulação histórico-materialista. Essa síntese, como busquei indicar, é a condensação de um denso percurso teórico, iniciado pelo menos a partir de 1843, e durante o qual nossos dois autores dialogaram de forma crítica com os pontos mais altos da teoria política, da filosofia e da ciência econômica da era moderna, em particular com Rousseau, Hegel e os economistas clássicos ingleses. A intenção explicitamente interventiva do texto – um manifesto político que pretendia influir nos rumos da revolução europeia que então se anunciava – não nos deve fazer esquecer a complexa e profunda elaboração teórica que lhe serve de fundamento.

Antes de mais nada, surpreende no texto do *Manifesto*, escrito há mais de 150 anos, a atualidade com que seus dois jovens autores descrevem os traços gerais do modo de produção e da formação econômico-social capitalistas, sob cujo domínio continuamos a viver ainda hoje. Embora sejam críticos radicais do capitalismo, Marx e Engels não são românticos: têm clara consciência não só da irreversibilidade, mas também do caráter liberador e revolucionário das novas formas de sociabilidade que o capitalismo vinha introduzindo – e continuaria a introduzir depois – no modo de relacionamento e de interação entre os homens. Um famoso livro do ensaísta norte-americano Marshall Berman tornou ainda mais conhecida a expressão "tudo que é sólido desmancha no ar"[20], uma das mais eficientes imagens com que o *Manifesto* busca resumir o sentido das transformações que o capitalismo estava produzindo na sociabilidade humana, gerando – com sua carga fortemente emancipatória, mas também com seus trágicos impasses – o que hoje conhecemos como "modernidade". Entre as novidades trazidas pelo capitalismo, e não em último lugar, Marx e Engels registram com ênfase o fenômeno que hoje recebe o nome de "globalização":

> No lugar do antigo isolamento de regiões e nações autossuficientes, desenvolvem-se um intercâmbio universal e uma universal interdependência das nações. E isto se refere tanto à produção material como à produção intelectual. As criações intelectuais de uma nação tornam-se patrimônio comum. A estreiteza e a unilateralidade nacionais tornam-se cada vez mais impossíveis; das numerosas literaturas nacionais e locais, nasce uma literatura universal.[21]

---

[20] Marshall Berman, *Tudo que é sólido desmancha no ar: a aventura da modernidade* (São Paulo, Companhia das Letras, 1986).

[21] Karl Marx e Friedrich Engels, *Manifesto Comunista*, cit., p. 43.

É dessa globalização do capital que Marx e Engels retiram a justa percepção de que os futuros coveiros do capitalismo, os "proletários", devem também se organizar em nível internacional. Todos se recordam da palavra de ordem com que se encerra o *Manifesto*: "Proletários de todos os países, uni-vos"[22]; a partir de então, ela inspirará a teoria e a prática políticas de Marx e Engels, levando-os, entre outras coisas, a participar mais tarde da fundação e da direção da Associação Internacional dos Trabalhadores, depois conhecida como Primeira Internacional.

Ao mesmo tempo em que descreve premonitoriamente características que o capitalismo só viria a manifestar plenamente nos dias de hoje, o *Manifesto* também é atualíssimo ao apontar as contradições que essa formação econômico-social (e cultural) traz consigo. Marx e Engels observam:

> O sistema burguês tornou-se demasiado estreito para conter as riquezas criadas em seu seio. E de que maneira consegue a burguesia vencer essas crises? De um lado, pela destruição violenta de grande quantidade de forças produtivas; de outro, pela conquista de novos mercados e pela exploração mais intensa dos antigos. A que leva isso? Ao preparo de crises mais extensas e mais destruidoras e à diminuição dos meios de evitá-las.[23]

E, logo após, dão-nos outra indicação também atualíssima, que nos fornece, de resto, preciosas pistas para analisar criticamente as contradições da esfera da cultura depois de 1848: "As armas que a burguesia utilizou para abater o feudalismo voltam-se hoje contra a própria burguesia"[24]. Ou seja: as promessas de emancipação humana trazidas pela modernidade capitalista (entre as quais as promessas de democratização e de universalização da cidadania) exigem, para sua plena realização, a superação do próprio capitalismo[25].

Além disso, o *Manifesto* é também de grande atualidade quando, retomando de modo ainda mais concreto as conquistas teóricas já feitas anteriormente por seus dois autores, aponta o que eles consideram ser o sujeito coletivo capaz de encaminhar essa superação: "A burguesia, porém, não se limitou a forjar as armas que lhe trarão a morte; produziu também os homens que empunharão essas armas – os operários modernos, os *proletários*"[26]. É no mundo do trabalho, no mundo dos que geram as riquezas de que o capital se apropria, que se gestam as principais forças objetiva e subjetivamente interessadas na construção de uma nova ordem social, a sociedade

---

[22] Ibidem, p. 69.
[23] Ibidem, p. 45.
[24] Idem.
[25] Tratei desse assunto em "Notas sobre cidadania e modernidade", em *Contra a corrente: ensaios sobre democracia e socialismo* (São Paulo, Cortez, 2008), p. 49-70.
[26] Karl Marx e Friedrich Engels, *Manifesto Comunista*, cit., p. 46.

comunista, que Marx e Engels concebem não como um retorno romântico ao passado ou uma utopia abstrata, mas sim como o desfecho de um movimento capaz de recolher os momentos emancipatórios trazidos pela modernidade capitalista e, ao mesmo tempo, de superar suas contradições e impasses.

Decerto, escrevendo em 1848, nossos dois autores não podiam prever a grande diversificação que envolveria, nos mais de 150 anos subsequentes, o universo dos que vivem de seu trabalho e, por conseguinte, dos que geram mais-valia para o capital. Por isso, ainda tendiam a identificar os "proletários" – não só no *Manifesto*, mas também em obras posteriores – com os trabalhadores da indústria, com a classe operária fabril, uma identificação que já não se sustenta hoje, quando o capitalismo, expandindo suas leis para amplas esferas do mundo da produção e do consumo, sobretudo para o setor dos serviços, criou um universo bem mais diversificado e complexo de trabalhadores assalariados. Contudo, ao mostrar que é no mundo dos que trabalham submetidos às leis do capital que se gesta o sujeito capaz de revolucionar o capitalismo, o *Manifesto* revela mais uma vez a sua atualidade: malgrado as inúmeras teorias "pós-modernas" que afirmam o fim da centralidade do trabalho na sociedade atual, parece indiscutível não só que os trabalhadores assalariados permanecem como as principais vítimas das contradições do capitalismo (que agora lhes nega até mesmo o elementar direito ao emprego), mas também que é no diversificado mundo do trabalho que continuam a se manifestar em nossos dias as maiores resistências à universalização da forma-mercadoria.

O enfrentamento da questão democrática como momento essencial da revolução comunista é outro indicador da atualidade do *Manifesto*. Como sugeri acima, Marx elaborou sua teoria política anterior a 1848 em estreita interlocução com a problemática da democracia, em particular em sua versão rousseauniana. Ele já estava e continuou convencido de que a revolução comunista que defendia representava a oportunidade concreta de levar a cabo as promessas democráticas que a grande Revolução Francesa – e, de modo geral, as revoluções burguesas dos séculos XVII e XVIII – haviam enunciado, mas não cumprido. Como vimos, a "emancipação política" (que é como o Marx de *Sobre a questão judaica* define os resultados da Revolução Francesa) devia ser *completada* – e não *abandonada* – pelo que, ainda sob a inspiração de Feuerbach, ele chamava então de "emancipação humana". Essa emancipação recebe no *Manifesto*, como já em textos anteriores, o claro nome de "comunismo". Ora, se a revolução proletária tem também como meta levar a cabo as promessas da Revolução Francesa, então ela deve ter uma relação positiva com a questão da democracia. Nesse sentido, o *Manifesto* diz de modo muito claro: "a primeira fase da revolução operária é a elevação do proletariado a classe dominante, *a conquista da democracia*"[27].

---

[27] Ibidem, p. 58; grifo meu.

Essa formulação retoma uma passagem do texto de Engels que serviu de base para a redação do *Manifesto*: "Antes de mais nada, a revolução do proletariado instaurará uma *constituição democrática* e, com isso, o domínio político, direto ou indireto, do proletariado"[28].

Sabemos também que, já em 1852, quatro anos depois da publicação do *Manifesto*, Marx fala em "ditadura do proletariado" – um termo tomado de empréstimo do socialista jacobino Auguste Blanqui – para definir a forma estatal necessária à transição para o comunismo[29]. Mas em 1891, quando afirma com ênfase que "a forma específica da ditadura do proletariado [...] é a república democrática"[30], Engels parece estar retomando a velha formulação do *Manifesto*, que aponta claramente o comunismo como herdeiro e verdadeiro realizador da democracia. Assim, na formulação de Marx e Engels, o comunismo não é o oposto da democracia – como se compraz em afirmar até hoje o liberalismo, o qual, de resto, ao longo de suas muitas metamorfoses, quase sempre se opôs à efetiva democracia –, mas sim a sua completa realização.

O tratamento da questão do partido político é outro elemento que revela a atualidade do *Manifesto*. Em oposição sobretudo aos anarquistas, Marx e Engels afirmam com ênfase, aqui e em seus trabalhos posteriores, que os trabalhadores devem travar as suas lutas de emancipação sobretudo no terreno da política. E indicam, já no próprio título do texto que estamos comentando, que o principal (embora não único) instrumento de constituição da subjetividade dos trabalhadores e do encaminhamento de suas lutas de emancipação é o *partido político*, um fenômeno que, de resto, só viria a adquirir plena espessura institucional muitos anos depois da redação do *Manifesto*[31]. Ao enfatizar nesse texto a importância do partido político, Marx e Engels parecem ter descoberto o principal instrumento capaz de promover a passagem da "classe em si" para a "classe para si", ou seja, do proletariado como fenômeno objetivo para o proletariado como sujeito coletivo autoconsciente, uma passagem cuja necessidade

---

[28] Friedrich Engels, *Princípios do comunismo*, cit., p. 131.
[29] Karl Marx, "Carta a Weydemeyer", em Karl Marx e Friedrich Engels, *Obras escolhidas*, cit., v. 3, p. 253-4.
[30] Friedrich Engels, "Critique du Programme d'Erfurt", em Karl Marx e Friedrich Engels, *Critique des programmes de Gotha e d'Erfurt* (Paris, Éditions Sociales, 1966), p. 103.
[31] É do último terço do século passado a formação de partidos operários de massa, inspirados sobretudo no modelo representado pelo Partido Social-Democrata alemão, que serviu de paradigma não só para os partidos socialistas e operários, mas também para os partidos das demais classes sociais. Sobre isso, ver, entre outros, Umberto Cerroni, *Teoria do partido político* (São Paulo, Ciências Humanas, 1982).

já fora enunciada por Marx em *A miséria da filosofia*, escrito em 1847[32]. E parecem também estar respondendo a um problema que haviam formulado já em 1844, em *A sagrada família*: "Não se trata do que este ou aquele proletário, ou até mesmo do que o proletariado inteiro pode *imaginar* de quando em vez como sua meta. Trata-se *do que* o proletariado é e do que ele será obrigado a fazer historicamente de acordo com o seu *ser*"[33]. Na *Introdução* de 1844, como vimos, Marx mostra que o portador material da "vontade geral" não é nem o indivíduo "virtuoso" de Rousseau nem a burocracia estatal hegeliana, mas sim o proletariado enquanto classe social universal, que dissolve todas as classes e estamentos; no *Manifesto*, ele vai adiante, mostrando que, se o proletariado é a base social que torna possível uma vontade geral, *o agente efetivo de implementação dessa vontade é o partido político revolucionário*, através do qual o proletariado se eleva do seu ser em si para o seu ser para si.

E mais: embora tenham escrito esse texto sob encomenda de uma pequena seita conspirativa, ainda inspirada no já anacrônico modelo organizativo dos jacobinos, nossos autores revelam – premonitoriamente – uma concepção ampla e atualizada do que deve ser um moderno partido dos trabalhadores. Dizem eles:

> Os comunistas não formam um partido à parte, oposto aos outros partidos operários. [...] Os comunistas se distinguem dos outros partidos operários somente em dois pontos: 1). Nas diversas lutas nacionais dos proletários, destacam e fazem prevalecer os interesses comuns do proletariado, independentemente da nacionalidade; 2). Nas diferentes fases de desenvolvimentos por que passa a luta entre proletários e burgueses, representam, sempre e em toda parte, os interesses do movimento em seu conjunto. Na prática, os comunistas constituem a fração mais resoluta dos partidos operários de cada país, a fração que impulsiona as demais; teoricamente têm sobre o resto do proletariado a vantagem de uma compreensão nítida das condições, do curso e dos fins gerais do movimento proletário.[34]

Sobretudo no século XX, muitos marxistas afirmaram a necessidade de que os comunistas se constituíssem num partido autônomo, separado dos demais agrupamentos representativos dos trabalhadores e muitas vezes contraposto a eles. (Foi essa, como se sabe, a posição dos bolcheviques, posição que, depois

---

[32] "Num primeiro momento, as condições econômicas transformaram a massa do país em trabalhadores. A dominação do capital criou para essa massa uma situação comum, interesses comuns. Assim, essa massa é já uma classe em face do capital, mas não ainda uma classe para si mesma. Na luta, [...] essa classe se reúne, constitui-se em classe para si. Os interesses que ela defende tornam-se interesses de classe. Mas a luta de classe contra classe é uma luta política" (K. Marx, *Miséria da filosofia*, São Paulo, Expressão Popular, 2009, p. 190).

[33] Karl Marx e Friedrich Engels, *A sagrada família* (São Paulo, Boitempo, 2003), p. 49.

[34] Idem, *Manifesto Comunista*, cit., p. 51.

da vitória da Revolução de Outubro, deu origem à criação dos vários partidos comunistas agrupados no seio da Terceira Internacional.) Porém, as condições em que hoje se trava a luta pelo socialismo revelam a necessidade de retornar às posições do *Manifesto*, no que diz respeito à forma de organização política dos trabalhadores, indicando assim que o modelo proposto no texto de 1848 é mais atual do que aquele formulado há 90 anos pelos bolcheviques: o tipo de partido sugerido no *Manifesto* não só é mais compatível com o pluralismo hoje manifestado pelas forças sociais que se empenham na luta por uma nova ordem social, mas também se adequa melhor ao polimorfismo com que se apresenta atualmente o mundo dos que vivem do seu trabalho. Desse modo, até mesmo na sugestão do modelo de organização política dos trabalhadores, o *Manifesto* se revela surpreendentemente atual.

3.3. O marxismo para além do *Manifesto*

Em muitas de suas formulações, portanto, o *Manifesto do Partido Comunista* continua a nos fornecer tanto indicações exatas para compreender o mundo de hoje quanto a nos sugerir preciosas pistas para elaborar uma estratégia atualizada de luta pelo comunismo. *Malgrado isso, é preciso dizer claramente que quem quer ser marxista hoje não pode repetir mecanicamente o que é dito no Manifesto.* Em 1923, Lukács já observava que a ortodoxia marxista se refere exclusivamente ao método, o que implica, segundo ele, a possibilidade (ou mesmo a necessidade) de abandonar muitas das afirmações concretas de Marx e Engels[35]. Essa observação nos ajuda a compreender que, se o *Manifesto* nos surpreende muitas vezes por sua extraordinária atualidade, também nos revela, em algumas de suas formulações, evidentes limites teóricos e históricos. Tais limites decorrem, antes de mais nada, do fato de que nossos autores adotaram epistemologicamente, nesse texto, um ponto de vista abstrato: em função dos objetivos a que se propunham, concentraram-se nos traços mais gerais do modo de produção capitalista, sem analisar suas manifestações concretas e sua concreta evolução histórica em diferentes formações econômico-sociais e em diferentes períodos[36]. Esse enfoque "abstrato", ao mesmo tempo que lhes permitiu a

---

[35] G. Lukács, *História e consciência de classe* (São Paulo, Martins Fontes, 2003), p. 64.
[36] Sobre o sentido em que emprego aqui os conceitos de abstrato e concreto e, em particular, sobre suas dimensões *epistemológica* e *histórico-ontológica*, ver Carlos Nelson Coutinho, *Marxismo e política* (São Paulo, Cortez, 2008), p. 14-7. De resto, cabe observar que, quando Marx e Engels buscam se tornar mais "concretos" no *Manifesto Comunista* – por exemplo, quando sugerem um programa de ação (p. 58) ou quando empreendem uma batalha ideológica contra as outras formas de socialismo existentes na época (p. 59-68) –, suas formulações parecem agora

captação das determinações essenciais do capitalismo, possibilitou-lhes ainda emprestar ao *Manifesto* aquela dimensão epocal que faz sua grandeza e talvez seja a razão maior de sua permanente eficácia. Mas, por outro lado, impediu-os de levar em conta mediações concretas que tornariam suas análises mais ricas, como ocorre em textos posteriores. Contudo, os limites da obra clássica de 1848 não são apenas limites epistemológicos, relativos à escolha do nível de análise, mas sim, e sobretudo, limites *histórico-ontológicos*: escrevendo em 1848, Marx e Engels não podiam elevar a conceito inúmeras determinações que o desenvolvimento histórico sucessivo introduziria no ser social, alterando assim os termos com que eles definem, no *Manifesto*, alguns complexos problemáticos tão significativos – para a teoria política que fundaram – como a luta de classes, o Estado e a revolução.

Para exemplificarmos essa passagem do abstrato para o concreto no interior da própria reflexão marxiana, bastaria comparar o relativo esquematismo da definição *abstrata* do Estado e da luta de classes no *Manifesto* com a riqueza *concreta* com que se apresenta a avaliação do fenômeno político em *O 18 de brumário*, uma genial "análise de conjuntura" escrita por Marx entre dezembro de 1851 e março de 1852, apenas quatro anos depois da redação do *Manifesto*. Assim, por exemplo, enquanto a obra de 1848 começa afirmando, de modo abstrato, que a "época da burguesia caracteriza-se por ter simplificado os antagonismos de classe" e dividido a sociedade em "dois campos opostos [...]: a burguesia e o proletariado"[37], em *O 18 de brumário* Marx se refere – como base para a análise das configurações assumidas pelo Estado francês posterior à Revolução de 1848 – a um número bem mais amplo de classes e frações de classe. Além do proletariado, ele fala agora em burguesia industrial, comercial e financeira, em pequena burguesia, em campesinato, em lumpemproletariado etc.[38] De resto, aquela simplificada conceituação do *Manifesto* sobre a estrutura de classes no capitalismo leva seus autores a propor uma visão igualmente simplificada do Estado: "O executivo no Estado moderno não é senão um comitê para gerir os negócios comuns de toda a classe burguesa"[39]. Ao contrário, em *O 18 de brumário*, com base na complexa trama resultante da luta e da convergência das múltiplas classes e frações de classe ali elencadas, Marx descreve um novo e mais concreto tipo de Estado capitalista, o Estado "bonapartista", cuja autonomia

---

essencialmente "datadas" ou inatuais. Aliás, já em 1872, no prefácio que escreveram para uma nova edição alemã do *Manifesto*, os próprios autores chamam a atenção para a inatualidade dessas partes da obra.

[37] Karl Marx e Friedrich Engels, *Manifesto Comunista*, cit., p. 40-1.
[38] Karl Marx, *O 18 de brumário de Luís Bonaparte*, cit.
[39] Karl Marx e Friedrich Engels, *Manifesto Comunista*, cit., p. 42.

relativa em face da classe economicamente dominante é muito maior do que aquela permitida pela conceituação abstrata do Estado como "comitê executivo da burguesia". Por ter deslocado o ângulo de sua abordagem epistemológica do abstrato para o concreto[40] – mas também, e sobretudo, por ter registrado os novos fenômenos histórico-ontológicos introduzidos no ser social depois do "vendaval" de 1848, em especial como consequência da insurreição do proletariado parisiense ocorrida em junho daquele ano –, Marx pôde produzir, em *O 18 de brumário*, uma análise bem mais rica e concreta do Estado e da estratificação social capitalistas do que aquela presente no *Manifesto*.

Mas, além dessa definição abstrata do Estado como "comitê executivo", o *Manifesto* diz também que "o poder político é o poder organizado de uma classe para a opressão de outra"[41]. Essa ideia de que o poder do Estado se impõe essencialmente pela "opressão", ou pela coerção, resulta da constatação, feita no texto de 1848, de que a sociedade burguesa, ao contrário das anteriores sociedades de classe, é incapaz de "exercer o seu domínio porque não pode assegurar a existência do seu escravo", isto é, do trabalhador assalariado. A lei do movimento do capital, segundo os autores do *Manifesto*, conduziria o proletariado a um empobrecimento absoluto. Esse empobrecimento, ao mesmo tempo que imporia ao Estado burguês a necessidade de uma coerção permanente sobre os trabalhadores, levaria a luta de classes a assumir a forma de guerra civil:

> Esboçando em linhas gerais as fases do desenvolvimento proletário, descrevemos a história da guerra civil mais ou menos oculta na sociedade existente, até a hora em que essa guerra explode numa revolução aberta e o proletariado estabelece sua dominação pela derrubada violenta da burguesia.[42]

Resumindo, poderíamos dizer que se expressa no *Manifesto* uma teoria política centrada essencialmente em três pontos: 1) numa noção "restrita" do Estado, segundo a qual este seria o "comitê executivo" da classe dominante, que se vale essencialmente da coerção (ou da "opressão") para cumprir suas funções; 2) numa concepção da luta de classes como conflito bipolar e "simplificado" entre burgueses

---

[40] Essa tendência a uma maior concretude (epistemológica e histórico-ontológica) pode ser registrada em muitas outras obras posteriores ao *Manifesto*, nas quais Marx e Engels – sobretudo o último, que viveu doze anos a mais do que seu amigo – buscam elevar a conceito a emergência de novos fenômenos, incorporando assim novas mediações e determinações à teoria política expressa inicialmente na obra de 1848, em particular no que se refere às noções de Estado e revolução. Menciono alguns desses textos mais adiante; mas, como não posso aqui examiná-los mais amplamente, remeto o leitor ao meu ensaio "A dualidade de poderes: Estado e revolução no pensamento marxista", agora publicado em *Marxismo e política*, cit., sobretudo p. 25-9.

[41] Karl Marx e Friedrich Engels, *Manifesto Comunista*, cit., p. 59.

[42] Ibidem, p. 50.

e proletários, expresso como "uma guerra civil mais ou menos oculta" que levará necessariamente a uma "explosão"; 3) numa visão da revolução socialista como "revolução permanente", cujo momento resolutivo é a constituição de um contrapoder da classe operária, que deve "derrubar violentamente" o poder burguês e substituí-lo por outro poder (que, pouco tempo depois do *Manifesto*, Marx chamará, como vimos, de "ditadura do proletariado"). Ora, um marxista que compreenda a "ortodoxia" não como reverência fetichista aos textos, mas como empenho em ser metodologicamente fiel ao movimento histórico-dinâmico do real, não pode repetir essas definições do *Manifesto* como plenamente válidas ainda hoje. Novos fenômenos surgiram, sobretudo a partir do último terço do século XIX, que, ao introduzir determinações inéditas no ser social, tornaram obsoletas muitas das características presentes em tais definições.

Por um lado, a progressiva passagem da exploração do trabalho através da mais-valia absoluta (redução do salário e aumento da jornada de trabalho) para a exploração através da mais-valia relativa (aumento da produtividade) – que Marx já teoriza amplamente no Livro I de *O capital*[43], publicado em 1867 – alterou as condições em que se trava a luta de classes: ela não mais ocorre num quadro em que a acumulação do capital leva necessariamente ao empobrecimento absoluto do trabalhador, como foi o caso na primeira fase do capitalismo, mas torna possível um aumento simultâneo de salários e lucros, com o que a luta de classes pode assumir formas outras que não a da "guerra civil"[44]. Por outro lado, em estreita correlação com essa passagem, a crescente "socialização da política" (conquista do sufrágio universal, criação de sindicatos e partidos operários de massa) forçou o Estado capitalista a se abrir para outros interesses que não apenas os da classe dominante, fazendo com que – sem deixar de ser um Estado de classe – ele não mais possa ser definido como um mero "comitê executivo" da burguesia. Tudo isso, finalmente, motivou uma nova concepção da revolução socialista: essa revolução pode agora ser concebida como um movimento processual, que opera nos espaços abertos pelas instituições liberal-democráticas (resultantes, em grande parte, das lutas dos trabalhadores), e não mais, conforme

---

[43] Karl Marx, *O capital* (Rio de Janeiro, Civilização Brasileira, 1968), v. 1, sobretudo p. 583-95.

[44] Marx registra esse fato já em 1865, num texto polêmico contra os que negavam a eficácia das lutas sindicais ("Salário, preço e lucro", em Karl Marx e Friedrich Engels, *Obras escolhidas*, cit., v. 1, p. 370-420). Tudo isso lhe permite avaliar de modo novo o papel das reformas na luta pelo socialismo, levando-o a abandonar a célebre frase do *Manifesto* segundo a qual "os proletários nada têm a perder a não ser os seus grilhões" (p. 69). Em 1864, diz Marx: "A lei da jornada de dez horas não foi apenas um grande êxito prático; foi a vitória de um princípio; pela primeira vez, em plena luz do dia, a economia política burguesa sucumbiu ante a economia política da classe operária" (Karl Marx, "Manifesto de lançamento da Associação Internacional dos Trabalhadores", em Karl Marx e Friedrich Engels, *Obras escolhidas,* cit., v. 1, p. 354).

supõe o *Manifesto*, como uma "explosão violenta" concentrada num curto lapso de tempo. Enquanto Marx chegou a admitir a possibilidade de uma transição para o socialismo pela via pacífica e parlamentar (referindo-se explicitamente à Inglaterra, aos Estados Unidos e à Holanda), o último Engels – numa clara autocrítica à posição que os dois autores do *Manifesto* defendiam em 1848--1850 – não hesitou em dizer que "passou o tempo das revoluções executadas por pequenas minorias" e que agora "é mister um trabalho longo e perseverante", que envolve o protagonismo majoritário de amplas massas[45].

Contudo, embora indicações no sentido de revisar a teoria para adequá-la a esse novo contexto histórico já estejam presentes não apenas nos próprios Marx e Engels depois do *Manifesto* (como se pode ver, entre outros escritos já mencionados, nos prefácios mais tardios de ambos às reedições e traduções do texto de 1848), mas também em muitos teóricos da Segunda Internacional (sobretudo nos austromarxistas, como Otto Bauer e Max Adler), o fato é que uma *nova* teoria *marxista* do Estado e da revolução só viria à luz, de modo sistemático, nos célebres *Cadernos do cárcere*, de Antonio Gramsci. Com base numa correta visão historicista do método de Marx, Gramsci percebeu e apontou a razão essencial dos limites históricos de seus mestres (e, em particular, do *Manifesto*). Numa nota em que fala da teoria do Estado em Hegel, por exemplo, diz Gramsci:

> Sua concepção [de Hegel] da associação só pode ser ainda vaga e primitiva, situada entre o político e o econômico, de acordo com a experiência da época, que era ainda restrita e fornecia um único exemplo completo de organização, a organização "corporativa" [...]. Marx não podia ter experiências históricas superiores às de Hegel (pelo menos muito superiores), mas tinha o sentido das massas, graças à sua atividade jornalística e agitatória. O conceito de organização em Marx permanece ainda preso aos seguintes elementos: organizações profissionais, clubes jacobinos, conspirações secretas de pequenos grupos, organização jornalística.[46]

Porém, ao mesmo tempo que indica os limites *históricos* de Marx e Engels, Gramsci recolhe o essencial de sua lição: o autor dos *Cadernos* não abandona as teorias de Estado e revolução socialista elaboradas por eles, inclusive no *Manifesto*, mas as enriquece com novas determinações, recolhidas do movimento

---

[45] Ver, respectivamente, Karl Marx, "Discurso à AIT", citado em Maximilien Rubel, *Crónica de Marx* (Barcelona, Anagrama, 1963), p. 134; e Friedrich Engels, introdução [de 1895] a Karl Marx, "As lutas de classe na França", em Karl Marx e Friedrich Engels, *Obras escolhidas*, cit., v. 1, p. 118-9.

[46] Antonio Gramsci, *Cadernos do cárcere*, cit., v. 3, p. 119.

histórico que ele teve não só a possibilidade de vivenciar, mas sobretudo a lucidez de elevar a conceito[47].

A revisão do marxismo empreendida, entre outros, por Gramsci – uma revisão que coloca as ideias de Marx e Engels em maior sintonia com o nosso tempo – deixa uma lição: reler as obras de Marx e Engels, precisamente de um ponto de vista marxista, significa relê-las de modo crítico, relativizá-las, situá-las historicamente. Essa necessária relativização histórica, contudo, não nos deve fazer esquecer de que foram poucas as obras que resistiram ao tempo tanto quanto o *Manifesto do Partido Comunista*. Surpreende-nos sua atualidade, sua capacidade de nos falar – e ensinar – sobre o nosso mundo de hoje. Além de tudo o que já mencionamos antes, cabe ainda recordar a extrema atualidade da concepção de comunismo que o *Manifesto* nos sugere: a de uma ordem social em que, "em lugar da antiga sociedade burguesa, com suas classes e antagonismos de classes, surge uma associação na qual o livre desenvolvimento de cada um é a condição para o livre desenvolvimento de todos"[48]. É uma frase densa de significado, que fornece aos marxistas de hoje não só indicações para avaliar as razões do fracasso do chamado "socialismo real", mas também para recordar a necessidade de recolher o que de melhor existe na tradição liberal e democrática e, sobretudo, para evocar a dimensão libertária do comunismo, esse "espectro" que continua sendo – e talvez hoje mais do que nunca – a única alternativa racional e sensata à crescente barbárie capitalista.

---

[47] Para uma discussão da obra de Gramsci e sua relação com a tradição marxista, ver Carlos Nelson Coutinho, *Gramsci: um estudo sobre seu pensamento político*, cit. Ver também os ensaios da segunda parte deste volume.

[48] Karl Marx e Friedrich Engels, *Manifesto Comunista*, cit., p. 59.

II. ENSAIOS SOBRE GRAMSCI

4. Sobre os *Cadernos do cárcere* e suas edições

Quando foi preso pelo fascismo, em 8 de novembro de 1926, aos 35 anos de idade, Antonio Gramsci era secretário-geral do Partido Comunista da Itália e deputado do Parlamento italiano. Sua obra como escritor era ainda muito pouco conhecida. Decerto, já havia escrito uma enorme quantidade de artigos para a imprensa operária, um bom número de informes para serem discutidos por seu partido, várias cartas privadas sobre questões de estratégia revolucionária e pelo menos um ensaio mais denso, dedicado a "Alguns temas da questão meridional"*, em que trabalhava no momento de sua prisão. Mas nada disso havia sido publicado em livro. Convidado por um editor amigo, antes da prisão, a reunir em coletânea alguns desses artigos, Gramsci recusou, alegando que, tendo sido escritos "no dia a dia", tais artigos "deviam morrer no fim do dia"[1].

Contudo, pouco tempo depois de preso, numa carta à cunhada Tatiana Schucht, de 19 de março de 1927[2], Gramsci comunica-lhe sobre um programa de trabalho intelectual a ser desenvolvido no cárcere, um trabalho que – diversamente de sua produção pré-carcerária, voltada para o "dia a dia" – ele pretendia que viesse a ser algo "desinteressado", *für ewig*, ou seja, "para sempre". Concebe esse trabalho sobretudo como um meio privilegiado para enfrentar e superar o desgaste material e moral que seria gerado pela vida carcerária, que ele já previa de longa duração.

Quando morreu, em 27 de abril de 1937, Gramsci não podia ter a menor ideia de que esses apontamentos carcerários, que ocupam cerca de 2.500 páginas impressas, tornar-se-iam uma das obras mais influentes, comentadas e discuti-

---

* Antonio Gramsci, *Escritos políticos* (Rio de Janeiro, Civilização Brasileira, 2004), v. 2, p. 403-35. (N. E.)
[1] Antonio Gramsci, *Cartas do cárcere* (Rio de Janeiro, Civilização Brasileira, 2005), v. 2, p. 83.
[2] Ibidem, v. 1, p. 128 e ss.

das do século XX. Nenhuma área do pensamento social – da filosofia à crítica literária, da política à sociologia, da antropologia à pedagogia – ficou imune ao desafio posto pela publicação póstuma dessa obra de Gramsci. Traduzidos em inúmeras línguas, os chamados *Cadernos do cárcere* deram lugar a uma imensa literatura secundária, que de resto cresce cada vez mais, igualmente difundida em múltiplos idiomas[3]. Como consequência da publicação dos *Cadernos*, também sua obra pré-carcerária foi finalmente reunida e editada em vários volumes, também despertando intensos debates[4].

Como Gramsci não publicou em vida nenhum livro, pode-se dizer que, de certo modo, toda sua obra é póstuma. Isso significa que o modo pelo qual os textos de Gramsci foram lidos e tiveram influência – sobretudo no caso dos *Cadernos do cárcere* – dependeu não apenas de seu conteúdo, mas também, em grande medida, da forma pela qual foram tornados públicos por seus vários editores[5]. Desse modo, conhecer a história das edições dos apontamentos carcerários de Gramsci é condição necessária para compreender adequadamente sua fortuna crítica. Mas, antes de recordar a história dessas edições, cabe fornecer ao leitor uma descrição do formato com que chegaram até nós os famosos *Cadernos do cárcere*.

4.1. Uma descrição dos *Cadernos*

Somente no início de 1929, ou seja, mais de dois anos depois de preso, quando já fora encaminhado para o cárcere de Túri, na província de Bari, Gramsci obteve autorização para manter em sua cela o material necessário para escrever. A partir de então e até abril de 1935, ou seja, enquanto sua saúde lhe permitiu continuar trabalhando, Gramsci utilizou 33 cadernos escolares, todos de capa dura, que lhe iam sendo fornecidos à medida que os requisitava ao diretor do presídio. Alguns desses cadernos (sobretudo os primeiros) foram inteiramente preenchidos, enquanto outros (os mais tardios) contêm, em maior ou menor medida, várias partes em branco. Praticamente todos têm o timbre da diretoria do cárcere, condição para que Gramsci pudesse utilizá-los. Também por determinação dos carcereiros, Gramsci podia manter em sua cela no máximo três cadernos de cada vez.

---

[3] Para uma quase completa bibliografia internacional sobre Gramsci, permanentemente atualizada, com mais de 15 mil títulos em inúmeras línguas, ver: <www.fondazionegramsci.org>. Para uma bibliografia em língua portuguesa, incluindo artigos e ensaios, ver: <www.gramsci.org>.

[4] Há uma ampla antologia desses escritos pré-carcerários em Antonio Gramsci, *Escritos políticos*, cit.

[5] Guido Liguori, "Le edizioni dei *Quaderni* di Gramsci tra filologia e politica", em Giorgio Baratta e Guido Liguori (orgs.), *Gramsci da un secolo all'altro* (Roma, Editori Riuniti, 1999), p. 217 e ss.

Quatro desses cadernos são inteiramente dedicados a exercícios de tradução, sobretudo do alemão e do inglês, nos quais Gramsci verteu autores como Marx, Goethe e os irmãos Grimm, além de muitos artigos de revistas. Esses exercícios de tradução se iniciam já em 1929 (antes mesmo do início da redação das notas) e são interrompidos em 1932, a partir de quando ele se dedica apenas à redação ou revisão de seus próprios apontamentos. Na notável edição crítica de Valentino Gerratana[6], que reproduz apenas poucos fragmentos de traduções gramscianas de Marx, tais cadernos são designados e datados como A (1929), B (1929-1931), C (1929-1931) e D (1932). Há também exercícios de tradução ocupando partes dos cadernos de apontamentos 7 e 9. Segundo Gerratana, tais exercícios de tradução não teriam maior significado teórico, razão pela qual – com as poucas exceções mencionadas – ele os excluiu de sua edição[7]. Contudo, o próprio Gerratana registrou a presença, em tais traduções, de pelo menos um ponto de indiscutível valor teórico: quando traduz o termo marxiano "*bürgerliche Gesellschaft*", Gramsci usa a expressão "sociedade burguesa" e não o consagrado termo "sociedade civil", indicando com isso, provavelmente, a percepção de que seu próprio conceito de "sociedade civil" tinha uma acepção diversa daquela que possuía em Marx[8].

Os demais 29 cadernos (com exceção, como vimos, das partes dedicadas a traduções nos cadernos 7 e 9, de alguns rascunhos de cartas ou elencos dos livros de que dispunha no cárcere) são dedicados por inteiro a apontamentos da autoria do próprio Gramsci. A numeração com que esses cadernos são hoje internacionalmente conhecidos (e utilizada também na edição brasileira)[9] – ou

---

[6] Antonio Gramsci, *Quaderni del carcere* (ed. crít. V. Gerratana, Turim, Einaudi, 1975), citada a seguir como *QC*. Para os critérios utilizados na elaboração dessa edição crítica e para uma descrição dos cadernos, ver Valentino Gerratana, "Sulla preparazione di un'edizione critica dei *Quaderni del carcere*", em Franco Ferri (ed.), *Gramsci e la cultura contemporanea* (Roma, Editori Riuniti, 1969), v. 2, p. 455-76; e, sobretudo, o prefácio dos *Quaderni del carcere*, p. XI-XLII, e "Descrizione dei Quaderni", p. 2367-442. Também é de grande utilidade a leitura de Joseph A. Buttigieg, "Introduction", em Antonio Gramsci, *Prison Notebooks* (J. A. Buttigieg [org.], Nova York, Columbia University Press, 1992), v. 1, p. 1-64.

[7] Uma edição completa dos cadernos de tradução foi recentemente publicada. Ver Antonio Gramsci, *Quaderni del carcere, 1. Quaderni di traduzione* (Roma, Istituto dell'Enciclopedia Italiana, 2007, 2 v.).

[8] Valentino Gerratana, "Sulla preparazione di un'edizione critica dei *Quaderni del carcere*", cit., v. 1., p. 169-73. Para a distinção entre os conceitos de "sociedade civil" em Marx e Gramsci, bem como para uma introdução geral aos principais conceitos gramscianos, sobretudo aqueles elaborados nos *Cadernos*, remeto o leitor a Carlos Nelson Coutinho, *Gramsci: um estudo sobre seu pensamento político*, cit.

[9] Refiro-me aqui, como em seguida, a Antonio Gramsci, *Cadernos do cárcere* (ed. C. N. Coutinho, com a colaboração de M. A. Nogueira e L. S. Henriques, Rio de Janeiro, Civilização Brasileira, 1999-2002, 6 v.), doravante citada como *CC*, seguido do número do volume e da página.

seja, de 1 a 29, em ordem cronológica – é da responsabilidade de Valentino Gerratana, que, com rigorosos critérios filológicos, empenhou-se em encontrar para eles uma datação o mais possível exata. (Logo após a morte de Gramsci, sua cunhada Tatiana Schucht, sem nenhuma preocupação cronológica, numerara os cadernos com algarismos romanos, de I a XXXIII, incluindo nessa série os cadernos de tradução. Essa numeração é utilizada nos índices da velha edição temática, sobre a qual falaremos mais adiante.) Gerratana observa que sua própria datação dos cadernos é, em alguns casos, problemática: Gramsci escrevia em diferentes cadernos ao mesmo tempo, o que torna praticamente impossível estabelecer com rigor a ordem cronológica de suas várias notas, já que essa ordem nem sempre coincide com a ordem material com que as notas se sucedem nos cadernos. Tais notas, separadas entre si por um espaço maior, são quase sempre introduzidas por Gramsci com um sinal de parágrafo (§). Em sua edição, Gerratana numerou tais parágrafos, caderno a caderno, seguindo quase sempre a ordem material em que aparecem nos vários cadernos[10]. Além disso, a edição Gerratana usa a data provável da primeira nota de cada caderno para estabelecer a numeração progressiva dos mesmos. Ambos os critérios foram adotados na edição brasileira.

Os 29 cadernos de apontamentos são divididos por Gerratana, seguindo indicações explícitas do próprio Gramsci, em dois tipos: "cadernos miscelâneos" (1, 2, 3, 4, 5, 6, 7, 8, 9, 14, 15 e 17) e "cadernos especiais" (10, 11, 12, 13, 16, 18, 19, 20, 21, 22, 23, 24, 25, 26, 27, 28 e 29)[11]. Nos "cadernos miscelâneos", Gramsci redige notas sobre variados temas, muitas com títulos idênticos ou semelhantes ("Passado e presente", "Noções enciclopédicas", "Introdução ao estudo da filosofia", "Maquiavel", "Intelectuais italianos", "Jornalismo", "Lorianismo", "Os filhotes do padre Bresciani" etc. etc.); tais títulos se repetem tanto no interior quanto ao longo de cada caderno. Já os "cadernos especiais" reúnem apontamentos sobre assuntos específicos, razão por que têm títulos dados pelo próprio Gramsci – com duas únicas exceções (os cadernos 11 e 19). Também recebem títulos dados por Gramsci os seguintes "cadernos miscelâneos": 1, "Primeiro caderno"; 2, "Miscelânea I"; e 17, "Miscelânea". Os demais têm tí-

---

[10] A principal exceção encontra-se no caderno 10, que Gramsci dividiu em duas partes. Gerratana supõe que a segunda parte tenha sido escrita antes da primeira; por isso, não só inverte a ordem de apresentação, mas também atribui numeração própria aos parágrafos de cada uma das partes.

[11] No início do caderno 15, que é um "caderno miscelâneo" situado entre dois "cadernos especiais", o próprio Gramsci observa: "Caderno iniciado em 1933 e escrito sem levar em conta as divisões de matéria e os agrupamentos de notas em cadernos especiais". Como ele intitulou os cadernos 2 e 17 como "Miscelânea", essa observação serviu como base para a divisão proposta por Gerratana.

tulos dados por Gerratana, nesse caso sempre entre colchetes, critério também seguido na edição brasileira.

Articulada com essa divisão entre cadernos "miscelâneos" e "especiais", Gerratana propôs também, em sua edição crítica, outra importantíssima distinção: a que divide as notas gramscianas entre o que ele chama de textos A, B e C. Os textos A são os que Gramsci redigiu nos "cadernos miscelâneos" e depois retomou ou reagrupou (literalmente ou com modificações, maiores ou menores) em textos C, todos eles – com a exceção de três notas presentes no caderno 14 – contidos nos "cadernos especiais"; os textos B, por sua vez, são aqueles de redação única, que aparecem sobretudo nos "cadernos miscelâneos", mas também, em um número menor de casos, em alguns "cadernos especiais". Essa distinção nos permite perceber que os "cadernos especiais", todos mais tardios, são em sua esmagadora maioria elaborados a partir de uma retomada de materiais já presentes nos "cadernos miscelâneos", ou seja, de uma conversão de textos A em textos C[12].

Gramsci inicia a redação de seus cadernos em 8 de fevereiro de 1929, data registrada na primeira página daquele que ele próprio intitula como "Primeiro caderno" e que contém 158 notas de natureza miscelânea. Esse caderno é concluído em 1930. Mas, antes de concluí-lo, Gramsci – seguindo um procedimento que será repetido em quase todos os demais cadernos – já havia iniciado a redação do caderno 2, chamado por ele mesmo de "Miscelânea" e que só será definitivamente completado em 1933. O caderno 3, ao contrário, é iniciado e completado num mesmo ano, em 1930. Esses primeiros cadernos, assim como os cadernos 5 e 6, iniciados em 1930 mas concluídos somente em 1932, são inteiramente "miscelâneos", contendo notas sobre temas variadíssimos; muitas dessas notas são comentários de artigos de revistas ou livros que Gramsci encomendava e recebia no cárcere, e há notas que simplesmente registram os títulos desses livros e artigos. Como já observamos, porém, várias dessas notas apresentam títulos semelhantes ou análogos, o que indica que Gramsci, através da diversidade dos temas que aborda, já tinha a intenção – desde o início de seu trabalho carcerário – de perseguir em sua investigação alguns eixos temáticos ou "especiais".

No caderno 4, redigido entre 1930 e 1932, aparece uma primeira novidade: ele é dividido pelo próprio Gramsci em três partes. Enquanto uma delas continua formada por notas miscelâneas, as duas outras já se apresentam como partes "especiais". Sob o título "O canto décimo do Inferno", Gramsci redige nesse caderno dez notas (todas de redação única, ou textos B) dedicadas à análise de um

---

[12] Duas importantes exceções são a parte II do caderno 10 (em que quase todas as notas são de tipo B) e o caderno 29 (todo ele formado por notas B). Sempre que se valia de um texto A para a elaboração de um texto C, Gramsci cancelava o primeiro com finos riscos diagonais, o que não impede de modo algum a leitura do texto.

episódio do poema de Dante. Ele supunha haver formulado uma interpretação original dessa parte da *Divina comédia* e, para confirmar sua suposição, entra em contato com Umberto Cosmo, que fora seu professor na Universidade de Turim e era especialista em Dante, a fim de submeter-lhe sua proposta de interpretação, que Cosmo – numa gentil carta dirigida ao ex-aluno – estimula Gramsci a desenvolver. Em outra parte "especial" do caderno 4 – desta feita sob o título geral "Apontamentos de filosofia. Materialismo e idealismo. Primeira série" –, Gramsci redige 47 notas que serão depois retomadas em diferentes cadernos especiais, sobretudo no caderno 11. Com o mesmo título geral, ou seja, "Apontamentos de filosofia. Materialismo e idealismo", mas com a especificação "Segunda série" e "Terceira série", novas partes "especiais" (formadas majoritariamente por textos A, mas também por alguns textos B) reaparecem nos cadernos 7 (1930-1931) e 8 (1931-1932), que ainda apresentam novas notas "miscelâneas". O caderno 8, além dessa parte "especial" sobre "Apontamentos de filosofia", apresenta ainda a seguinte peculiaridade: é iniciado por Gramsci com uma nova proposta de sumário – bem mais ampla e especificada do que aquela presente no início do caderno 1 – dos temas já contidos (ou a serem desenvolvidos) na obra carcerária[13]. O caderno 9, redigido em 1932, também contém, ao lado de uma parte miscelânea, as primeiras redações – sob o título "Notas sobre o *Risorgimento* italiano" – do que viria a ser, mais tarde, o caderno especial 19 (1934-1935), inteiramente dedicado ao movimento que levou à unificação estatal da Itália.

Observa-se assim que o período que vai do início de 1929 até agosto de 1931, quando Gramsci sofre sua primeira séria crise de saúde[14], é um dos mais fecundos de sua produção carcerária: ele redige então a totalidade de quase dez cadernos, sete dos quais "miscelâneos" (quase todos preenchidos na íntegra) e três dedicados a exercícios de tradução. Suas condições de saúde o impedem de trabalhar até o final de 1931, quando – malgrado persistam e até se agravem seus males físicos – ele recomeça com ritmo intenso o trabalho de redação dos seus apontamentos. Até o fim de 1933, quando finalmente é transferido do cárcere de Túri para a clínica de Formia, ainda como prisioneiro, Gramsci redige mais dez cadernos, quase todos de importância central em sua obra carcerária. É nessa fase que ele inicia a redação dos já mencionados "cadernos especiais", que passam a concentrar cada vez mais sua atenção, ainda que continue a produzir – mas em número bem mais reduzido – novos "cadernos miscelâneos".

---

[13] Para essas duas propostas, ver "Projetos de Gramsci para os *Cadernos*" (*CC*, 1, 77-80).

[14] Numa carta datada de 17 de agosto de 1931, ele diz: "À uma da manhã de 3 de agosto [...], soltei uma golfada de sangue, repentinamente. [...] Isso durou até mais ou menos quatro horas e, nesse meio-tempo, expeli 250-300 gramas de sangue" (Antonio Gramsci, *Cartas do cárcere*, cit., v. 2., p. 70).

O primeiro dos "cadernos especiais", o 10, recebe do próprio Gramsci o título "A filosofia de Benedetto Croce": iniciado em 1932, só é concluído, contudo, em 1935, sendo provavelmente (segundo Gerratana) o depositário das últimas notas carcerárias redigidas por nosso autor. Embora se trate de um "caderno especial" – já que recebe titulação própria e tem a maioria de suas notas referidas de modo direto ou indireto a um único tema, precisamente a obra de Croce –, esse caderno 10 mantém ainda várias características de um "caderno miscelâneo". Além de notas sistemáticas sobre "a filosofia de Benedetto Croce", designação que lhe serve de título geral, Gramsci também introduz nele um bom número de apontamentos esparsos não só sobre teoria econômica (com títulos como "Breves notas de economia", "Pontos de meditação para o estudo da economia" etc.), mas também vários parágrafos intitulados "Introdução ao estudo da filosofia", com temas análogos àqueles abordados no "caderno especial" 11 (redigido entre 1931 e 1932). Como comprovação do caráter relativamente misto desse caderno 10, pode-se registrar o fato – incomum nos "cadernos especiais" – de que Gramsci alterna nele 22 textos C (que constituem a esmagadora maioria dos demais "cadernos especiais") com 57 textos B (que, juntamente com textos A, formam a totalidade dos "cadernos miscelâneos"). De resto – caso único entre os "cadernos especiais" –, o 10 contém um texto A, retomado num texto C do caderno 11.

O caderno 11 (1932-1933), ainda que Gramsci só lhe dê título indiretamente[15], é talvez o caso mais emblemático de um "caderno especial". É certamente o mais longo dos "especiais" e aquele que apresenta uma estruturação interna mais sistemática: além de ser quase todo constituído por notas de tipo C (apenas 7 textos em 74 são de tipo B), Gramsci o subdivide em várias partes e subpartes, sempre com titulação própria (o que não ocorre em nenhum outro caderno especial, salvo o 10). O eixo central desse caderno é dado pela discussão de temas "filosóficos"[16] e, em particular, da "filosofia da práxis" (que, quando da redação dos textos A, antes de sua conversão em textos C, Gramsci designava explicitamente com a expressão "materialismo histórico"). Uma de suas subdivisões é constituída por notas críticas ao *Tratado de materialismo histórico*, de Nikolai Bukharin, nas quais

---

[15] O título não aparece na primeira página do caderno, como ocorre nos demais cadernos intitulados pelo próprio Gramsci. Contudo, no caderno 10, II, § 60 (*CC*, 1, 425), ele remete a uma nota contida no caderno 11 e chama-o explicitamente de "Introdução ao estudo da filosofia".

[16] Ponho "filosóficos" entre aspas, porque seria um erro supor que Gramsci dividiu seus temas enquadrando-os na divisão científica do trabalho hoje consagrada na universidade. Como tentei demonstrar em meu *Gramsci*, cit., p. 2, "a política é o *ponto focal* de onde Gramsci analisa a totalidade da vida social, os problemas da cultura, da filosofia etc.". Sobre isso, ver também Carlos Nelson Coutinho, "Gramsci, o marxismo e as ciências sociais", em *Marxismo e política*, cit., p. 91-120.

nosso autor contrapõe sua criativa leitura de Marx à interpretação vulgar que já então começava a predominar no chamado "marxismo soviético".

Já o caderno 12, iniciado e concluído em 1932, é de dimensões bem mais modestas, sendo formado apenas por duas longas notas de tipo C, uma sobre a questão dos intelectuais e outra sobre o princípio educativo, e por um pequeno apontamento (também de tipo C) que complementa o texto sobre os intelectuais. Enquanto no caderno 11 Gramsci retoma a maior parte das notas de tema "filosófico", pode-se observar que, nesse caderno 12, ele deixa como textos B, ou seja, de redação única, um enorme número de notas sobre os intelectuais, sem reescrevê-las. O mesmo pode ser dito do caderno 13 (1932-1934), que, embora intitulado "Breves notas sobre a política de Maquiavel", trata também e sobretudo de temas relativos ao Estado e à política em geral; ainda que seja mais extenso do que o 12 (é formado por 39 notas de tipo C e uma de tipo B), não retoma a maioria das notas sobre questões estritamente políticas, que permaneceram assim como textos B. (Também é interessante observar que, na última fase de sua produção carcerária, já em 1934, Gramsci iniciou um novo caderno especial, o 18, intitulado "Nicolau Maquiavel II", mas que contém apenas três pequenas notas de tipo C.) São ainda dessa segunda fase de Túri (final de 1931-final de 1933), além dos "cadernos especiais" 10, 11 e 12, a íntegra do "caderno miscelâneo" 15 (1932) e partes dos "cadernos especiais" 13 e 16 (1933-1934) e dos "miscelâneos" 14 (1932-1935) e 17 (1933-1935).

Na última fase de sua produção carcerária, que vai do final de 1933 (quando é transferido do cárcere de Túri para a clínica de Formia) até cerca de abril de 1935, Gramsci redigiu mais doze cadernos, quase todos de pequena dimensão, deixados incompletos e contendo um número relativamente reduzido de notas. Nenhum tem, nem de longe, o tamanho, por exemplo, do caderno 11. Além do caderno 18, dedicado a Maquiavel e já mencionado acima, esses cadernos mais tardios tratam dos seguintes temas: "*Risorgimento* italiano" (caderno 19 [1934--1935]), "Ação católica" (20 [1934-1935]), "Problemas da cultura nacional italiana" (21 [1934-1935]), "Americanismo e fordismo" (22 [1934]), "Crítica literária" (23 [1934]), "Jornalismo" (24 [1934]), "História dos grupos sociais subalternos" (25 [1934]), "Temas de cultura 2" (26 [1935]), "Folclore" (27 [1935]), "Lorianismo" (28 [1935]) e "Gramática" (29 [1935]). Pode-se facilmente observar que, em função da crescente deterioração de suas condições físicas, o ritmo de trabalho de Gramsci se torna cada vez mais lento e menos criativo. Todos os cadernos redigidos nesse último período são "cadernos especiais", de dimensões reduzidas, nos quais Gramsci se limita a copiar textos A, praticamente sem nenhuma modificação ou acréscimo. As poucas notas criativas desse período são incluídas, em sua maioria, em cadernos iniciados no período anterior. A única exceção é o caderno 29, intitulado "Notas para a introdução ao estudo da gramática", formado por nove notas, relativamente breves, todas de tipo B, nas quais Gramsci retoma preocupações próprias dos anos em que frequentou a universidade, quando pretendia graduar-se em linguística. É como se, no ocaso de sua breve, mas intensa vida, ele resolvesse prestar uma homenagem aos seus antigos interesses e projetos juvenis.

Quando do processo que condenou Gramsci à prisão, o promotor teria dito: "É preciso fazer com que esse cérebro deixe de funcionar por vinte anos". Os *Cadernos do cárcere* revelam que – para o bem da cultura universal – isso felizmente não ocorreu. Mas o fato é que as duras condições do cárcere fascista terminaram por minar definitivamente as resistências físicas de Gramsci. Somente o "otimismo da vontade", que ele sempre propugnou, permitiu-lhe, em tão difíceis condições, legar aos pósteros uma obra certamente *für ewig*, formada pelos 29 cadernos escritos entre fevereiro de 1929 e abril de 1935. Gramsci viveu ainda mais dois anos, em regime de liberdade condicional, internado na clínica Quisisana (cuja tradução seria: "Aqui se fica curado") de Roma. Nesses dois últimos anos, porém, afligido por vários males, não pôde mais retomar o trabalho nos cadernos. Alimentou ainda a tênue esperança de emigrar para Moscou a fim de reencontrar a família (mulher e dois filhos) ou retornar à sua amada Sardenha. Morreu sem saber o destino do trabalho solitário que o ocupou no cárcere, um trabalho que – graças sobretudo à ação de sua cunhada Tatiana Schucht e de seu camarada Palmiro Togliatti – faria dele um dos maiores pensadores do século XX.

4.2. As edições italianas

Morto Gramsci, Tatiana dedicou-se com empenho à tarefa de preservar e salvar os cadernos: recolheu-os da clínica Quisisana, numerou-os com algarismos romanos para poder ordená-los melhor e começou a pensar no modo mais idôneo de publicá-los. Gramsci lhe havia declarado que queria que eles fossem remetidos à sua mulher, que residia em Moscou. Antes de providenciar tal remessa, porém, Tatiana consultou o economista Piero Sraffa, velho amigo de Gramsci desde os tempos de Turim e, ao mesmo tempo, interlocutor permanente dos dirigentes do Partido Comunista Italiano, em particular de Palmiro Togliatti, que então residia em Moscou[17]. Tatiana pediu que o economista examinasse os cadernos para sugerir

---

[17] Sabe-se hoje que Sraffa foi também um interlocutor importante, ainda que oculto, da correspondência carcerária de Gramsci, a quem visitou pessoalmente algumas vezes. Tatiana copiava e enviava a Sraffa (que então morava na Inglaterra) as cartas que Gramsci endereçava a ela; também através de Tatiana, Sraffa enviava a Gramsci sugestões para pesquisas e discutia algumas questões teóricas levantadas por seu amigo. Por meio de Sraffa, aliás, que notícias sobre Gramsci chegavam à direção do PCI, sobretudo a Togliatti, com quem Sraffa mantinha estreito contato. Sobre isso, ver P. Sraffa, *Lettere a Tania per Gramsci* (ed. V. Gerratana, Roma,

um modo de editá-los. Sraffa, porém, seguindo instruções de Togliatti, a quem consultara, recomendou a Tatiana que cumprisse o desejo de Gramsci e enviasse os cadernos a Moscou. Tratava-se, naturalmente, do melhor modo de fazer com que chegassem também às mãos de Togliatti. Assim, em 6 de julho de 1937, Tatiana, que era cidadã russa, entregou os cadernos à embaixada soviética em Roma; eles só chegaram a Moscou um ano depois, em julho de 1938. Tudo indica que a demora se deveu ao fato de que foi preciso negociar com o governo fascista para que este autorizasse o envio do pacote, que envolvia ainda outros pertences de Gramsci, entre os quais a pequena biblioteca de que ele dispunha na prisão[18].

Togliatti, então em Moscou, assumiu rapidamente a tarefa de tomar as providências necessárias para o resgate dos *Cadernos*, tendo em vista a sua posterior edição. Embora já conhecesse o conteúdo de muitas das cartas que Gramsci redigira na prisão (pois as cópias feitas por Tatiana e enviadas a Sraffa lhe eram reexpedidas), Togliatti – no momento da morte de Gramsci – nada sabia do conteúdo dos apontamentos carcerários. Numa carta a Sraffa datada de 20 de maio de 1937, ele pergunta: "Não tenho nenhuma ideia, nem sequer aproximativa, deles [dos cadernos]. De que se trata? Foram redigidos de modo que seja possível uma publicação em prazo relativamente breve? A que tipo de trabalho deverão ser submetidos?"[19]. Apesar desse desconhecimento, Togliatti não hesita em assumir a responsabilidade de promover a sua edição entre os órgãos dirigentes da Internacional Comunista (IC), dos quais fazia parte. Assim, numa carta datada de 11 de junho de 1937 a D. Z. Manuilski, dirigente da IC, ele afirma:

> Você já sabe que nosso falecido camarada Gramsci trabalhou muito no cárcere. Existem trinta cadernos por ele escritos, que contêm uma representação materialista da história da Itália. Esses cadernos estão hoje em mãos da camarada Tatiana Schucht, que está em contato com a embaixada soviética em Roma e, com toda probabilidade, já salvaguardou tais cadernos, depositando-os no prédio da embaixada. Para nosso Partido e para a IC, é da máxima importância que tais cadernos cheguem a nossas mãos intatos e o mais breve possível. Peço-lhe assim que o Ministério do Exterior dirija-se ao embaixador soviético em Roma, de modo que se faça todo o esforço

---

Editori Riuniti, 1991); e Luciano Fausti, *Intelletti in dialogo: Antonio Gramsci e Piero Sraffa* (Celleno, Fondazione Guido Piccini, 1998).

[18] Para informações detalhadas e atualizadas sobre as vicissitudes dos *Cadernos* antes e depois da chegada deles a Moscou, ver Giuseppe Vacca, "Togliatti editore delle *Lettere* e dei *Quaderni*", em *Appuntamenti con Gramsci* (Roma, Carocci, 1999), p. 107-49; e Chiara Daniele (ed.), *Togliatti editore di Gramsci* (Roma, Carocci, 2005).

[19] Ver Paolo Spriano, *Gramsci in carcere e il partito* (Roma, Editori Riuniti, 1977), p. 161.

possível para que seja expedida até aqui, para a IC, pelo caminho mais seguro, essa herança literária de Gramsci.[20]

Togliatti transferiu-se para a Espanha em 1938, como delegado da IC no Partido Comunista Espanhol, empenhado na guerra civil contra o golpe franquista, e não pôde assumir de imediato a tarefa da edição dos *Cadernos*. De resto, ao regressar a Moscou em 1939, num dos períodos mais duros do regime stalinista, viu-se envolvido num clima de suspeitas. Num informe secreto, que só recentemente veio à tona, Togliatti é acusado, entre outras coisas bem mais graves, "de não ter tomado nenhuma iniciativa para a utilização da herança literária de Gramsci e a popularização de seu nome". A acusação é atribuída "à viúva do falecido dirigente do Partido italiano". Tudo indica que se travava naquele momento uma batalha entre Togliatti e a família de Gramsci (à qual já se reintegrara Tatiana, retornada da Itália em 1938) pelo controle da herança literária do pensador revolucionário italiano[21]. A direção da IC resolveu assumir diretamente o encargo da edição de Gramsci, não só nomeando uma comissão específica para isso (da qual faziam parte tanto Togliatti quanto um membro da família de Gramsci), mas também requisitando para seu arquivo central todo o material gramsciano então sob posse dos Schucht. Nessa mesma resolução – com a aquiescência da família, ao que parece –, é confiada a Togliatti a utilização da "herança literária" de Gramsci[22].

De qualquer modo, a família manifesta o desejo de conservar pelo menos uma fotocópia integral dos manuscritos de Gramsci. Togliatti opõe-se a tal desejo, escrevendo uma carta, com data de 25 de abril de 1941, a G. Dimitrov, então secretário-geral da IC, na qual afirma:

> Meus argumentos são os seguintes: a) não é correto que sejam assim constituídos dois arquivos de materiais referentes a Gramsci; b) os cadernos de Gramsci, que já estudei cuidadosamente em quase sua totalidade, contêm materiais que só po-

---

[20] A carta a Manuilski, em alemão, foi encontrada no arquivo central do Partido Comunista da União Soviética e está reproduzida em Giuseppe Vacca, "Togliatti editore", cit., p. 122.

[21] Muitos autores, aos quais se alinhou recentemente Giuseppe Vacca (ver *Appuntamenti con Gramsci*, cit.), afirmam que Gramsci teria instruído Tatiana a evitar que Togliatti tivesse acesso à sua "herança literária". Fundamentam essa opinião na profunda divergência que se estabeleceu entre os dois amigos em outubro de 1926, numa troca de cartas a respeito das lutas de fração que então tinham lugar na direção do Partido Comunista soviético, divergência que depois teria sido acentuada pela crescente desconfiança que Gramsci alimentou em razão de uma carta que lhe fora enviada de Moscou, quando já estava na prisão, aguardando julgamento. Não se trata, porém, de modo algum, de uma opinião unânime. Para uma posição oposta, ver, entre outros, Paolo Spriano, *Gramsci in carcere e il partito*, cit.

[22] Giuseppe Vacca, "Togliati editore", cit., p. 126.

dem ser utilizados depois de uma cuidadosa elaboração. Sem esse tratamento, o material não pode ser utilizado; aliás, *algumas partes, se forem utilizadas na forma em que se encontram atualmente, poderiam ser não úteis ao partido*. Por isso, penso que esse material deve permanecer em nosso arquivo, para ser aqui elaborado. [É uma questão de] segurança organizativa – para hoje e para o futuro – *que tudo seja utilizado conforme a finalidade e do modo como é necessário*.[23]

Descoberta recentemente nos arquivos da ex-União Soviética, essa carta é, sem dúvida, de grande significado. Por um lado, indica que Togliatti não só havia estudado acuradamente os *Cadernos* já em 1941, mas que tinha tomado plena consciência de seu caráter "heterodoxo", ou seja, da incompatibilidade entre o marxismo criador de Gramsci e a vulgata "marxista-leninista" que se havia tornado a doutrina oficial dos partidos ligados à IC. Por outro lado, revela que, malgrado isso, ele continuava disposto a publicá-los, ainda que os submetendo a uma "cuidadosa elaboração". Decerto, tal carta põe sob suspeição o trabalho editorial que Togliatti dedicou, nos anos seguintes, ao legado literário de Gramsci.

Antes de discutir se tal suspeição tem ou não fundamento, cabe recordar as iniciativas que se situam entre a mencionada carta de Togliatti a Dimitrov, de 1941, e a primeira edição dos *Cadernos*, iniciada na Itália em 1948. Com a eclosão da Segunda Guerra Mundial, são evidentemente suspensas todas as iniciativas de edição, seja dos *Cadernos*, seja das *Cartas do cárcere*, das quais, ao que parece, já havia uma versão datilografada, mais ou menos pronta para publicação, desde 1939. Contudo, tão logo retornou ao sul da Itália, em 27 de março de 1944, já então "libertado" por tropas anglo-americanas e aonde chega pouco mais de um ano antes da completa libertação do país da ocupação nazista, Togliatti voltou a se empenhar – malgrado todos os seus inúmeros compromissos políticos – numa tarefa que lhe parecia ser muito cara: a edição das obras de seu antigo companheiro de lutas. Um artigo publicado em 30 de abril de 1944 no jornal *Unità* de Nápoles, com o título "A herança literária de Gramsci", já fornece uma descrição sumária dos *Cadernos* e afirma que "sua publicação será iniciada em breve"; embora o artigo não seja assinado, tudo indica que foi escrito pelo recém-chegado Togliatti, que era então, provavelmente, o único na Itália a conhecer o conteúdo da obra gramsciana. Além disso, poucos dias depois da libertação de Roma, quando o norte da Itália ainda se encontrava sob ocupação nazista, a editora La Nuova Biblioteca foi constituída e anunciava, num catálogo com data de 7 de junho de 1944, a próxima publicação de *Tutti gli scritti di Gramsci*, "aos cuidados de Palmiro Togliatti". O projeto de edição,

---

[23] Ibidem, p. 130-1; grifos meus.

que, segundo o catálogo, deveria contar também com a colaboração de Felice Platone, um intelectual comunista muito ligado a Togliatti e que conhecera Gramsci em Turim, previa cinco volumes, dois dos quais dedicados aos "Escritos do cárcere". Contudo, a editora não teve vida longa e, por isso, esse projeto inicial não foi concretizado[24].

Togliatti, porém, não desiste da intenção de publicar os textos carcerários de nosso autor. Antes de mais nada, toma a decisão de publicá-los não pelas editoras do Partido Comunista Italiano (Rinascita e Cultura Sociale, que depois se fundiriam nos Editori Riuniti), criadas logo após a libertação, mas sim pela editora Einaudi. Embora pertencesse a um conhecido militante comunista, Giulio Einaudi, tratava-se de uma editora pluralista, que já desempenhara um importante papel de oposição cultural nos últimos anos do regime de Mussolini, publicando autores antifascistas pertencentes a um amplo leque de opções ideológicas. Com isso, provavelmente, Togliatti visava a obter para a obra de Gramsci um raio de influência mais amplo do que aquele de seu próprio partido. Dessa decisão político-cultural, parece resultar também sua opção de iniciar a publicação das "Opere di Gramsci", assumidas pela Einaudi, não com os *Cadernos*, mas sim com as *Cartas do cárcere*, em 1947. Essa primeira edição continha 218 missivas, constituindo apenas uma seleção do epistolário de que já então se dispunha[25]; além dessa seleção, algumas cartas apresentam pontos de suspensão, o que indica cortes censórios realizados pelo editor (que permanece anônimo, mas que todos sabiam tratar-se de Togliatti)[26]. As *Cartas,* para além de sua dimensão política, foram consideradas um documento de extraordinário valor humano e moral (até o liberal Benedetto Croce escreveu sobre elas uma resenha extremamente simpática, dizendo que, "como homem de espírito, Gramsci foi um dos nossos"). Essa primeira edição mereceu, ainda em 1947, o Prêmio Viareggio, um dos mais importantes prêmios literários italianos.

---

[24] Ver Valentino Gerratana, prefácio de *QC*, p. XXXII.

[25] Sob os cuidados de S. Caprioglio e E. Fubini, foi publicada posteriormente uma nova edição (*Lettere dal carcere*, Turim, Einaudi, 1965), com 428 cartas. A mais recente e praticamente definitiva edição das epístolas (*Lettere dal carcere*, ed. A. A. Santucci, Palermo, Sellerio, 1996) acrescenta mais 66, descobertas nos últimos anos. É com base nesta última que foi feita a edição brasileira, citada na nota 1.

[26] Tais cortes se referem sobretudo às referências feitas por Gramsci a Amadeo Bordiga, seu companheiro de confinamento em Ustica, com quem nosso autor continuou a manter relações de fraterna amizade, apesar de profundas divergências políticas. Bordiga fora expulso do Partido Comunista Italiano em 1929 e, depois da queda do fascismo, fundara um partido comunista alternativo, o que, ao que parece, justificava para os editores dessa primeira edição das *Cartas* a exclusão de seu nome. Também não foram incluídas as cartas em que Gramsci expressa momentos de desânimo diante das dificuldades de sua situação.

Restava, porém, a tarefa – certamente mais complexa – de editar os *Cadernos*. Depois de consultar vários especialistas e entregar a Felice Platone a responsabilidade direta da edição[27], Togliatti tomou uma importante decisão: publicar os apontamentos carcerários gramscianos não na ordem em que haviam sido redigidos, mas sim os agrupando por temas, que, como já vimos, haviam sido de certo modo sugeridos pelo próprio Gramsci. Dessa decisão resultaram seis volumes temáticos, com títulos dados pelos editores anônimos, ou seja: *O materialismo histórico e a filosofia de Benedetto Croce* (1948), *Os intelectuais e a organização da cultura* (1949), *O Risorgimento* (1949), *Notas sobre Maquiavel, a política e o Estado moderno* (1949), *Literatura e vida nacional* (1950) e *Passado e presente* (1951). Estivessem ou não conscientes disso seus editores anônimos (na verdade, Togliatti e Platone), essa primeira edição induzia o leitor a supor que Gramsci havia se ocupado sistematicamente dos temas "particulares" em que está dividido o pensamento teórico na área das ciências humanas. Malgrado a advertência, no prefácio e nos sumários, de que aqueles volumes haviam sido organizados a partir de diferentes cadernos, era inescapável a impressão de que Gramsci encaminhara a redação de seis diferentes "livros" sobre variados temas de ciências sociais, indo da filosofia à crítica literária, da política à história, do folclore à gramática.

Por outro lado, é curioso que, assim como as *Cartas*, essa primeira edição dos *Cadernos* (conhecida como "edição temática") traz o nome da casa editora (Einaudi), mas não o nome do organizador ou do responsável pela edição. Todos os volumes têm um prefácio sem assinatura, que, no caso do *Materialismo histórico*, o primeiro volume da série, fornece uma sumária descrição dos cadernos e uma breve explicação do critério adotado para a edição. Mas há também, nesse prefácio, uma clara tentativa de orientar o leitor a ler os textos gramscianos segundo uma perspectiva "oficial", sem levar em conta que – como Togliatti já sabia desde 1941, conforme vimos em sua supracitada carta a Dimítrov – eles "poderiam conter coisas não úteis ao partido". Assim, para prevenir uma provável leitura "heterodoxa" dos *Cadernos*, o prefaciador anônimo adverte:

> Estes escritos de Gramsci não poderiam ser compreendidos e avaliados, em seu justo significado, se não se dessem por adquiridos os progressos realizados pela concepção

---

[27] Platone é o autor da primeira descrição detalhada dos cadernos gramscianos, na qual revela uma capacidade bastante aproximativa de situá-los em ordem cronológica. Ver Felice Platone, "Relazione sui quaderni del carcere. Per una storia degli intellettuali italiani", *Rinascita*, ano 3, n. 1-2, jan.-fev. 1946, p. 81-90. É interessante observar como, já no subtítulo de seu ensaio, Platone atribui uma discutível centralidade à questão dos intelectuais na descrição dos cadernos.

marxista nas primeiras três décadas deste século, graças à atividade teórica e prática de Lenin e Stalin. O marxismo de Gramsci é marxismo-leninismo.[28]

Pode-se supor que o anonimato tenha sido um modo encontrado por Togliatti ou para evitar assumir a responsabilidade direta por aquilo que Gramsci dizia (e que ele já sabia não ter nada a ver com Stalin e o "marxismo-leninismo"), ou para tornar a edição, desde o início, "responsabilidade de todos", comprometendo assim o conjunto do Partido Comunista Italiano com as "heresias" gramscianas.

Tudo isso provoca legítimas críticas a essa primeira edição togliattiana. Contudo, não é difícil enxergar nessas críticas um viés mesquinhamente "político": considerado liquidatoriamente como "stalinista", Togliatti tem sido *post festum* desqualificado, entre outras coisas, como editor de Gramsci. Não se trata aqui de aprofundar a discussão sobre os eventuais limites da interpretação togliattiana de Gramsci, os quais decerto condicionaram seu trabalho como editor[29]. Trata-se de tentar analisar tal trabalho do modo mais objetivo possível, contextualizando-o historicamente: malgrado todos os indiscutíveis limites da "edição temática", parece ser hoje majoritária a opinião, entre os estudiosos de Gramsci, de que ela foi responsável por uma enorme difusão do pensamento de nosso autor, tanto na Itália como no mundo. É possível contestar muitos dos critérios adotados então por Togliatti, mas não se pode negar seu empenho em difundir o pensamento de seu amigo e companheiro. Sem esse empenho, talvez Gramsci fosse até hoje conhecido apenas como um mártir na luta contra o fascismo, mas não como um dos mais lúcidos pensadores do século XX.

Sobre isso, é muito significativo que Valentino Gerratana, no prefácio à sua edição crítica dos *Cadernos* (que representa, como veremos, um ponto de inflexão na leitura de Gramsci), tenha feito a seguinte observação:

> Não seria de modo algum razoável subestimar a importância e os méritos da primeira edição dos *Cadernos do cárcere*. A escolha então realizada – agrupar as notas gramscianas segundo temas homogêneos e organizar tais agrupamentos em volumes independentes – era certamente o meio mais adequado para assegurar a mais ampla

---

[28] Prefácio a Antonio Gramsci, *Il materialismo storico e la filosofia di Benedetto Croce* (Turim, Einaudi, 1948), p. XVI. Na verdade, ao contrário do que dizem muitos, não se pode falar de nenhuma "censura" ideológica séria nessa primeira edição dos *Cadernos*; com exceção de um pequeno trecho em que Gramsci critica o *Anti-Dühring* de Engels, considerando-o responsável por alguns dos "desvios" de Bukharin, e da supressão de uma nota autobiográfica bastante pessimista, nenhum dos poucos textos B e C excluídos da "edição temática" parece tê-lo sido por motivos ideológicos.

[29] Para uma ampla discussão dessa interpretação togliattiana, bem como para a história geral da fortuna crítica de Gramsci na Itália, ver o excelente livro de Guido Liguori, *Gramsci conteso: storia di un dibattito 1922-1996* (Roma, Editori Riuniti, 1996).

circulação para o conteúdo dos *Cadernos*. Por outro lado, o caráter fragmentário com que se apresenta o material nos manuscritos originais, bem como as sucessivas tentativas do próprio Gramsci de reordenar suas notas segundo um critério temático, pareciam autorizar a solução editorial escolhida. [...] Era, no fundo, uma *escolha possível*, que o próprio Gramsci poderia ter feito, se tivesse decidido dar uma forma sistemática ao seu trabalho.[30]

Contudo, apesar do indiscutível valor histórico da "edição temática", vários estudiosos gramscianos começaram rapidamente a chamar a atenção para a necessidade de uma nova edição dos *Cadernos* que os reproduzisse na ordem em que haviam sido escritos, indicasse claramente (na medida do possível) seu ordenamento cronológico, contivesse um aparato crítico que situasse com precisão os interlocutores de Gramsci e definisse o contexto em que haviam sido redigidos os apontamentos. Essa exigência já se manifesta no primeiro grande simpósio de estudos gramscianos, realizado em Roma entre 11 e 13 de janeiro de 1958, sob o patrocínio do Instituto Gramsci, um organismo cultural criado nos anos 1950 pelo Partido Comunista Italiano[31]. Providências nesse sentido, ainda em vida de Togliatti, falecido em 1964, devem ter sido tomadas logo em seguida; já em 22 de outubro de 1962, Franco Ferri, então diretor do Instituto Gramsci, escreveu ao editor Einaudi:

> O nosso instituto projetou *há algum tempo* uma edição crítica dos *Cadernos* de Gramsci; deveremos agora encaminhar a realização do projeto. Trata-se de retomar o texto dos *Cadernos*, depois de estabelecida sua sucessão cronológica, sem intervir na ordenação da matéria, sem omitir os trechos que aparecem em diferentes elaborações etc. Essa edição crítica fornecerá novos elementos para o estudo do pensamento de Gramsci nos anos do cárcere, segundo os dados de uma biografia intelectual que podem ser extraídos da disposição original dos escritos.[32]

---

[30] Valentino Gerratana, prefácio de *QC*, p. XXXIII. Mas como que justificando sua própria edição, Gerratana prossegue: "Mas Gramsci não fez essa escolha, e isso não pode deixar de ser levado em conta na leitura e na interpretação dos cadernos".

[31] As atas desse simpósio estão reproduzidas em Istituto Gramsci (ed.), *Studi gramsciani* (Roma, Editori Riuniti, 1958). Sobre a necessidade de uma edição crítica de Gramsci, ver em particular a intervenção de Gastone Manacorda: "Faço votos para que se prepare em breve uma nova edição que reflita fielmente a ordem cronológica dos cadernos, na medida em que isso for possível, e respeite a colocação que os fragmentos singulares têm em cada caderno" (em *Studi gramsciani*, cit., p. 512-3).

[32] Giuseppe Vacca, "Togliatti editore", cit., p. 145. Cinco anos depois, Valentino Gerratana já apresenta publicamente os "Punti di riferimento per un'edizione critica dei *Quaderni del carcere*", *Critica Marxista: prassi rivoluzionaria e storicismo in Gramsci*, caderno n. 3, 1967, p. 240-59.

Esse novo projeto de publicação dos *Cadernos* – do qual foi encarregado pelo Instituto Gramsci o conhecido estudioso Valentino Gerratana, que contou para tanto com a colaboração de uma ampla equipe de pesquisadores – só foi efetivamente concluído em 1975, quando veio à luz, sempre pela editora Einaudi, a chamada "edição crítica". Ela se compõe de quatro volumes. Os três primeiros (que compreendem cerca de 2.400 páginas) reproduzem os 29 cadernos gramscianos, segundo os critérios já mencionados acima, quando descrevemos o formato com que nos foram legados. O quarto volume (com cerca de mil páginas) é inteiramente dedicado ao aparato crítico; nele encontramos as indicações das fontes que Gramsci utilizou para redigir seus apontamentos, informações sobre fatos e autores que ele cita, um cuidadoso e detalhado índice analítico e onomástico etc., além de uma utilíssima tábua de correspondências entre a antiga edição temática e a nova edição crítica.

A "edição Gerratana", como ficou internacionalmente conhecida, tornou-se, desde a sua publicação, absolutamente imprescindível para todos os que queiram estudar com maior profundidade o pensamento de Gramsci; ela nos permite ver, por assim dizer, o "laboratório" no qual o pensador italiano desenvolveu suas pesquisas. A numeração dos cadernos e dos parágrafos proposta nessa edição tornou-se um padrão para referências, permitindo ao leitor identificar, com rapidez e facilidade, o texto a que se referem os trabalhos sobre Gramsci, independentemente da língua em que são escritos. Com sua publicação, os estudos gramscianos assumiram uma nova dimensão não só quantitativa, mas sobretudo qualitativa: datam dos anos sucessivos a 1975 alguns dos mais significativos estudos de conjunto sobre os *Cadernos*, que valorizam não mais apenas a sua contribuição tópica em domínios específicos das ciências sociais (sociologia dos intelectuais, teoria das ideologias, crítica literária etc. etc.), mas o fato de que eles contêm a mais lúcida reflexão marxista de conjunto sobre o século XX. De resto, essa edição vem se tornando cada vez mais a base para novas traduções de Gramsci em diferentes línguas, como o francês, o inglês, o alemão, o espanhol, o português e o japonês.

Porém, assim como a velha "edição temática" dos *Cadernos* foi de certo modo superada pela "edição Gerratana", esta última também já começa a ser posta em questão por novas propostas. A principal delas é a do filólogo Gianni Francioni, apresentada por ocasião das discussões sobre uma "edição nacional" de todas as obras de Gramsci, que será patrocinada pelo governo italiano[33]. Antes de mais

---

[33] Na verdade, antes do projeto da "edição nacional" de Gramsci, Gianni Francioni já formulara objeções à "edição Gerratana" relativas sobretudo ao ordenamento cronológico nela proposto (ver Gianni Francioni, *L'officina gramsciana: ipotesi sulla struttura dei Quaderni del carcere*, Nápoles, Bibliopolis, 1984, p. 15-46). Mais tarde, porém, ele radicalizou suas objeções, chegando até mesmo à explícita proposição, por ocasião da discussão sobre a "edição nacional", de uma nova edição dos *Cadernos* substancialmente diversa daquela de Gerratana (ver Gianni

nada, com base numa acurada análise histórico-filológica, Francioni propõe uma nova ordem cronológica para os apontamentos gramscianos, diversa daquela adotada na edição Gerratana; em função disso, mesmo mantendo a numeração geral proposta nessa edição, Francioni desdobra os vários cadernos em diferentes subpartes ([a], [b], [c] etc.), sempre de acordo com a data presumível da redação de cada bloco de notas. Sugere, além disso, que uma nova edição crítica deveria incluir os "exercícios de tradução"[34]. Para justificar tal inclusão, argumenta que essas traduções não só fazem parte do "legado literário" de Gramsci, mas também apresentam em muitos casos – ao contrário do que sustentava Gerratana – um evidente interesse teórico: assim, por exemplo, com base em pesquisas de Lucia Borghese, Francioni dá o exemplo da versão gramsciana das fábulas dos irmãos Grimm, que apresentaria notáveis variações em relação ao original alemão, revelando que Gramsci fez delas mais do que uma tradução, fez uma "leitura" própria. Finalmente – e o que é mais importante –, ele propõe que os "cadernos miscelâneos" e os "cadernos especiais" sejam claramente separados, postos em diferentes seções dessa nova edição. Desse modo, com base na proposta de inclusão da íntegra dos cadernos de tradução e de uma subdivisão dos demais cadernos em função de um novo ordenamento cronológico, Francioni recomenda que, na nova "edição nacional", os *Cadernos* sejam divididos em três partes e sigam a seguinte sequência: 1. *cadernos de tradução* (1929-1932): A [a b], B [a], C [a b], 9 [a], B [b], C [c], C [d], 7 [a], D; 2. *cadernos miscelâneos* (1929-1935): 1, 2, 4 [a], 4 [b], 3, 5, 4 [c], 7 [b], 6, 8 [a], 7 [c], 8 [b], 8 [c], 8 [d], 9 [b], 9 [c], 4 [d], 9 [d], 14, 15, 17; 3. *cadernos especiais* (1932-1935): 10, 12, 13, 11, 16, 18, 19, 20, 21, 22, 23, 24, 25, 26, 27, 28, 29[35].

Certamente, podem ser questionados não só os novos critérios filológicos e cronológicos sugeridos por Francioni, mas sobretudo a validade de sua proposta

---

Francioni, "Proposta per una nuova edizione dei *Quaderni del carcere* (seconda stesura)", *IG Informazioni*, Roma, Fondazione Istituto Gramsci, n. 2, 1992, p. 85-186). As informações sobre a proposta de Francioni que resumimos aqui são extraídas desse texto. A resposta de Gerratana está em "Osservazioni sulle proposte di Gianni Francioni", *IG Informazioni*, Roma, Fondazione Istituto Gramsci, n. 2, 1992, p. 63-8.

[34] Essa nova edição dos *Cadernos*, agora sob os cuidados de Francioni, teve início com a publicação dos cadernos de tradução, mencionada na nota 5.

[35] Para os critérios de subdivisão dos cadernos e de datação de suas subpartes, ver Gianni Francioni, "Proposte per una nuova edizione", cit., em particular p. 144-7. Depois de muitas polêmicas, essa proposta foi aceita pela comissão responsável pela edição nacional das obras de Gramsci e deverá ser adotada na nova edição dos *Cadernos*, iniciada com a já mencionada publicação dos cadernos de tradução. Mas, já antes da publicação completa dessa nova edição, os critérios cronológicos sugeridos por Francioni foram utilizados na edição anastática dos manuscritos dos *Cadernos*, recentemente publicada. Ver Antonio Gramsci, *Quaderni del carcere* (ed. G. Francioni, Roma/Cagliari, Biblioteca Trecani/L'Unione Sarda, 2009, 18 v.).

de uma "nova edição" crítica dos *Cadernos*, bastante diversa daquela de Gerratana. Contudo, a simples formulação dessa proposta indica um fato básico: malgrado o indiscutível valor da "edição Gerratana", que se tornou um marco na história da recepção italiana e mundial de Gramsci, não estamos diante da única edição crítica possível dos *Cadernos*. A "edição Gerratana" – na medida em que nos apresenta os apontamentos na ordem em que Gramsci os redigiu, numera os cadernos segundo uma ordem cronológica (ainda que topicamente discutível), estabelece uma numeração para seus vários parágrafos, recoloca à disposição do leitor a totalidade dos textos A (suprimidos na edição temática) e fornece um aparato crítico hoje insubstituível (ainda que certamente não definitivo)[36] – tornou-se certamente um ponto de partida ineludível para qualquer nova edição da obra carcerária de Gramsci. Mas a proposta de Francioni contém sugestões importantes, como aquela de adotar como eixo articulador da apresentação dos *Cadernos* a divisão entre "cadernos miscelâneos" e "cadernos especiais", uma divisão que nos parece fundamental para melhor compreender o processo de trabalho utilizado por Gramsci em seus apontamentos.

Desse modo, embora tome como base a edição Gerratana, a edição brasileira incorpora, como veremos melhor em seguida, não só critérios adotados na velha "edição temática", mas também algumas das sugestões propostas por Francioni. Mas, antes de expor os critérios adotados nessa edição brasileira, parece-me importante recordar a história das edições dos *Cadernos* no Brasil.

4.3. A PRIMEIRA EDIÇÃO BRASILEIRA

Até o início dos anos 1960, Gramsci era praticamente desconhecido no Brasil. Salvo breves referências a seu nome na imprensa socialista, quase sempre alusivas ao seu martírio nas prisões fascistas, ele jamais fora citado *enquanto pensador* por autores brasileiros[37]. É assim surpreendente que, já em 19 de outubro de 1962, Franco Ferri, diretor do Instituto Gramsci (IG) – que então detinha os

---

[36] Embora parta do aparato crítico de Gerratana, a notável edição norte-americana dos *Cadernos*, organizada por J. A. Buttigieg (A. Gramsci, *Prison Notebooks*, cit.), infelizmente ainda incompleta, mostra como tal aparato pode ser desenvolvido com eficiência, sobretudo para contemplar as necessidades de um público não italiano.

[37] Sobre a recepção de Gramsci no Brasil, antes e depois de 1960, ver Carlos Nelson Coutinho, *Gramsci*, cit., p. 279-305; Marco Aurélio Nogueira, "Gramsci, a questão democrática e a esquerda no Brasil", em Carlos Nelson Coutinho e Marco Aurélio Nogueira (orgs.), *Gramsci e a América Latina* (Rio de Janeiro, Paz e Terra, 1988), p. 129-52; Ivete Simionatto, *Gramsci: sua teoria, incidência no Brasil, influência no Serviço Social* (São Paulo/Florianópolis, Cortez/ UFSC, 1995), p. 95-174; e Lincoln Secco, *Gramsci e o Brasil: recepção e difusão de suas ideias* (São Paulo, Cortez, 2002).

direitos de edição de nosso autor – tenha enviado a Ênio Silveira, diretor da Editora Civilização Brasileira, a seguinte carta:

> Dando continuidade às conversações que o senhor teve com Renzo Trivelli, relativas à tradução em língua portuguesa das obras de Gramsci, temos o prazer de lhe dar, com a presente, o direito de opção. Agradeceríamos se o senhor nos comunicasse, o mais rápido possível, sua proposta de contrato. Continuamos à sua disposição para qualquer conselho e ajuda necessários à eventual edição em português ou para sugerir uma seleção para uma antologia.[38]

Essa carta, a primeira das dez entre a Civilização Brasileira e o IG conservadas nos arquivos deste, faz supor que Ênio Silveira, através de Renzo Trivelli – provavelmente um comunista que havia visitado o Brasil na época –, enviara ao IG uma primeira solicitação, ainda pouco especificada (tanto que Ferri fala numa possível antologia), de opção para a publicação de Gramsci em nosso país.

Não nos foi possível precisar se a decisão de solicitar os direitos da edição de Gramsci resultou de uma iniciativa do próprio Ênio Silveira, que certamente dispunha de um amplo conhecimento da literatura marxista internacional, ou se o nome do pensador italiano lhe foi sugerido por algum de seus muitos consultores formais ou informais. Numa carta de 19 de outubro de 1964, dirigida ao IG e escrita em francês (como todas as cinco de sua autoria de que dispomos) e na qual a solicitação dos direitos de edição de Gramsci volta a ser feita, já agora em termos formais e mais concretos (fala-se especificamente dos volumes *O materialismo histórico*, *Os intelectuais* e *Notas sobre Maquiavel*), Ênio menciona o nome de Mario Fiorani, jornalista italiano que vivia no Brasil e acabara de publicar um livro sobre o fascismo pela Civilização Brasileira, em grande parte inspirado em ideias de Gramsci[39]. Assim, não se deve excluir que tenha sido Mario Fiorani o primeiro a chamar a atenção de Ênio para a importância da obra de Gramsci.

De qualquer modo, a iniciativa de 1962 parece não ter tido imediata continuidade. Somente em 19 de outubro de 1964, exatamente dois anos depois da carta que recebera de Ferri, registra-se uma nova tentativa de contato da parte de

---

[38] Esta e as demais cartas citadas a seguir estão nos arquivos da Fondazione Istituto Gramsci, em Roma, na pasta *Corrispondenza con gli editori*. Agradeço a Donatella Di Benedetto, pesquisadora do IG na época, a gentileza de ter posto à minha disposição fotocópias dessas cartas; e a Giuseppe Vacca, então diretor do IG, a autorização para utilizá-las. Essa correspondência, à qual só tive acesso no início de 1999, traz novas luzes sobre a primeira edição brasileira de Gramsci.

[39] Mario Fiorani, *Breve história do fascismo* (Rio de Janeiro, Civilização Brasileira, 1963). Na carta mencionada, Ênio diz o seguinte: "Discutindo a questão com um de nossos amigos, o escritor e jornalista Mario Fiorani, que vive no Rio há muito tempo [...], nos informou que vocês lhe disseram que tais livros [de Gramsci] estariam disponíveis e que todas as facilidades seriam concedidas ao editor brasileiro que os quisesse publicar em português".

Ênio Silveira, precisamente na carta acima mencionada, na qual fala de Fiorani. Nessa carta, Ênio informa ao IG que a editora Einaudi, por ele contactada, embora lhe tenha enviado exemplares da edição temática dos *Cadernos*, única existente à época, comunicara-lhe que os direitos de tradução de Gramsci pertenciam ao IG. Depois de confirmar seu interesse em publicar Gramsci e indagar quais seriam as "melhores condições" oferecidas para tanto, Ênio afirma:

> Encontramo-nos, como editores e como cidadãos, engajados no quadro das forças nacionalistas em luta contra o imperialismo americano e os seus servidores locais, os membros da oligarquia reacionária que tomaram temporariamente o poder em consequência do golpe militar de 1º de abril. A publicação das obras de Gramsci em português representa, em nossa opinião, uma contribuição muito importante para a formação de um novo espírito revolucionário nos quadros da esquerda brasileira.

Também aqui, coloca-se uma questão: o que teria motivado Ênio a retomar, poucos meses depois do golpe (que, com seu generoso otimismo, ele considerava "temporário"), o contato com a Einaudi e o IG, em vista da publicação de Gramsci no Brasil? Qualquer que seja a resposta, deve-se recordar que Ênio era um editor que se cercava de muitos assessores informais e ouvia sugestões de pessoas amigas e colaboradores. Assim, não lhe deve ter sido indiferente saber que, logo depois do golpe, Leandro Konder, Luiz Mário Gazzaneo e eu, reunidos no Rio, havíamos conversado sobre a necessidade e a urgência de publicar Gramsci no Brasil, e, sem que tivéssemos nenhum conhecimento de que Ênio já iniciara contatos nesse sentido, resolvemos sugerir-lhe a publicação das obras do autor. É possível, assim, que essa sugestão tenha motivado Ênio a retomar os contatos com o IG, interrompidos, como vimos, desde 1962.

Depois da disponibilidade novamente revelada pela direção do IG numa carta de 25 de novembro de 1964, Ênio Silveira – já em 1º de dezembro do mesmo ano – comunica seu interesse na publicação de quatro livros de Gramsci (*O materialismo histórico*, *Os intelectuais*, *Notas sobre Maquiavel* e *Cartas do cárcere*) e apresenta sua proposta de contrato (250 dólares pelos primeiros 4 mil exemplares e mais 75 dólares por cada mil exemplares subsequentes), aceita sem discussão por Franco Ferri, em nome do IG, em carta de 30 de janeiro de 1965. Com isso, iniciam-se efetivamente as providências para a edição brasileira de Gramsci. Na verdade, cabe registrar que foi o próprio Ênio quem assumiu – se não formalmente, pelo menos na prática – a tarefa de coordenar essa edição: foi ele quem escolheu os tradutores e prefaciadores dos primeiros volumes selecionados para edição, *O materialismo histórico* e *Cartas do cárcere*; e também foi ele quem determinou não só que *Il materialismo storico* tivesse no Brasil o título *Concepção dialética da história*, mas também que a edição brasileira das *Cartas* não fosse integral, mas constituísse apenas uma seleção da então recém-publicada edição Caprioglio-Fubini. (Quando os primeiros contatos para a edição foram feitos, tinha-se uma edição de 255 páginas das *Cartas*; a edição Caprioglio-Fubini, publicada precisamente em 1965, no momento em que se inicia a tradução brasileira, tem mais de 900.)

Numa nova carta, de 25 de maio de 1967, na qual comunica ao IG a publicação desses dois primeiros volumes, editados em 1966, Ênio informa ainda que pretende publicar mais dois volumes das obras de Gramsci, ou seja, as *Notas sobre Maquiavel* e uma edição de *Os intelectuais*, "que pensamos publicar no próximo ano, num volume que compreenda igualmente alguns fragmentos de *Literatura e vida nacional*". Na verdade, por insistência do tradutor, *Os intelectuais* e *Literatura e vida nacional* saíram em edições separadas (fato que Ênio comunica a Ferri em carta de 17 de julho de 1967, a última de que dispomos), e, ainda por sugestão do tradutor, o segundo desses volumes contém apenas uma seleção da edição original, com cortes sobretudo na parte "Crônicas teatrais", que reúne textos gramscianos anteriores aos *Cadernos*, publicados entre 1916 e 1920. Os tradutores e apresentadores de *Os intelectuais* e de *Literatura*, bem como de *Maquiavel*, todos publicados em 1968, também foram escolhidos por Ênio Silveira.

O epistolário de Ênio Silveira e Franco Ferri revela outro fato significativo: não havia consenso, certamente por falta de informação, entre o projeto editorial da Civilização Brasileira (que, como vimos, previa apenas quatro volumes das obras de Gramsci, sendo um deles uma miscelânea de *Os intelectuais* e *Literatura e vida nacional*) e a expectativa daqueles que assumiram a tarefa de traduzir e apresentar tais obras. No final da "Nota sobre Antonio Gramsci", que introduz o primeiro volume publicado, pode-se ler: "O livro ora lançado por esta Editora, *e ao qual se seguirão as demais obras de Gramsci* [...]"[40]. Pela correspondência com Franco Ferri, agora conhecida, pode-se ver que a Civilização Brasileira (ou, mais precisamente, Ênio Silveira) não parece ter tido na época a intenção, pelo menos explícita, de publicar as obras completas de Gramsci, ou mesmo uma edição integral da edição temática dos *Cadernos*.

Não se trata, naturalmente, ao fazer tal constatação, de diminuir a relevância desse trabalho pioneiro de Ênio Silveira, que foi decerto o mais lúcido editor brasileiro. Muito pelo contrário: o simples fato de que ele tenha tomado a iniciativa, já em 1962, de publicar Gramsci no Brasil, e de que tenha assegurado a nosso leitor o acesso a cinco volumes do pensador italiano, é mais uma comprovação dessa sua lucidez como editor, militante político e homem de cultura. Graças sobretudo a seu empenho, foram publicados naquele momento, ou seja, entre 1966 e 1968, não apenas quatro dos seis volumes extraídos da edição temática dos *Cadernos* (*Concepção dialética da história*, *Os intelectuais e a organização da*

---

[40] Carlos Nelson Coutinho e Leandro Konder, "Nota sobre Antonio Gramsci", em Antonio Gramsci, *Concepção dialética da história* (Rio de Janeiro, Civilização Brasileira, 1966), p. 7.

cultura, *Maquiavel, a política e o Estado moderno*, e uma seleção *de Literatura e vida nacional*), mas também uma significativa antologia das *Cartas do cárcere*.

Várias razões – entre as quais a radicalização da ditadura militar depois do Ato Institucional n. 5 – motivaram o fracasso inicial dessa corajosa iniciativa editorial[41]. Os primeiros volumes brasileiros de Gramsci terminaram em estantes de saldo, vendidos a preço de banana. Somente na segunda metade dos anos 70, entre outras coisas por causa da atmosfera de relativa "abertura" política que então se iniciava, foi que a Civilização Brasileira pôde empreender a reedição – inalterada, embora naquele momento já estivesse sendo publicada na Itália a "edição Gerratana" – dos volumes publicados na década anterior, muitos dos quais chegaram em seguida a ter mais de dez edições. O que parecia assim, no final dos anos 60, um verdadeiro fracasso comercial e político revelou-se, ao contrário, uma das mais bem-sucedidas iniciativas editoriais no campo do pensamento social em nosso país: graças a essa velha edição, Gramsci tornou-se um dos pensadores estrangeiros mais influentes na vida cultural brasileira. Pode-se dizer, sem hesitação, que nove em cada dez pesquisadores brasileiros que hoje citam e utilizam Gramsci em suas investigações – e não são poucos esses pesquisadores! – conheceram nosso autor através dessa velha edição. Tampouco se deve esquecer que, no final dos anos 60, quando tais volumes foram publicados no Brasil, não havia ainda em nenhuma outra língua além do italiano – com exceção do espanhol, graças ao empenho do comunista argentino Héctor P. Agosti[42] – uma massa de textos gramscianos equivalente àquela de que já então dispúnhamos em português.

Decerto, essa velha edição brasileira não era isenta de problemas[43]. Por temor da censura ditatorial, Ênio Silveira substituiu o título do primeiro volume temático dos *Cadernos* – que, em italiano, como se sabe, chama-se *Il materialismo storico e la filosofia di Benedetto Croce* – por outro considerado por ele menos "subversivo", ou seja, *Concepção dialética da história*. Mas essa alteração, como é evidente, não

---

[41] Sobre as razões desse relativo fracasso, ver Carlos Nelson Coutinho, *Gramsci*, cit., p. 287 e ss.

[42] Já em 1950, o leitor de língua espanhola dispunha de uma edição das *Cartas desde la cárcel* (Buenos Aires, Lautaro). Entre 1958 e 1962, a mesma editora publicou *El materialismo histórico, Los intelectuales, Literatura y vida nacional* e *Notas sobre Maquiavelo*. Nos anos 70, a editora Granica, também de Buenos Aires, completou a edição temática publicando *El Risorgimento* e *Pasado y presente*. O espanhol foi assim a única língua em que foi traduzida na íntegra a velha edição temática. Mais tarde, outra editora argentina (Nueva Visión, de Buenos Aires) reproduziu alguns dos volumes publicados pela Lautaro, que foram também republicados no México, pela editora Juan Pablos.

[43] Mas isso não justifica muitas das críticas mesquinhas que essa edição tem merecido. Uma delas, por exemplo, é a de que essa primeira edição brasileira foi baseada na "edição temática" e não na "edição Gerratana", como se fosse possível traduzir na segunda metade dos anos 1960 uma edição que só seria publicada em 1975!

prejudicou em nada a leitura de Gramsci entre nós. Bem mais grave, sem dúvida, foi o fato de que a Civilização Brasileira suprimiu das edições então publicadas (e depois várias vezes reproduzidas) os prefácios dos velhos volumes da edição temática, nos quais se dizia claramente que aqueles volumes agrupavam as notas carcerárias de Gramsci segundo uma base temática, ou seja, segundo critérios que não haviam sido estabelecidos pelo próprio autor (ainda que tivessem sido mais ou menos sugeridos por ele) e com títulos escolhidos pelos editores. E isso apesar de todos os prefácios terem sido devidamente traduzidos na época. Além do mais, foram também suprimidos dessa velha edição brasileira os longos índices contidos na primeira edição italiana, nos quais se fixava a origem das diversas notas contidas nesses volumes temáticos dos 29 cadernos (ainda referidos segundo a numeração romana de Tatiana) que Gramsci escrevera no cárcere. Tudo isso contribuiu para reforçar ainda mais no leitor brasileiro a falsa impressão de que a velha edição temática já havia provocado no leitor italiano: a de que Gramsci escrevera "livros" mais ou menos sistemáticos, tratando de temas próprios das várias áreas das "ciências sociais particulares". Acentua os limites dessa primeira edição brasileira o fato de que tenham permanecido inéditos dois dos volumes "temáticos" dos *Cadernos*, aqueles intitulados *Il Risorgimento* e *Passato e presente*.

4.4. Os critérios da nova edição brasileira

Tais problemas se tornaram certamente intoleráveis à medida que esses velhos volumes brasileiros continuaram a ser reeditados inalterados, durante cerca de trinta anos, sem sequer menção das datas da primeira edição e das apresentações originais e sem que fosse possível a seus antigos tradutores e apresentadores (por razões contratuais) controlá-los ou revisá-los. Assim, com o objetivo não só de sanar tais problemas, mas sobretudo de ampliar a massa dos textos gramscianos à disposição do leitor de língua portuguesa, a Editora Civilização Brasileira (agora sob nova gestão) aceitou prontamente a proposta de uma nova edição brasileira das obras de Gramsci. Já que, nesse meio-tempo, fora publicada a edição crítica dos *Cadernos*, ou "edição Gerratana", que certamente revolucionou os estudos gramscianos, a nova edição brasileira não podia mais se basear na velha edição temática "togliattiana", malgrado o indiscutível papel positivo por ela desempenhado no sentido de promover em todo o mundo (sobretudo na Itália, mas também no Brasil) o encaminhamento inicial ao estudo de Gramsci.

Essa nova edição brasileira dos *Cadernos*[44], portanto, não é simplesmente uma retomada da antiga "edição temática", apenas complementada com os volumes

---

[44] Ver nota 8.

ainda inéditos no Brasil. Trata-se da execução de um projeto original, que recolhe sugestões não só da velha edição togliattiana, mas também da proposta de Gianni Francioni e, sobretudo, da "edição Gerratana", que se tornou, a partir de sua publicação, a base de qualquer edição séria dos textos gramscianos. Da proposta de Francioni, foi adotada sobretudo a sugestão de uma clara divisão entre "cadernos miscelâneos" e "cadernos especiais", divisão que parece dar conta do método de trabalho adotado por Gramsci; tal como Marx, nosso autor parece adotar também, embora tacitamente, a distinção-articulação entre "método de pesquisa" (expresso nos "cadernos miscelâneos") e "método de exposição" (tentado nos "cadernos especiais")[45]. Por conseguinte, os seis volumes dessa edição têm sempre como eixo articulador os "cadernos especiais", aqueles nos quais Gramsci retomou e reescreveu, segundo temas orgânicos, seus apontamentos de pesquisa, buscando assim apresentá-los de acordo com o "método de exposição". Pelo andamento do trabalho de Gramsci, que busquei resumir acima, pode-se supor que, se houvesse disposto de mais tempo e melhores condições para concluir sua obra, ele teria convertido todas as suas notas em textos C, ou seja, teria transformado todos os "cadernos miscelâneos" em "cadernos especiais".

É precisamente essa suposição que foi adotada como base da nova edição brasileira. Nela, todos os "cadernos especiais" são reproduzidos tal como se encontram na edição Gerratana, mas, diferentemente dessa edição, os "cadernos miscelâneos" não são apresentados na ordem material em que nos foram legados por Gramsci: suas várias notas foram desagregadas e alocadas tematicamente após cada "caderno especial". Mais precisamente: nessa edição, os "cadernos especiais" são sempre seguidos por uma seção intitulada "Dos cadernos miscelâneos", na qual estão contidas as notas de tipo B relacionadas com o tema do "caderno especial" em questão, mas que Gramsci não transformou (talvez por não ter tido tempo de fazê-lo) em notas de tipo C. Decerto, tal como na velha "edição temática", a adoção desse critério implica o risco de alguma dose de arbítrio na alocação de cada nota "miscelânea" a um tema "especial". Esse risco inexiste, naturalmente, quando a nota presente nos "cadernos miscelâneos" apresenta um título igual ou aproximado àquele do "caderno especial" (é o caso, por exemplo, das notas intituladas "Introdução à filosofia", "Intelectuais", "Maquiavel", "Jornalismo", "Literatura", "Lorianismo" etc.), mas certamente se manifesta no caso daquelas notas que têm títulos variados ou que, mesmo apresentando títulos comuns (como "Passado e presente" ou "Noções enciclopédicas"), tratam de diferentes assuntos. De resto, ao contrário da edição temática, as notas contidas nas partes "miscelâneas" dessa nova edição brasileira são dispostas em

---

[45] Para a distinção entre "método de pesquisa" e "método de exposição", ver Karl Marx, *O capital*, cit., v. 1, p. 28.

ordem cronológica, com a clara indicação de sua proveniência nos respectivos cadernos de Gramsci, sempre numerados e datados – as notas e os cadernos – com base na "edição Gerratana".

Seguindo um critério utilizado na edição temática, foram excluídos dessa edição brasileira os textos que Gerratana chamou de A, ou seja, os que foram copiados ou reescritos por Gramsci nos textos C[46]. A inclusão dos textos A aumentaria a edição, tornando-a assim menos acessível a um público mais amplo, mas sem lhe acrescentar em troca, a meu ver, maiores méritos científicos. Em sua grande maioria, os textos A não contêm diferenças substantivas em relação aos textos de segunda redação, nos quais ou são reproduzidos literalmente (como é quase sempre o caso nos "cadernos especiais" mais tardios) ou apenas recebem novos desenvolvimentos (que são integralmente registrados nos textos C de nossa edição). Mas, para que o leitor tenha uma ideia da natureza desses textos A e possa compará-los com os textos C, foram incluídos, no último volume[47], vários exemplos deles. Cabe registrar que, para essa nova edição, foram traduzidas cerca de setecentas novas páginas de textos ainda inéditos em nosso idioma.

Como vimos, a "edição Gerratana" é agora imprescindível para todos os que queiram estudar de modo aprofundado o pensamento de Gramsci. Mas essa edição não anula o valor de algumas das soluções encontradas pelos organizadores da velha "edição temática". Com efeito, esta última faz com que seja mais fácil, para o leitor que lê Gramsci pela primeira vez, ter uma recepção menos fragmentária de suas reflexões. É por isso que a nova edição brasileira, embora reproduza os "cadernos especiais" tal como se encontram na edição Gerratana e empregue os critérios de numeração dos cadernos e das notas por esta adotados, vale-se ao mesmo tempo de algumas soluções adotadas na velha edição temática, ou seja: 1) os "cadernos especiais" são agrupados de modo mais ou menos temático em cada volume (mas numerados sempre segundo a edição Gerratana, o que permitirá ao leitor perceber facilmente sua ordem cronológica); 2) as notas "miscelâneas" são agrupadas segundo o tema tratado em cada "caderno especial" (mas também são dispostas em ordem cronológica, com a indicação do número do caderno e do parágrafo de onde provêm, sempre segundo a edição Gerratana). No sexto e último volume dessa nova edição brasileira dos *Cadernos*, além de um índice analítico dos principais conceitos gramscianos, o leitor encontra um sumário detalhado de todos os cadernos, que registra também os textos A e indica o parágrafo em que eles foram retomados como textos C. Com isso, o leitor pode fazer, se assim o desejar, uma releitura

---

[46] Essa exclusão aparece também na edição francesa dos *Cadernos*. Ver Antonio Gramsci, *Cahiers de prison* (ed. R. Paris, Paris, Gallimard, 1978-1996, 5 v.).

[47] *CC*, 6, 343-381.

dos *Cadernos* segundo a ordem com que estes se apresentam nos manuscritos de Gramsci e na edição Gerratana.

Acredito que a solução encontrada para a nova edição brasileira dos *Cadernos* oferece ao leitor de língua portuguesa a junção dos elementos positivos das duas edições italianas: da velha edição temática, conserva a vantagem da acessibilidade imediata aos textos gramscianos; ao mesmo tempo, coloca à disposição os instrumentos que permitem desfrutar do rigor filológico próprio da edição Gerratana. Enquanto o leitor mais exigente pode recompor, com facilidade, todo o percurso cronológico seguido por Gramsci na elaboração de seus *Cadernos*, o leitor iniciante dispõe dos meios de não se perder no labirinto das anotações carcerárias de nosso autor, já que pode perceber mais rapidamente os eixos temáticos que lhe serviram de fio condutor.

Independentemente dos critérios adotados, o objetivo dessa nova edição brasileira de Gramsci é fazer com que o leitor, seja ele "exigente" ou "iniciante", tome consciência de que está diante de uma das mais lúcidas reflexões sobre o nosso tempo. Gramsci nunca hesitou em registrar as imensas dificuldades com que se defrontava o projeto pelo qual batalhou antes de ser preso e ao qual dedicou sua reflexão carcerária, ou seja, a construção de uma nova ordem social, de uma sociedade comunista, que ele chamava (com um belo pseudônimo) de "sociedade regulada"; mas, ao mesmo tempo, ele sabia que só lutando para realizar tal projeto seria possível ter razões para esperança. Daí seu mote, reiteradamente repetido nesses *Cadernos*: pessimismo da inteligência, otimismo da vontade.

5. O CONCEITO DE POLÍTICA NOS *CADERNOS DO CÁRCERE*

5.1. CENTRALIDADE DA POLÍTICA

Entre os marxistas de seu tempo, Gramsci foi provavelmente o único a utilizar de modo positivo o termo "ciência política" ou "ciência da política". Enquanto o termo "sociologia" aparece sempre nos *Cadernos* com conotação fortemente negativa (é conhecida a aversão de Gramsci pela "sociologia marxista" proposta por Bukharin e pelo formalismo e empirismo da sociologia "burguesa"), a expressão "ciência política", ao contrário, tem em seus apontamentos uma indiscutível acepção positiva. Não é difícil notar que um dos objetivos dos *Cadernos*, talvez aquele com o qual Gramsci mais se sinta comprometido, é precisamente a elaboração de uma "ciência da política" adequada à filosofia da práxis, isto é, ao marxismo. Uma das tarefas dos intérpretes de Gramsci, portanto, é a de buscar compreender os motivos e as consequências desse emprego positivo do termo "ciência política", tanto mais quanto se sabe que Gramsci – como marxista – situava-se para além da falsa divisão acadêmica do trabalho intelectual vigente em sua época e na nossa, adotando em suas investigações, ao contrário, o "ponto de vista da totalidade", ou seja, a abordagem metodológica que, segundo o jovem Lukács, distingue radicalmente o marxismo da chamada "ciência burguesa"[1].

Penso que essa avaliação positiva do termo "ciência política" deriva, antes de mais nada, do conhecido e declarado antieconomicismo de Gramsci, que o leva a repudiar não só as leituras do marxismo vigentes na época da Segunda Internacional, mas também, e talvez sobretudo, aquelas do chamado "marxismo soviético", tão bem representado por Bukharin, um dos principais alvos polêmicos dos *Cadernos*. O empenho de Gramsci em afirmar o papel criador da práxis humana na história, sua percepção das "relações de força" como momento constitutivo do ser social, levam-no a privilegiar o estudo do fenômeno político

---

[1] G. Lukács, *História e consciência de classe*, cit., p. 105.

em suas várias determinações. Por outro lado, foi a importância atribuída por Lenin à política uma das principais razões do permanente fascínio de Gramsci pela obra teórica e prática do grande revolucionário russo, um fascínio que o fez até mesmo ignorar ou minimizar os indiscutíveis pontos de ruptura entre sua reflexão e a do autor de *Estado e revolução*. E, finalmente, não se deve esquecer o fato de que a análise da política esteve sempre entre as mais fecundas contribuições do pensamento italiano à teoria da sociedade, numa linha que, em meio a muitas diferenças, vai de Maquiavel e Vico a Mosca e Croce: e sabemos bem o quanto Gramsci está ligado, malgrado a indiscutível dimensão universal do seu pensamento, ao "terreno nacional" constituído pela cultura do seu país.

De qualquer modo, quaisquer que sejam os motivos que levaram Gramsci a avaliar de maneira positiva a "ciência da política", o fato é que sua obra – embora aborde variadíssimos temas, hoje academicamente classificáveis como filosóficos, antropológicos, sociológicos, estéticos etc. – concentra-se substancialmente numa reflexão sobre a ação e as instituições políticas (hegemonia, vontade coletiva, Estado, sociedade civil, partidos etc.)[2]. Gramsci examina todas as esferas do ser social partindo da relação entre elas e a política. São frequentes, ao longo de todos os cadernos, as referências ao fato de que "tudo é política", seja a filosofia, a história, a cultura ou mesmo a práxis em geral. Nesse sentido, parece-me justa a afirmação do pensador católico brasileiro A. R. Buzzi: "É a política que forma o núcleo central do pensamento de Gramsci, o que fornece o sentido e a articulação de todas as suas investigações históricas e reflexões filosóficas"[3].

De resto, é precisamente a reflexão sobre a "ciência política" que desmente, do modo mais evidente, uma das mais difundidas leituras da obra gramsciana, ou seja, aquela que faz de Gramsci um pensador fragmentário, cujo trabalho teórico careceria (ou por autônoma decisão metodológica, ou pela imposição das condições objetivas nas quais trabalhou) de uma base sistemática. Uma das mais recentes e brilhantes formulações dessa tese é a de Giorgio Baratta, que afirma que, em Gramsci, o método de investigação e o método de exposição – definidos por Marx no prefácio de *O capital* – "ainda não aparecem separados um do outro"[4]. Parece-me, ao contrário, que os "cadernos especiais" são tenta-

---

[2] O uso por Gramsci do termo "ciência política", portanto, não significa de modo algum que ele se submeta à atual divisão acadêmica do saber. Gramsci não é um "cientista político" no sentido atual da expressão por mim indicado no prefácio deste volume, mas um *teórico* da política (ou, mais precisamente, um *crítico* da política), como veremos em seguida.

[3] Arcângelo R. Buzzi, *La théorie politique d'Antonio Gramsci* (Louvain/Paris, Nauwelaerts, 1967), p. 187. Infelizmente, esse belo livro nunca foi publicado em português.

[4] Giorgio Baratta, *Le rose e i quaderni: saggio sul pensiero di Antonio Gramsci* (Roma, Gamberetti, 2000), p. 108. Sobre a diferença entre "método de investigação" e "método de exposição", ver Karl Marx, *O capital*, cit., v. 1, p. 28.

tivas (ainda que nem sempre bem-sucedidas, é verdade) de passar do método da investigação, próprio dos "cadernos miscelâneos", àquele da exposição, através da criação de uma *démarche* teórica que vai dialeticamente, como em *O capital*, do abstrato ao concreto. São muitas as conexões expositivas (nesse sentido marxiano) presentes nos *Cadernos*.

Limito-me aqui a dar um só exemplo, recolhido precisamente da reflexão gramsciana sobre a política. Gramsci afirma que "primeiro elemento [da ciência e da arte políticas] é que existem efetivamente governantes e governados" (*CC*, 3, 324)[5]. Este "primeiro elemento" tem, nos *Cadernos*, a mesma função metodológica desempenhada pela mercadoria na exposição dialética presente em *O capital*, de Marx: ou seja, trata-se de uma figura "abstrata" (de uma "célula", como diz Marx) que contém potencialmente todas as determinações mais concretas da totalidade. O conceito mais concreto da teoria política de Gramsci, o de "Estado ampliado" ou "integral" (sociedade política + sociedade civil, coerção + consenso, ditadura + hegemonia etc.), tem todas as suas determinações (como se governa, por que se obedece etc.) já contidas nesse "primeiro elemento" abstrato, ou seja, na relação entre governantes e governados. E, do mesmo modo como Marx havia feito diante da forma-mercadoria, Gramsci mostra a historicidade desse "primeiro elemento": também a relação entre governantes e governados tem uma gênese (na sociedade de classe) e, portanto, uma possibilidade de superação (na "sociedade regulada", sem classes, isto é, no comunismo). Caso se queira insistir na comparação com Marx, pode-se dizer que os *Cadernos* contêm ao mesmo tempo os *Grundrisse* (os "cadernos miscelâneos") e os primeiros esboços de *O capital* (os "cadernos especiais")[6].

Parece-me indiscutível essa centralidade da política nas reflexões presentes nos *Cadernos*. São pouquíssimos os analistas de Gramsci que a refutam de modo explícito, ainda que as interpretações dessa centralidade possam divergir profundamente. Mas essa quase unanimidade pode motivar uma possível objeção por parte dos pretensos adversários "marxistas" de Gramsci: a escolha de um "ponto focal" político, em oposição ao unilateralismo economicista, não teria comprometido a formulação teórica geral de Gramsci, levando-o a abandonar "o ponto de vista da totalidade" e a adotar assim uma outra visão unilateral, precisamente uma visão que se poderia chamar de "politicista"? A recusa dessa

---

[5] Todas as citações de Gramsci neste ensaio são retiradas de Antonio Gramsci, *Cadernos do cárcere* (ed. C. N. Coutinho, M. A. Nogueira e L. S. Henriques, Rio de Janeiro, Civilização Brasileira, 1999-2002, 6 v.), citados a seguir, no corpo do texto, como *CC*, seguido do número do volume e da página.

[6] Uma explicação do que são "cadernos miscelâneos" e "cadernos especiais" pode ser encontrada em "Sobre os *Cadernos do cárcere* e suas edições", na p. 79 desta coletânea.

objeção requer um esclarecimento, ainda que sumário, da dimensão ontológica do conceito de política presente nos *Cadernos do cárcere*.

5.2. Gramsci como crítico da política

Nos *Cadernos*, Gramsci emprega o conceito de política em duas acepções principais, que poderíamos chamar de "ampla" e "restrita". Em sua acepção ampla, política é identificada com liberdade, com universalidade ou, mais precisamente, com todas as formas de práxis que superam a simples recepção passiva ou a manipulação dos dados imediatos da realidade (recepção e manipulação que caracterizam grande parte da práxis técnico-econômica e da práxis cotidiana em geral) e que se dirigem conscientemente, ao contrário, para a totalidade das relações objetivas e subjetivas. Segundo essa acepção, é justo dizer com Gramsci – já que isso corresponde à realidade ontológico-social – que todas as esferas do ser social são atravessadas pela política, ou seja, que todas elas contêm a política como elemento real ou potencial inelimin ável. Pode-se compreender melhor essa formulação se observamos que, nessa acepção ampla, "política" é em Gramsci sinônimo de "catarse", assim definida por ele nos *Cadernos*:

> Pode-se empregar a expressão "catarse" para indicar a passagem do momento meramente econômico (ou egoístico-passional) ao momento ético-político, isto é, a elaboração superior da estrutura em superestrutura na consciência dos homens. Isso significa também a passagem do "objetivo ao subjetivo" e da "necessidade à liberdade". A estrutura de força exterior que esmaga o homem, assimilando-o e tornando-o passivo, transforma-se em meio de liberdade, em instrumento para criar uma nova forma ético-política, em origem de novas iniciativas. A fixação do momento "catártico" torna-se assim, parece-me, o ponto de partida de toda a filosofia da práxis; o processo catártico coincide com a cadeia de sínteses que resultam do desenvolvimento dialético. (*CC*, 1, 314-5)

Temos aqui, indicado com clareza, o momento da passagem do determinismo econômico à liberdade política. Uma manifestação emblemática de "catarse" seria, por exemplo, o processo pelo qual uma classe supera seus interesses econômico-corporativos imediatos e se eleva a uma dimensão universal, ético-política, que está na origem de "novas iniciativas". Em outras palavras: seria "catártico" o momento no qual a classe, graças à elaboração de uma vontade coletiva, não é mais um simples fenômeno econômico, mas se torna, ao contrário, um sujeito consciente da história. Temos aqui o equivalente gramsciano da passagem da "classe em si" à "classe para si" (Marx) ou da elevação da consciência sindicalista à consciência político-universal (Lenin). Segundo Gramsci, se uma classe social não é capaz de efetuar essa "catarse", não pode se tornar uma classe *nacional*, ou seja, não pode representar os interesses universais de um bloco social e, por conseguinte, não pode conquistar a *hegemonia* na sociedade.

Mas não é de modo algum a dialética da consciência de classe a única acepção do conceito gramsciano de "catarse", ou seja, de "política" em sentido amplo. É ontologicamente correto dizer que *todas as formas de práxis*, até mesmo aquelas que não têm relação direta com a formação da consciência e da ação das classes sociais, contêm essa potencialidade do momento "catártico", ou seja, de passar da esfera da manipulação imediata – da recepção passiva da realidade – à dimensão da totalidade, da transformação ativa do mundo social, ou seja: de passar da consciência "egoístico-passional" (meramente particular) à consciência "ético-política" ou universal (à consciência de nossa participação no gênero humano)[7]. Nos *Cadernos*, Gramsci fornece muitos exemplos desse "momento catártico" em várias esferas do ser social, desde o terreno das ideologias (passagem do senso comum heteróclito e folclórico ao bom-senso crítico e/ou a uma concepção do mundo orgânica, como ocorre na "filosofia sistemática dos filósofos") até aquele da arte e da literatura (elaboração de uma perspectiva "nacional-popular" verdadeiramente universal-concreta e não mais provinciana ou abstratamente "cosmopolita") etc.

Mas o que é aqui mais significativo é sublinhar que Gramsci observa a manifestação desse "momento catártico" até mesmo no interior da própria práxis política entendida em seu sentido "restrito". Ele procede a uma importante distinção categorial quando contrapõe a "grande política (alta política)", que "compreende as questões ligadas à fundação de novos Estados, à luta pela destruição, pela defesa, pela conservação de determinadas estruturas orgânicas econômico-sociais", à "pequena política (política do dia a dia, política parlamentar, de corredor, de intrigas)", que "compreende as questões parciais e cotidianas que se apresentam no interior de uma estrutura já estabelecida em decorrência de lutas pela predominância entre as diversas frações de uma mesma classe política" (*CC*, 3, 21). A "pequena política" poderia ser facilmente identificada com a práxis manipulatória, passiva, que sofre o determinismo em vez de enfrentá-lo, enquanto a "grande política" – que, como aquela proposta por Maquiavel, "pretende criar novas relações de força e, por isso, não pode deixar de se ocupar com o 'dever ser', não entendido evidentemente em sentido moralista" (*CC*, 3, 35) – é o momento da afirmação da teleologia, da liberdade. Nesse sentido, pode-se dizer que o suposto "pan-politicismo" de Gramsci não é

---

[7] O conceito de "catarse", com a mesma acepção de elevação da particularidade à universalidade, mas aqui referida às esferas da ética e da estética, ocupa um papel decisivo em G. Lukács, *Estetica* (Turim, Einaudi, 1970), v. 1, p. 762-95. Para uma exposição mais ampla do conceito gramsciano de catarse, ver p. 121 desta coletânea.

mais do que a percepção *dialética* e *materialista* de uma característica ontológica essencial do ser social: ou seja, do fato de que essa específica modalidade de ser é o resultado da articulação entre determinismo e liberdade, entre causalidade e teleologia (ou "dever ser")[8].

Como dissemos, além dessa acepção "ampla", Gramsci apresenta nos *Cadernos* um conceito "restrito" de política, precisamente o que é próprio da chamada "ciência política", um conceito que envolve o conjunto das práticas e das objetivações diretamente ligadas às relações de poder entre governantes e governados. Se, em sua acepção ampla, ou seja, a de "catarse", a política é vista por Gramsci como um momento ineliminável e constitutivo da própria estrutura ontológica do ser social, nessa segunda acepção a política lhe aparece, ao contrário, como algo *historicamente transitório*. Em outras palavras, Gramsci não é um "politólogo" (e muito menos um "politólogo" com desvios politicistas), mas é um *crítico da política*. E isso no mesmo sentido em que Marx não é um "economista" (e menos ainda um "economicista"), mas um *crítico da economia política*.

Sabe-se que Marx estuda as leis do capital não apenas para determinar sua conexão imanente, sua estrutura sincrônico-sistemática, mas também e sobretudo para demonstrar que essa estrutura não é algo natural, eterno, como acreditam em geral os economistas, mas, ao contrário, uma formação social que tem uma gênese histórica (ou seja, possui pressupostos não capitalistas, repostos como momentos estruturais da reprodução do próprio capital) e encerra em si contradições que apontam para uma sua superação igualmente histórica. Então, o emprego por Marx da expressão "*crítica* da economia política" (muito recorrente em sua produção teórica) tem um sentido preciso: Marx recolhe da ciência econômica "clássica" (em particular de Smith e Ricardo) não poucos conceitos, mas os submete a uma crítica ontológica, ou seja, coloca-os em relação, por um lado, com a totalidade social e, por outro, com o devir histórico[9]. Esses conceitos da "ciência econômica" tornam-se assim, em Marx, partes constitutivas de um outro sistema teórico, no qual as leis do capital perdem seu caráter fetichisticamente "natural" e convertem-se em momentos de um processo histórico, ou seja, aparecem como resultado da ação dos homens e, portanto, como capazes de serem superadas por essa mesma ação.

---

[8] Quando uso aqui conceitos ontológicos, refiro-me sempre à fundamental obra de G. Lukács, *Per l'ontologia dell'essere sociale*, cit., da qual foram publicados em português dois capítulos relativos a Hegel (*A falsa e a verdadeira ontologia de Hegel*, São Paulo, Ciências Humanas, 1979) e Marx (*Os princípios ontológicos fundamentais de Marx*, São Paulo, Ciências Humanas, 1979).

[9] Sobre o conceito de "crítica ontológica", ver G. Lukács, *Os princípios ontológicos*, cit., bem como Carlos Nelson Coutinho, "Gramsci, o marxismo e as ciências sociais", em *Marxismo e política*, cit., p. 99 e ss.

Gramsci, na trilha indicada por Marx, assume uma posição similar em face da chamada "ciência política". Se Marx reconhece os conceitos de mercadoria e valor (elaborados pela economia política que o precedeu) como os pontos de partida de sua própria reflexão, também Gramsci sabe que na esfera da práxis e das instituições políticas – segundo as lições dos teóricos que vão de Maquiavel a Gaetano Mosca – o "primeiro elemento é que existem efetivamente governados e governantes, dirigentes e dirigidos. Toda a ciência e a arte política baseiam-se nesse fato primordial, irredutível (em certas condições gerais)" (*CC*, 3, 324). Mas Gramsci trata esse "primeiro elemento" da política do mesmo modo como Marx trata as leis do capital: para ele, não estamos aqui diante de um fato "natural", "eterno". Diz o autor dos *Cadernos*:

> A inovação fundamental introduzida pela filosofia da práxis na ciência da política e da história é a demonstração de que não existe uma "natureza" humana abstrata, fixa e imutável [...], mas que a natureza humana é o conjunto das relações sociais historicamente determinadas, ou seja, um fato histórico verificável, dentro de certos limites, com os métodos da filologia e da crítica. Portanto, a ciência política deve ser concebida em seu conteúdo concreto (e também em sua formulação lógica) como um organismo em desenvolvimento. (*CC*, 3, 56)

Esse ponto de vista historicista leva Gramsci a dialetizar seu "primeiro elemento" (que, apesar disso, continua a ser o ponto de partida de sua específica construção da "ciência política") e, em consequência, a formular as seguintes perguntas, de importância metodológica crucial: "Pretende-se que sempre existam governantes e governados ou pretende-se criar as condições nas quais a necessidade dessa divisão desapareça? Isto é, parte-se da premissa da divisão perpétua do gênero humano ou crê-se que ela é apenas um fato histórico, correspondente a certas condições?" (*CC*, 3, 325). Já que Gramsci adota sem dúvida a segunda alternativa indicada nas perguntas, torna-se evidente que, para ele, o "primeiro elemento" da política (assim como, para Marx, a "célula" constituída pela mercadoria e por sua forma valor) não é um fato natural e eterno, mas um fenômeno histórico[10].

---

[10] Essa posição historicista não deixa nenhuma dúvida sobre o fato de que Gramsci se afasta da "ciência política" de seu tempo – por exemplo, daquela formulada por Gaetano Mosca – com a mesma radicalidade com que Marx se afastava da economia política de Smith e Ricardo. Parece-me assim absolutamente injustificável a posição de um estudioso norte-americano que, pretendendo defender a indefensável hipótese de que "a teoria política gramsciana é em grande parte uma crítica construtiva ou um desenvolvimento crítico da teoria de Mosca", diz corretamente que "Mosca parece teorizar a eternidade e imutabilidade deste fato [a divisão entre governantes e governados], enquanto Gramsci parece pressupor o oposto", mas conclui de maneira precipitada, afirmando que "essa diversidade talvez seja apenas aparente" (Maurice

Portanto, a historicidade da política, concebida como um "organismo em desenvolvimento", não se refere apenas às suas categorias estrutural-imanentes: é a própria esfera política (em seu sentido restrito, ou seja, como relação entre governantes e governados) que possui, segundo Gramsci, um caráter histórico[11]. Essa esfera tem uma *gênese histórica*, já que existe política no sentido restrito somente quando existem governantes e governados, dirigentes e dirigidos, uma distinção que não resulta da "natureza humana", mas de relações sociais histórico-concretas: como diz Gramsci, "em última análise", ela "se refere a uma divisão de grupos sociais" (*CC*, 3, 325), ou seja, à divisão da sociedade em classes. Para ele, essa divisão nem sempre existiu e nem sempre existirá, já que poderá desaparecer na "sociedade regulada" (o belo pseudônimo que Gramsci inventou para "comunismo"), na qual será superada a divisão da sociedade em classes antagônicas. Quando fala da política no comunismo, Gramsci visualiza "o elemento Estado-coerção em processo de esgotamento, à medida que se afirmam elementos cada vez mais conspícuos de sociedade regulada (ou Estado ético, ou sociedade civil)" (*CC*, 3, 244). E isso implica nitidamente, para ele, a superação da divisão entre governantes e governados; assim, quando critica a transformação da "estatolatria" em "fanatismo teórico" e em algo perpétuo, numa clara referência ao stalinismo, contrapõe à "estatolatria" a construção de "uma complexa e bem articulada sociedade civil, em que o indivíduo particular se governe por si sem que, por isso, esse seu *autogoverno* entre em conflito com a sociedade política" (*CC*, 3, 279; grifo meu). Ora, o "autogoverno" aqui proposto aponta precisamente para a superação da divisão entre governantes e governados.

Segundo Marx, a sociedade comunista deverá cancelar a autonomia reificada da esfera econômica, no sentido de que suas leis espontâneas e anárquicas (as leis do mercado) serão submetidas ao controle consciente e planejado dos produtores associados. Para Gramsci, de modo análogo, o comunismo se caracteriza pelo fato de que a sociedade civil (ou Estado-ético) absorverá o Estado-coerção, já que as funções deste último serão transferidas para as relações conscientes e consensuais da sociedade civil, dando lugar assim a um "autogoverno". Em ambos os casos, a proposta comunista é clara: onde antes

---

A. Finocchiaro, "Gramsci e Gaetano Mosca", em Ruggero Giacomini, Domenico Losurdo e Michele Martelli [eds.], *Gramsci e l'Italia*, Nápoles, La Città del Sole, 1994, p. 114 e 120).

[11] Como vimos, Gramsci não reduz a política a essa dimensão "restrita", mas concebe-a também como "catarse". Poder-se-ia dizer que, nessa dimensão "catártica", a política é vista por ele também como momento privilegiado da interação intersubjetiva consensual entre os homens e, por conseguinte, como parte inelinimável da ontologia do ser social. Sobre isso, ver Carlos Nelson Coutinho, *Gramsci: um estudo sobre seu pensamento político*, cit., p. 223-53.

reinava a coerção, deverá doravante reinar o consenso. Portanto, se Marx não crê no *homo oeconomicus* das teorias econômicas "clássicas" ou "vulgares", que atuaria segundo uma inata lógica "calculista" de custo e benefício, tampouco Gramsci acredita na existência "natural" de um *homo politicus*, o qual – segundo a "ciência política" burguesa, de Hobbes a Weber – seria caracterizado por uma inata "vontade de poder" ou de "prestígio".

Desse modo, o suposto "politicismo" que muitos intérpretes atribuem a Gramsci não encontra respaldo nos textos dos *Cadernos*. Quando entendida em seu sentido amplo, como "catarse", a política é para ele uma determinação ineliminável da práxis humana. Por conseguinte, quando Gramsci diz que "tudo é política", como o faz repetidamente nos *Cadernos*, não comete nenhuma violência contra o real, mas, ao contrário, indica um aspecto essencial do ser social, ou seja, o momento da articulação entre subjetividade e objetividade, entre liberdade e determinismo, entre particularidade e universalidade. E, quando trata da política em seu sentido restrito, como relação de poder entre governantes e governados (com todos os seus desdobramentos) – isto é, na acepção que é própria da "ciência política", inclusive a do seu tempo –, Gramsci a mostra como algo que será dialeticamente superado (conservado, eliminado e elevado a nível superior) na "sociedade regulada", no comunismo. Por isso, podemos dizer que Gramsci não é um "cientista político", um "politólogo", mas – no sentido fortemente marxiano da expressão – um *crítico* não apenas da política enquanto relação entre governantes e governados, mas também da "ciência política" tal como esta foi construída na modernidade.

5.3. Sobre as relações entre política, economia e totalidade social

Se Gramsci submete a "ciência política" a uma crítica ontológica, isso significa que ele não apenas a historiciza, mas, em consequência, também a relaciona com a totalidade social. E a adoção desse "ponto de vista da totalidade" significa que ele não subestima a questão – decisiva para o marxismo – das relações entre política e economia ou, em outras palavras, entre superestrutura e estrutura. Não me parece correto afirmar, como fazem muitos intérpretes de Gramsci, sobretudo os que o querem afastar do marxismo, que ele coloque a política acima da economia, ou seja, que inverta a prioridade ontológica da estrutura em face da superestrutura, tal como essa prioridade foi estabelecida por Marx e Engels[12].

---

[12] Sobre o conceito de "prioridade ontológica", ver G. Lukács, *Os princípios ontológicos*, cit., p. 11-76.

Todavia, para evitar mal-entendidos, é preciso antes de mais nada definir com exatidão aquilo que Gramsci – na trilha aberta por Marx – entende por "economia". Ele compreendeu muito bem a lição de Engels que, ao resenhar um livro de Marx, disse: "A economia não trata de *coisas*, mas de *relações* entre pessoas e, em última análise, entre classes, embora tais relações estejam sempre *ligadas a coisas e apareçam como coisas*"[13]. Gramsci recusa assim, de modo enfático, a redução da economia às relações técnicas de produção, feita, entre outros, por Bukharin e Achille Loria, que precisamente por isso são duramente criticados nos *Cadernos*. A estrutura econômica não é, para Gramsci, a simples esfera da produção de objetos materiais, de coisas, mas é o modo pelo qual os homens estabelecem seu "metabolismo" com a natureza e produzem e reproduzem não só esses objetos materiais, mas sobretudo suas próprias relações sociais globais. Combatendo as posições economicistas de Bukharin, que são de resto partilhadas por todo o chamado "marxismo-leninismo", Gramsci afirma: "A concepção do 'instrumento técnico' é inteiramente errônea no *Ensaio popular* [de Bukharin]. [...] Parece que foi precisamente Loria o primeiro a substituir arbitrariamente [...] a expressão 'forças materiais de produção' e 'conjunto das relações sociais' pela expressão 'instrumento técnico'" (*CC*, 1, 157).

Pode-se ver assim que Gramsci identifica a estrutura econômica com o "conjunto das relações sociais", ou seja, com a totalidade. Mas, ao contrário de Hegel e, mais uma vez, na trilha de Marx, a dialética de Gramsci não é idealista e, sim, materialista: ele sabe que a totalidade não se esgota apenas na ação recíproca de seus vários momentos, como supunha Hegel, mas contém sempre, além dessa ação recíproca, o que Marx – ao falar da relação entre produção e consumo na introdução dos *Grundrisse* – chamou de "*übergreifendes Moment*", ou seja, o "momento predominante"[14]: "A estrutura e as superestruturas formam um 'bloco histórico', ou seja, o conjunto complexo e contraditório das superestruturas é o reflexo do conjunto das relações sociais de produção" (*CC*, 1, 250). Vê-se assim que, para Gramsci, o "momento predominante" na totalidade histórica é o próprio "conjunto das relações sociais de produção", do qual o "conjunto das superestruturas" seria "o reflexo". (Ele sabe, de resto, que esse "reflexo" não é um mero epifenômeno, mas algo que tem uma densidade ontológico-social; são muitas as passagens nos *Cadernos*

---

[13] Friedrich Engels, "A *Contribuição à crítica da economia política* de Karl Marx", em Karl Marx e Friedrich Engels, *Obras escolhidas*, cit., v. 1, p. 348.

[14] Karl Marx, *Grundrisse: manuscritos econômicos de 1857-1858 – Esboços da crítica da economia política* (São Paulo/Rio de Janeiro, Boitempo, Ed. UFRJ, 2011), p. 49, e G. Lukács, *Os princípios ontológicos*, cit., p. 70 e ss.

em que ele fala da "solidez" das ideologias, como, entre muitas outras, a que se pode ler em *CC*, 1, 118.)

Essa prioridade ontológica da estrutura manifesta-se não só nas muitas análises concretas de Gramsci (basta pensar aqui, por exemplo, nas reflexões sobre o *Risorgimento* e sobre o "americanismo"), mas também num parágrafo que fornece um dos principais paradigmas metodológicos da "ciência política" gramsciana, ou seja, o famoso § 17 do caderno 13, dedicado à "Análise das situações: relações de força" (*CC*, 3, 36-46). Nesse parágrafo, Gramsci parte da fixação dos pressupostos *objetivos* dessa relação de forças, que, nesse primeiro nível (econômico), apresenta-se como "estreitamente ligada à estrutura, objetiva, independente da vontade dos homens, que pode ser mensurada com os sistemas das ciências exatas ou físicas"[15]. Somente depois é que se torna possível analisar a relação especificamente política das forças sociais, na qual fatores *subjetivos* desempenham – no interior do quadro dado pelas relações objetivas – um papel determinante: nesse nível o que conta é o "grau de homogeneidade, de autoconsciência e de organização alcançado pelos vários grupos sociais [...], momento [que], por sua vez, pode ser analisado e diferenciado em vários graus, que correspondem aos diversos momentos da consciência política coletiva", os quais, sempre segundo Gramsci, vão da consciência "econômico-corporativa" àquela mais "estritamente política"[16].

Além do mais, que a ação política, para Gramsci, ocorra no âmbito das determinações postas pela estrutura, é algo que também se pode ver na conclusão da passagem sobre a "catarse", cuja primeira parte foi citada acima:

> O processo catártico coincide com a cadeia de sínteses que resultam do desenvolvimento dialético. (Recordar os dois pontos entre os quais oscila esse processo: que nenhuma sociedade se coloca tarefas para cuja solução já não existam, ou estejam em vias de aparecimento, as condições necessárias e suficientes; e que nenhuma sociedade deixa de existir antes de haver expressado todo o seu conteúdo potencial.) (*CC*, 1, 315)

Em outras palavras: o momento "catártico", o momento da liberdade, da teleologia, do dever ser, da iniciativa dos sujeitos, ou, em suma, *o momento da política*, não é criação absoluta, não opera no vazio, mas no interior das determinações econômico-objetivas que limitam (mas sem de modo algum cancelar) as margens de

---

[15] Gramsci alude aqui, evidentemente, ao prefácio à *Contribuição à crítica da economia política* (Karl Marx e Friedrich Engels, *Obras escolhidas*, cit., v. 1, p. 335), em que Marx fala das "mudanças materiais das condições econômicas de produção e que podem ser apreciadas com a exatidão própria das ciências naturais".

[16] Sobre o conceito gramsciano de "relações de força", ver p. 127 desta coletânea.

realização da liberdade[17]. Tal como nos clássicos do materialismo histórico, também em Gramsci a economia determina a política não através da imposição mecânica de resultados unívocos, "fatais", mas antes delimitando o âmbito das alternativas que se colocam, em cada oportunidade concreta, à ação dos sujeitos.

Essa prioridade ontológica da estrutura, por um lado, é reafirmada por Gramsci em relação à política em sentido amplo, ou seja, à "catarse", que é apresentada como uma posição teleológica que parte da causalidade para efetuar "a passagem do objetivo ao subjetivo e da necessidade à liberdade". E, por outro, é reafirmada também em relação à política em sentido restrito: não só a análise das relações de força (que é talvez o ponto central da "ciência política" gramsciana) começa com a fixação das condições econômicas, mas pode-se mesmo dizer que toda a esfera da política, que tem seu "primeiro elemento" na divisão entre governantes e governados, depende "em última instância" de determinações estruturais, econômicas. A gênese desse "primeiro elemento" remonta à divisão da sociedade em classes antagônicas, uma divisão produzida pela economia entendida como "o conjunto das relações sociais", como uma esfera, portanto, que compreende não apenas as "forças produtivas", mas também as "relações sociais de produção", isto é, para utilizar a terminologia de Habermas, que compreende não só o "trabalho", mas também a "interação"[18].

Ainda nesse terreno das relações entre política e economia, parece-me ser possível indicar em Gramsci uma outra importante contribuição à ontologia do ser social e, mais especificamente, à "ciência política" do marxismo. Como se sabe, Marx insistiu sobre o fato de que o processo de socialização da produção, ao gerar uma diminuição do tempo de trabalho socialmente necessário, implica ao mesmo tempo um "recuo das barreiras naturais", ou seja, uma ampliação do âmbito da liberdade humana em face das ineliminaveis (apesar de tudo) determinações naturais[19]. Pode-se também dizer que a socialização da

---

[17] Essa relação dialética entre objetividade e subjetividade manifesta-se com muita evidência no tratamento de um dos principais conceitos da teoria filosófico-política gramsciana: o conceito de "vontade". Gramsci nos diz: "Para escapar ao solipsismo e, ao mesmo tempo, às concepções mecanicistas [...], deve-se colocar o problema de modo 'historicista' e, simultaneamente, colocar na base da filosofia a 'vontade' (em última instância, a atividade prática ou política), mas uma vontade racional, não arbitrária, que se realiza na medida em que corresponde às necessidades objetivas históricas, isto é, em que é a própria história universal no momento de sua realização progressiva" (*CC*, 1, 202). Para uma sugestiva análise da "vontade" nos *Cadernos*, ver Rita Medici, *Giobbe e Prometeo: filosofia e politica nel pensiero di Antonio Gramsci* (Florença, Alinea, 2000), p. 61-109. Mas ver também a p. 133 desta coletânea

[18] Não é aqui o local para examinar a diferença entre a visão dualista de Habermas e a posição dialético-unitária do marxismo em face dessas duas modalidades de práxis.

[19] G. Lukács, *Os princípios ontológicos*, cit., p. 96 e ss.

produção, ao reduzir a jornada de trabalho e ao agrupar grandes aglomerados humanos, está na base dos processos de socialização da participação política, ou seja, da criação de um grande número de sujeitos políticos coletivos, processos que constituem precisamente a base material daquilo que Gramsci chamou de "sociedade civil"[20]. Isso significa que, se ao processo de socialização do trabalho e da produção econômica corresponde um tendencial "recuo das barreiras naturais", ou seja, uma maior autonomia da práxis humana em face da coerção das leis naturais, decorre por sua vez da socialização da política o que poderíamos chamar, por analogia, de "recuo das barreiras econômicas", ou seja, ampliação da autonomia e da influência da política (do conjunto das superestruturas) sobre a totalidade da vida social. Quanto mais se amplia a socialização da política, tanto mais se desenvolve, em consequência, a sociedade civil, o que significa que os processos sociais serão cada vez mais determinados pela teleologia (pela "vontade coletiva") e será cada vez menos coercitiva a causalidade automática da economia[21].

Gramsci compreendeu muito bem esse processo histórico-ontológico, que está inclusive na base de um dos pontos mais altos de sua "ciência política", ou seja, a formulação de uma estratégia específica de transição ao socialismo nas sociedades mais complexas ou "ocidentais". Já em 1926, um pouco antes de sua prisão, Gramsci observa: "Nos países de capitalismo avançado, a classe dominante possui reservas políticas e organizativas que não possuía, por exemplo, na Rússia. Isso significa que nem mesmo as crises econômicas gravíssimas têm repercussões imediatas no campo político"[22]. E, nos *Cadernos*, quando o conceito de "sociedade civil" recém-elaborado lhe permite dar maior concretude à formulação de 1926, Gramsci polemiza contra o economicismo de Rosa Luxemburgo, observando que:

> pelo menos no que se refere aos Estados mais avançados, [...] a "sociedade civil" tornou-se uma estrutura muito complexa e resistente às irrupções "catastróficas" do elemento econômico imediato (crises, depressões etc.); as superestruturas da sociedade civil são como o sistema das trincheiras na guerra moderna. (*CC*, 3, 73)

---

[20] Carlos Nelson Coutinho, *Gramsci*, cit., p. 121-35.

[21] Para Lukács, como certamente também para Gramsci, esse desenvolvimento encontra sua máxima expressão no comunismo: "A novidade essencial que tem lugar no desenvolvimento da humanidade [no comunismo] é que o movimento da economia é agora regulado por uma teleologia unitária. Em outras palavras, a teleologia, de simples momento de um desenvolvimento social cuja dinâmica é causal-legal, termina por se tornar a categoria determinante central" (G. Lukács, *Socialismo e democratização: escritos políticos 1956-1971*, Rio de Janeiro, Editora UFRJ, 2008, p. 113-4).

[22] Antonio Gramsci, "Um exame da situação italiana", em *Escritos políticos*, cit., v. 2, p. 378.

Portanto, ao contrário do que supõe o marxismo economicista, o modo pelo qual economia e política se relacionam não é dado de uma vez para sempre: o modo de articulação entre as duas esferas, o papel de "momento predominante" que uma exerce sobre a outra no seio da totalidade do ser social, depende das características concretas da formação social em questão, razão pela qual estamos diante de uma relação historicamente mutável. Se os homens de uma sociedade primitiva se encontram inteiramente impotentes diante de uma catástrofe natural (seca, inundação etc.), o mesmo não ocorre necessariamente numa sociedade mais evoluída, em que o desenvolvimento das forças produtivas e das técnicas faz com que seja possível uma luta eficaz contra essas catástrofes, ou seja, produz um "recuo das barreiras naturais". De modo análogo, pode-se dizer, como Gramsci, que não é similar o papel que tem a economia nas formações em que a sociedade civil é "primitiva e gelatinosa" (o Oriente) e naquelas em que há "entre o Estado e a sociedade civil uma justa relação" (o Ocidente) (*CC*, 3, 262). Enquanto nas primeiras os homens estão mais atomizados e se orientam assim segundo uma espontaneidade "egoístico-passional", o que os faz mais vulneráveis ao influxo direto dos fatos econômicos, nas segundas a presença de uma sociedade civil desenvolvida – que se põe como mediação consciente entre o mundo da economia e as instituições do Estado em sentido estrito – cria, ao contrário, uma série de trincheiras e fortalezas entre o econômico e o político, ou, em outras palavras, promove um "recuo das barreiras econômicas".

Essa justa relação ontológica que Gramsci estabelece entre economia e política permite-lhe não apenas fundar de modo metodologicamente adequado suas várias análises concretas de momentos fundamentais da totalidade social, mas representa também um desenvolvimento dos princípios gerais do materialismo histórico. É verdade que os "fundadores da filosofia da práxis", ao contrário de muitos dos seus epígonos, indicaram quase sempre as *mediações* entre economia e política, recusando as leituras mecanicistas do primado da economia; mas é igualmente verdade que eles não desenvolveram *de modo sistemático* a forma pela qual essas mediações são historicamente determinadas, isto é, sofrem modificações (sendo mais débeis ou mais complexas) em função das características concretas de cada formação social determinada ou, mais precisamente, no caso das sociedades modernas, em função do grau maior ou menor de socialização da política e de autonomia e complexidade da sociedade civil.

Estamos aqui, assim, diante de uma nova e importante descoberta teórica de Gramsci, que faz parte de suas inúmeras contribuições à "ciência política" da filosofia da práxis. Podemos mesmo concluir que, nos *Cadernos*, estamos em face da mais lúcida elaboração de uma ontologia marxista da práxis política.

6. Verbetes para um dicionário gramsciano

6.1. Catarse

Como em muitos outros casos, Gramsci se vale aqui de um velho termo, mas o preenche com um novo conteúdo, criando um conceito inédito e original. O termo "catarse" foi utilizado pela primeira vez por Aristóteles para identificar o efeito que a tragédia provoca no espectador. O filósofo grego define a catarse como "purgação das paixões", no sentido de uma elevação, de uma superação e, em certo sentido, de uma passagem da arte à moral; mas, ao fazer isso, não vai além da definição da tragédia e de seus efeitos. É precisamente esse momento da elevação, da superação, que Gramsci recolhe do termo aristotélico e, ao universalizá-lo, faz dele uma determinação essencial da práxis humana e, mais especificamente, da práxis política.

Escreve ele: "Pode-se empregar a expressão 'catarse' para indicar a passagem do momento meramente econômico (ou egoístico-passional) ao momento ético-político, isto é, a elaboração superior da estrutura em superestrutura na consciência dos homens" (*CC*, 1, 314-5)[1]. Estamos aqui diante daquele movimento por meio do qual o *particular* (o econômico-corporativo ou egoístico-passional) é dialeticamente superado no *universal* (o ético-político), superação que Gramsci considera uma determinação essencial da práxis política quando esta é entendida em seu sentido amplo[2].

Ademais, Gramsci sugere nessa fundamental passagem de sua obra um modo dialético de conceber a relação entre estrutura e superestrutura, com base

---

[1] Todas as citações de Gramsci contidas nestes verbetes foram retiradas de Antonio Gramsci, *Cadernos do cárcere*, cit., a seguir citados, no corpo do texto, como *CC*, seguido do número do volume e da página.

[2] Sobre o sentido amplo e restrito do conceito gramsciano de política, ver "O conceito de política nos *Cadernos do cárcere*", p. 107 desta coletânea.

em um dos textos mais presentes nos *Cadernos* (que, aliás, ele cita também no fim da nota que estamos comentando), o prefácio que Marx escreveu em 1859 para a *Contribuição à crítica da economia política*. Mas essa passagem do particular ao universal, do econômico-corporativo ao ético-político, não é a única superação dialética que Gramsci crê estar contida no "momento catártico". O revolucionário sardo prossegue:

> Isso significa também a passagem do "objetivo ao subjetivo" e da "necessidade à liberdade". A estrutura de força exterior que esmaga o homem, assimilando-o e tornando-o passivo, transforma-se em meio de liberdade, em instrumento para criar uma nova forma ético-política, em origem de novas iniciativas. (*CC*, 1, 314-5)

Temos aqui a rejeição de qualquer possibilidade de uma leitura mecanicista da relação entre estrutura e superestrutura: a práxis humana, em seu momento catártico, põe em movimento precisamente a passagem das determinações objetivas à subjetividade criadora (tanto que Gramsci se refere a essa passagem como origem de "novas iniciativas"), ou seja, a passagem da necessidade à liberdade. Sem negar a importância ontológica dos momentos da objetividade e da necessidade, que são igualmente constitutivos do ser social, Gramsci indica seu inelimiável vínculo com a iniciativa do(s) sujeito(s) e, portanto, com a liberdade.

Estamos aqui diante de um momento essencial da ontologia gramsciana do ser social, no qual se articulam causalidade e teleologia, necessidade e liberdade. Para sublinhar a importância ontológica de sua peculiar concepção de catarse, Gramsci conclui a sua nota afirmando:

> A fixação do momento "catártico" torna-se assim, parece-me, *o ponto de partida de toda a filosofia da práxis*; o processo catártico coincide com a cadeia de sínteses que resultam do desenvolvimento dialético. (Recordar os dois pontos [formulados no prefácio marxiano acima citado] entre os quais oscila esse processo: que nenhuma sociedade se coloca tarefas para cuja solução já não existam, ou estejam em vias de aparecimento, as condições necessárias e suficientes; e que nenhuma sociedade deixa de existir antes de haver expressado todo o seu conteúdo potencial.) (*CC*, 1, 315; grifo meu)

Podemos agora compreender melhor o que Gramsci tem em mente quando afirma repetidamente que "tudo é política". Trata-se de outro modo de dizer que "tudo é catarse", ou seja, que todas as formas de práxis – do trabalho orientado para a dominação da natureza até as formas mais complexas de interação e consciência social – contêm essa possibilidade da passagem do particular ao universal, do objetivo ao subjetivo, da necessidade à liberdade.

Não são muitas as passagens em que Gramsci fala de catarse. Em um único caso, ele trata o termo de um ângulo exclusivamente estético: discutindo o

Canto X do *Inferno* de Dante, ele afirma que é "catarse" a passagem da poesia à estrutura (para utilizar os termos croceanos dos quais ele se serve nesse contexto), ou seja, a passagem de uma frase de valor "poético" sobre a suposta morte do poeta Guido às "didascálias" de Farinata, que provocam o drama de Cavalcanti, o pai do poeta (*CC*, 6, 21-2). Mas na outra passagem dos *Cadernos* em que Gramsci fala de "catarse" com referência à arte, já aparece com clareza a relação com a política em sentido amplo. Sobre a peça *Casa de bonecas*, de Ibsen, Gramsci escreve:

> E, de resto, não poderia ser outra coisa o chamado *teatro de ideias*, ou seja, a representação de paixões ligadas aos costumes com soluções dramáticas que representem uma catarse "progressista", que representem o drama da parcela intelectual e moralmente mais avançada de uma sociedade e que expressem o desenvolvimento histórico imanente aos próprios costumes existentes. (*CC*, 6, 48)

Nessas duas notas "estéticas", Gramsci reafirma a passagem do particular ao universal como característica definidora da catarse.

Existem, porém, outras passagens em que o uso de "catarse" assume claramente o sentido ontológico-político presente na nota citada no início (*CC*, 1, 314-5). Significativa é a passagem na qual, depois de expor o conceito de revolução passiva no âmbito de uma análise crítica da historiografia de Croce, Gramsci fala do grupo social que se apresenta como promotor da catarse, ou seja, da passagem do particular ao universal. Depois de se referir ao modo de conceber a dialética próprio da "concepção 'revolução-restauração', ou seja, [de um] conservadorismo reformista temperado", Gramsci afirma:

> Um tal modo de conceber a dialética é próprio dos intelectuais, os quais concebem a si mesmos como os árbitros e os mediadores das lutas políticas reais, os que personificam a "catarse" do momento econômico ao momento ético-político, isto é, a síntese do próprio processo dialético. (*CC*, 1, 293)

Embora não o diga explicitamente nesses termos, Gramsci crê que o principal promotor de uma catarse revolucionária para os grupos subalternos é o que ele chama de "moderno Príncipe", concebido – na famosa expressão de Togliatti – como um "intelectual coletivo".

Ainda em polêmica com Croce – na qual busca demonstrar que a distinção entre filosofia e ideologia é apenas de grau, já que ambas são "concepções do mundo" –, Gramsci especifica o que entende por "filosofia", que ele considera mais universal do que a "ideologia política", *precisamente porque na filosofia tem lugar uma catarse*:

> É filosofia a concepção do mundo que representa a vida intelectual e moral (*catarse de uma determinada vida prática*) de todo um grupo social concebido em movimento e considerado, consequentemente, não apenas em seus interesses atuais e imediatos,

mas também nos futuros e mediatos; é ideologia toda concepção particular dos grupos internos da classe que se propõem ajudar a resolver problemas imediatos e restritos. (*CC*, 1, 302; grifo meu)

Gramsci volta a falar de catarse num célebre parágrafo no qual discute a "passagem do saber ao compreender, ao sentir, e, vice-versa, do sentir ao compreender, ao saber". Em função disso, afirma que "não se faz política-história sem essa paixão, isto é, sem essa conexão sentimental entre intelectuais e povo-nação" (*CC*, 1, 222). Gramsci parece conceber essa conexão como uma forma moderna de catarse, de construção da "vida do conjunto, a única que é força social", por meio da qual se cria o "bloco histórico". Com efeito, ele diz que "De Man 'estuda' os sentimentos populares, não concorda com eles para conduzi-los e dirigi-los a *uma catarse de civilização moderna*: sua posição é semelhante à do estudioso do folclore" (*CC*, 1, 222; grifo meu).

Embora não compareça muitas vezes nos *Cadernos*, o conceito de catarse ocupa certamente um posto central na ontologia social de Gramsci, que com esse termo expressa a ideia segundo a qual, como vimos, o ser social é constituído por uma relação sempre mutável de particular e universal, de objetivo e subjetivo, de necessidade e liberdade.

6.2. Grande política e pequena política

A formulação gramsciana do conceito de política – ou, mais precisamente, do que ele chama repetidas vezes de "ciência da política", valendo-se sempre de modo positivo desse termo – é certamente uma das mais importantes contribuições teóricas presentes nos *Caderno*[3]. Pode-se mesmo dizer que reside aqui o principal aporte de Gramsci à filosofia da práxis, ou seja, ao marxismo. Essa sua peculiar definição da política encontra sua expressão mais clara quando ele diz:

> A inovação fundamental introduzida pela filosofia da práxis na ciência da política e da história é a demonstração de que não existe uma "natureza" humana abstrata, fixa e imutável [...], mas que a natureza humana é o conjunto das relações sociais historicamente determinadas, ou seja, um fato histórico verificável, dentro de certos limites, com os métodos da filologia e da crítica. Portanto, a ciência política deve ser concebida em seu conteúdo concreto (e também em sua formulação lógica) como um organismo em desenvolvimento. (*CC*, 3, 56)

É no quadro dessa historicização radical da "ciência política" que Gramsci nos apresenta as muitas determinações que para ele constituem a esfera da práxis

---

[3] Sobre isso, ver o capítulo 5 desta coletânea.

política (ou, também em sua expressão, da "arte política"), entre as quais, como em muitas outras, pode-se recordar a relação entre governantes e governados, coerção e consenso, econômico-corporativo e ético-político, sociedade política e sociedade civil, estrutura e superestrutura etc. etc.

Segundo o autor dos *Cadernos*, um lugar de destaque entre essas determinações é aquele ocupado pelos conceitos de "pequena política" e "grande política". Trata-se de um par conceitual que serve não só para definir traços decisivos do conceito geral de política, mas também aparece como um momento essencial daquilo que Gramsci chama de "análise das situações", das "relações de força". O predomínio de uma ou outra forma de ação política, ou seja, da "pequena" ou "grande" política, é um elemento decisivo para determinar que classe ou grupo de classes exerce a dominação ou a hegemonia em uma "situação" concreta e de que modo o faz.

Recordemos a definição de Gramsci:

> Grande política (alta política) – pequena política (política do dia a dia, política parlamentar, de corredor, de intrigas). A grande política compreende as questões ligadas à fundação de novos Estados, à luta pela destruição, pela defesa, pela conservação de determinadas estruturas orgânicas econômico-sociais. A pequena política compreende as questões parciais e cotidianas que se apresentam no interior de uma estrutura já estabelecida em decorrência de lutas pela predominância entre as diversas frações de uma mesma classe política. (*CC*, 3, 21)

Se recordarmos o conceito gramsciano de "catarse", poderemos dizer que só a "grande política" realiza o "momento catártico", ou seja, a passagem do particular ao universal, do momento econômico-corporativo ao ético-político, da necessidade à liberdade. Mas não devemos esquecer que Gramsci nos recorda que "é grande política tentar excluir a grande política do âmbito interno da vida estatal e reduzir tudo a pequena política" (*CC*, 3, 21). Em outras palavras: se para as classes subalternas o predomínio da pequena política é sempre sinal de derrota, esse predomínio pode ser – e quase sempre o é efetivamente – a condição da supremacia das classes dominantes.

A distinção entre "pequena política" e "grande política" aparece pela primeira vez nos *Cadernos* em um texto que se refere não à política *tout court*, mas à arte. No comentário a Enrico Corradini, um autor que Gramsci considera um "filhote do padre Bresciani", ele afirma que o autor "parece distinguir entre 'pequena política' e 'grande política' nas 'teses' contidas nas obras de arte" (*CC*, 6, 166). E, aqui, "pequena política" parece ser "intromissão de elementos extra-artísticos, sejam estes de baixa ou alta qualidade, isto é, [resta saber] se se trata de 'arte' ou de oratória visando a finalidades práticas"; ao contrário, a "grande política" se manifestaria quando se faz arte autêntica (*CC*, 6, 166).

A oposição entre "grande política" e "pequena política" se aplica também à ação dos intelectuais. Malgrado critique com força o modo pelo qual Croce se empenha em evitar que "os intelectuais se rebaixem ao nível da massa", ou seja, a propugnar que eles permaneçam "governantes e não governados", Gramsci reconhece que, apesar desse ponto de vista reacionário, "Croce representa a grande política contra a pequena política, o maquiavelismo de Maquiavel contra o maquiavelismo de Stenterello" (*CC*, 1, 284). Em outras palavras, a distinção entre pequena e grande política não significa necessariamente uma distinção entre progresso e reação. Estamos também aqui diante de uma situação que deve ser avaliada em cada situação concreta. A "grande política" das classes dominantes e de seus intelectuais não consiste apenas em fazer com que tudo se torne "pequena política"; em certos contextos concretos, sobretudo em momentos de intensificação das lutas de classe, também as classes dominantes são obrigadas a fazer (ou, pelo menos, a tentar fazer) "grande política" propriamente dita.

Em duas passagens dos *Cadernos*, a distinção é utilizada para analisar fatos históricos concretos. Num longo parágrafo no qual analisa a relação entre história nacional e história universal e discute as ideias de Croce, Gramsci comenta um livro de Raffaele Ciasca e o resume com as seguintes palavras:

> ao mesmo tempo que fornece a prova de que existiam na Itália os mesmos problemas prementes que na França do antigo regime e uma força social que representava e interpretava esses problemas no mesmo sentido francês, *fornece também a prova de que tais forças eram escassas e os problemas se mantinham no nível da "pequena política"*. (*CC*, 1, 428; grifo meu)

Talvez ainda mais importante seja o parágrafo no qual Gramsci, referindo-se a Maquiavel, vale-se do par "grande política/pequena política" para analisar o Renascimento italiano. Diz ele:

> A propósito do Renascimento, de Lorenzo de Medici etc., questão de "grande política e de pequena política", política criativa e política de equilíbrio, de conservação, mesmo em se tratando de conservar uma situação miserável. [...] E, nesse sentido, os italianos do Renascimento jamais foram "volúveis", ou melhor, talvez se deva distinguir entre a grande política que os italianos praticavam no "exterior", como força cosmopolita (enquanto durou a função cosmopolita), e a pequena política no interior, a pequena diplomacia, a estreiteza dos programas etc., portanto a debilidade da consciência nacional, que exigiria uma atividade audaciosa e de confiança nas forças popular-nacionais. Terminado o período da função cosmopolita, restou o período da "pequena política" no interior, o esforço imenso para impedir qualquer mudança radical. (*CC*, 3, 345)

Portanto, a dupla conceitual "pequena e grande política" aparece não apenas como uma contribuição essencial para a caracterização da esfera da práxis política, mas também como um instrumento para a análise das relações de força em situações históricas concretas.

6.3. Relações de força

O conceito de "relações de força", embora não apareça muitas vezes de modo explícito nos *Cadernos*, é um conceito central no pensamento de Gramsci. Boa parte dos outros e mais discutidos conceitos presentes nos *Cadernos* – hegemonia, sociedade civil, Estado integral etc. etc. – têm uma ligação orgânica com a noção de "relações de força". De fato, não podemos compreender de modo adequado a luta hegemônica, a constituição da sociedade civil e suas relações com o Estado *stricto sensu* ou mesmo a formação de uma consciência crítica da realidade sem que nos reportemos ao conceito em questão. Este se apresenta, explícita ou implicitamente, nas várias concretas "análises das situações" realizadas por Gramsci desde sua juventude até os *Cadernos*. O local em que o tema é tratado de modo mais explícito é certamente o parágrafo intitulado "Análise das situações. Relações de força" (*CC*, 3, 36-46). Mas, para além de suas aplicações concretas na esfera da historiografia e da "ciência e arte políticas", o conceito ocupa um lugar central no que se poderia chamar de ontologia social de Gramsci.

No parágrafo anterior ao que mencionamos acima (*CC*, 3, 34-6), Gramsci busca definir a essência da práxis política e, em particular, a ligação que, nessa modalidade de práxis, verifica-se entre a análise do "ser" e a proposição de um "dever ser", ou seja, entre causalidade e teleologia. Com base em sua peculiar leitura de Maquiavel, Gramsci afirma: "O 'excessivo' (e, portanto, superficial e mecânico) realismo político leva muitas vezes à afirmação de que o homem de Estado só deve atuar no âmbito da 'realidade efetiva', não se interessar pelo 'dever ser', mas apenas pelo 'ser'" (*CC*, 3, 34). Como se sabe, a expressão "maquiavelismo" foi frequentemente ligada a esse realismo político superficial. É outra a posição de Gramsci sobre o autor de *O príncipe*:

> Maquiavel não é um mero cientista; ele é um homem de partido, de paixões poderosas, um político em ato, que *pretende criar novas relações de força* e, por isso, não pode deixar de se ocupar com o "dever ser", não entendido evidentemente em sentido moralista. (*CC*, 3, 34; grifo meu)

Não se trata, portanto, de refutar *a priori* o momento teleológico na ação política (e na ação em geral), mas de "ver se o 'dever ser' é um ato arbitrário ou necessário, é vontade concreta ou veleidade, desejo, miragem" (*CC*, 3, 34).

Depois de ter afirmado que "o político em ato é um criador, um suscitador", Gramsci esclarece, porém, que ele "não cria a partir do nada nem se move na vazia agitação de seus desejos e sonhos", mas toma como ponto de partida – e aqui ele retoma uma conhecida expressão de Maquiavel – a "realidade efetiva". Contudo, é na definição do que é essa "realidade efetiva" – ou seja, na explicitação de sua ontologia do ser social – que Gramsci revela toda a importância que atribui ao conceito que estamos analisando. Ele conclui do seguinte modo: "Mas o que é essa realidade efetiva? Será algo estático e imóvel, *ou, ao contrário, uma relação de forças* em contínuo movimento e mudança de equilíbrio?" (*CC*, 3, 34; grifo meu).

Portanto, aqui, a "relação de forças" é elevada a uma determinação fundamental da própria "realidade efetiva", ou seja, a um momento causal de sua dinâmica ontológica dialeticamente contraditória. A posição teleológica, o "dever ser", se tiver como base uma análise correta da causalidade posta por essas relações de força, pode assim incidir sobre elas e modificá-las. E, precisamente porque quem fala em relação de forças fala também e ao mesmo tempo de uma realidade histórica e mutável, Gramsci pode concluir: "Portanto, o 'dever ser' é algo concreto, ou melhor, somente ele é interpretação realista e historicista da realidade, somente ele é história em ato e filosofia em ato, somente ele é política" (*CC*, 3, 34). Vemos assim que Gramsci sabe – e o diz explicitamente no parágrafo já mencionado ("Análise das situações. Relações de força"), sobre o qual voltaremos a falar em detalhe – que:

> a observação mais importante a ser feita sobre qualquer análise concreta das relações de força é a seguinte: tais análises não podem e não devem ser fins em si mesmas (a não ser que se trate de escrever um capítulo da história do passado), mas só adquirem um significado se servem para justificar uma atividade prática, uma iniciativa de vontade. (*CC*, 3, 45)

A mais sistemática utilização do conceito de "relações de força" é precisamente a que podemos ler no mencionado parágrafo. Estamos diante de uma das mais importantes passagens dos *Cadernos*, na qual Gramsci se propõe desenvolver uma de suas principais contribuições ao que ele chama reiteradas vezes de "ciência política da filosofia da práxis", ou seja, precisamente sua proposta de "análise das situações". Também aqui podemos ver um ponto de contato entre Gramsci e Lenin, o qual, como se sabe, dizia que "a análise concreta de situações concretas" é nada menos do que "a essência do marxismo". Reafirmando a centralidade que o conceito de relações de força tem em seu pensamento, Gramsci começa o parágrafo afirmando que "é o problema das relações entre estrutura e superestrutura que deve ser posto com exatidão e resolvido para que se possa chegar a uma justa análise das forças que atuam na história de um determinado período e determinar a relação entre elas" (*CC*, 3, 36).

O que Gramsci define aqui como "problema" tem um posto ontológico e metodológico decisivo em sua concepção do materialismo histórico. Isso é confirmado por sua noção de "catarse". Identificando na catarse "a passagem do momento meramente econômico (ou egoístico-passional) ao momento ético-político, isto é, a elaboração superior da estrutura em superestrutura na consciência dos homens", ele recorda que essa elaboração é "*o ponto de partida de toda a filosofia da práxis*" (*CC*, 1, 314-5; grifo meu).

A relação orgânica entre esses dois parágrafos é demonstrada pelo fato de que, em ambos, aparecem aqueles que, para Gramsci, são os dois princípios básicos do marxismo, extraídos de sua peculiar leitura do famoso prefácio marxiano de 1859[4]. Da reflexão sobre esse texto, diz ele, "pode-se chegar ao desenvolvimento de toda uma série de outros princípios de metodologia histórica" (*CC*, 3, 36). Citando Marx a seu modo, ou seja, interpretando-o, diz:

> É necessário mover-se no âmbito de dois princípios: 1) o de que nenhuma sociedade se põe tarefas para cuja solução ainda não existam as condições necessárias e suficientes, ou que pelo menos não estejam em vias de aparecer e se desenvolver; 2) e o de que nenhuma sociedade se dissolve e pode ser substituída antes que se tenham desenvolvido todas as formas de vida implícitas em suas relações. (*CC*, 3, 36)

Em outras palavras, é preciso levar em conta, na análise das situações e das relações de força, tanto o momento subjetivo (as tarefas postas, o "dever ser") quanto o objetivo (o "ser", ou seja, o desenvolvimento das formas de vida necessárias para que as tarefas se tornem realistas).

Não é casual que, logo após essa remissão ao texto de Marx, Gramsci refira-se a outra questão decisiva de sua teoria política:

> [a necessidade de] distinguir os movimentos orgânicos (relativamente permanentes) dos movimentos que podem ser chamados de conjuntura (e que se apresentam como ocasionais, imediatos, quase acidentais). Também os fenômenos de conjuntura dependem, certamente, de movimentos orgânicos, mas seu significado não tem um amplo alcance histórico: eles dão lugar a uma crítica política miúda, do dia a dia, que envolve os pequenos grupos dirigentes e as personalidades imediatamente responsáveis pelo poder. Os fenômenos orgânicos dão lugar à crítica histórico-social. (*CC*, 3, 36-7)

A distinção entre fenômenos de conjuntura e fenômenos orgânicos é assim articulada com outra distinção fundamental da "ciência política" gramsciana, ou seja, aquela entre "pequena" e "grande política".

---

[4] Karl Marx, prefácio [1859] de *Contribuição à crítica da economia política*, em Karl Marx e Friedrich Engels, *Obras escolhidas*, cit., v. 1, p. 333-7.

A confusão entre o nível orgânico e o conjuntural na análise da realidade político-social tem graves implicações:

> O erro em que se incorre frequentemente nas análises histórico-políticas consiste em não saber encontrar a justa relação entre o que é orgânico e o que é ocasional: chega-se assim ou a expor como imediatamente atuantes causas que, ao contrário, atuam mediatamente, ou a afirmar que as causas imediatas são as únicas causas eficientes. Num caso, tem-se excesso de "economicismo" ou de doutrinarismo pedante; no outro, excesso de "ideologismo". Num caso, superestimam-se as causas mecânicas; no outro, exalta-se o elemento voluntarista e individual. (*CC*, 3, 38)

E Gramsci conclui: "Se o erro é grave na historiografia, mais grave ainda se torna na arte política, quando se trata não de reconstruir a história passada, mas de construir a história presente e futura" (*CC*, 3, 38).

Depois de apresentar exemplos históricos de erros desse tipo, Gramsci nos propõe positivamente os critérios a partir dos quais analisar as situações com base no conceito de relações de força. Segundo ele, essa análise deve operar em três momentos organicamente articulados. O primeiro é aquele "da relação de forças sociais estreitamente ligada à estrutura, objetiva, independente da vontade dos homens, que pode ser mensurada com os sistemas das ciências exatas ou físicas". Gramsci remete aqui, mais uma vez, ao já mencionado prefácio de Marx, onde se fala de "mudanças materiais" que "podem ser examinadas com a exatidão própria das ciências naturais". Com base nesse primeiro momento objetivo das relações de força (onde estão presentes "os agrupamentos sociais, cada um dos quais representa uma função e ocupa uma posição determinada na própria produção", e que também constituem "o que é, uma realidade rebelde, [já que] ninguém pode modificar o número das empresas e de seus empregados, o número das cidades com sua dada população urbana etc."), pode-se "estudar se existem na sociedade as condições necessárias e suficientes para uma sua transformação, [ou seja], verificar o grau de realismo e de viabilidade das diversas ideologias que nasceram em seu próprio terreno, no terreno das contradições que ela gerou durante seu desenvolvimento" (*CC*, 3, 40). Trata-se, portanto, da base causal objetiva sobre a qual formular com realismo qualquer proposta subjetiva de intervenção teleológica.

O segundo momento é aquele da "relação das forças políticas, ou seja, a avaliação do grau de homogeneidade, de autoconsciência e de organização alcançado pelos vários grupos sociais" (*CC*, 3, 40). Embora também aqui parta do prefácio de Marx (que fala das "formas ideológicas nas quais os homens tomam consciência desse conflito [econômico] e o levam à resolução"), Gramsci acrescenta determinações que constituem sua contribuição própria à ciência política da filosofia da práxis, ou seja, do materialismo histórico. Ele diz: "Esse momento, por sua vez, pode ser analisado e diferenciado em vários graus, que correspondem aos diversos momentos da consciência política coletiva, tal como se manifestaram na história até agora" (*CC*, 3, 40).

Portanto, esse segundo momento das relações de força tem graus: "O primeiro e mais elementar é o econômico-corporativo: um comerciante sente que *deve* ser solidário com outro comerciante, um fabricante com outro fabricante etc., mas o comerciante não se sente ainda solidário com o fabricante". O segundo grau, que ainda não transcende plenamente o nível econômico-corporativo, "é aquele em que se atinge a consciência da solidariedade de interesses entre todos os membros do grupo social, mas ainda no campo meramente econômico. Já se põe nesse momento a questão do Estado, mas apenas no terreno da obtenção de uma igualdade politico-jurídica com os grupos dominantes" (*CC*, 3, 41).

Somente no "terceiro grau" da "relação de forças políticas" é que se pode falar propriamente de uma consciência ético-política de classe. Estamos aqui diante do momento em que se põe a questão – crucial para Gramsci – da hegemonia:

> Essa é a fase mais estritamente política, que assinala a passagem nítida da estrutura para a esfera das superestruturas complexas; é a fase em que as ideologias geradas anteriormente se transformam em "partido", entram em confrontação e lutam até que uma delas, ou pelo menos uma única combinação delas, tenda a prevalecer, a se impor, a se irradiar por toda a área social, determinando, além da unicidade dos fins econômicos e políticos, também a unidade intelectual e moral, pondo todas as questões em torno das quais ferve a luta não no plano corporativo, mas num plano "universal", criando assim a hegemonia de um grupo social fundamental sobre uma série de grupos subordinados. (*CC*, 3, 41)

Neste ponto, coloca-se uma nova e mais orgânica relação com o Estado, que é certamente um Estado de classe, mas com características próprias da específica visão gramsciana do "Estado integral", resultante de uma dinâmica relação de forças entre a classe dominante e as classes subalternas. "O Estado", escreve Gramsci, "é certamente concebido como organismo próprio de um grupo, destinado a criar as condições favoráveis à expansão máxima desse grupo, mas esse desenvolvimento e essa expansão são concebidos e apresentados como a força motriz de uma expansão universal" (*CC*, 3, 41). Precisamente aqui reside a capacidade da classe dominante de não ser só dominante, mas de se tornar também classe dirigente. Gramsci prossegue:

> O grupo dominante é coordenado concretamente com os interesses gerais dos grupos subordinados e *a vida estatal é concebida como uma contínua formação e superação de equilíbrios instáveis (no âmbito da lei) entre os interesses do grupo fundamental e os interesses dos grupos subordinados,* equilíbrios em que os interesses do grupo

dominante prevalecem, mas até um determinado ponto, ou seja, não até o estreito interesse econômico-corporativo. (*CC*, 3, 41; grifo meu)

Vê-se aqui como a noção de "relações de força" – apresentada nesse contexto como "equilíbrios instáveis" – tem um papel decisivo na noção gramsciana de Estado.

Gramsci fala ainda de um terceiro momento, "o da relação das forças militares, imediatamente decisivo em cada oportunidade concreta" (*CC*, 3, 43). Aqui, devem-se distinguir dois graus, "o militar em sentido estrito, ou técnico-militar, e o grau que pode ser chamado de político-militar", os quais, "no curso da história [...], se apresentaram numa grande variedade de combinações". Embora Gramsci se refira à "transformação dessas relações [econômicas] em relações políticas de força, para culminar na relação militar decisiva", fazendo supor a universalidade e a necessidade desse terceiro momento, o exemplo que ele dá diz respeito à "relação de opressão militar de um Estado sobre uma nação que procura alcançar sua independência estatal" (*CC*, 3, 43). Gramsci não se refere à possibilidade de aplicar esse terceiro momento às relações de força entre as classes sociais, embora essa possibilidade não esteja explicitamente excluída.

Em seguida, sempre como contribuição metodológica à análise das relações de força, Gramsci reafirma uma posição já citada em textos pré-carcerários e em outras passagens dos *Cadernos* (em particular, *CC*, 3, 46 e ss.), segundo a qual "pode-se excluir que, por si mesmas, as crises econômicas imediatas produzam eventos fundamentais; podem apenas criar um terreno mais favorável à difusão de determinados modos de pensar, de pôr e de resolver as questões que envolvem todo o curso subsequente da vida estatal" (*CC*, 3, 44). Contra o economicismo mecanicista, Gramsci sabe que "a ruptura do equilíbrio entre as forças não se deu por causas mecânicas imediatas [...], mas ocorreu no quadro de conflitos superiores ao mundo econômico imediato" (*CC*, 3, 45).

> [Portanto,] o elemento decisivo de cada situação é a força permanentemente organizada e há muito tempo preparada, que se pode fazer avançar quando se julga que uma situação é favorável [...]. Por isso, a tarefa essencial consiste em dedicar-se de modo sistemático e paciente a formar essa força, desenvolvê-la, torná-la cada vez mais homogênea, compacta e consciente de si. (*CC*, 3, 46)

O momento decisivo da dinâmica das relações de força se dá assim no nível político e ideológico, ainda que com base em determinações econômicas.

Finalmente, na conclusão do parágrafo que estamos analisando, Gramsci recorda sua adesão à undécima das Teses sobre Feuerbach, de Marx, ou seja, ao inelinimável vínculo entre teoria e práxis. Vamos relembrar um texto gramsciano já anteriormente citado: "Tais análises [de situações, das relações de força] não podem e não devem ser fins em si mesmas [...], mas só adquirem um significado se servem para justificar uma atividade prática, uma iniciativa de vontade" (*CC*, 3, 38). Portanto, para Gramsci, não se trata só de analisar as situações, mas também de transformá-las.

6.4. Vontade coletiva

Desde seu período juvenil, Gramsci insistiu no papel da vontade na construção de uma ordem social e política. Como todos recordam, em seu célebre artigo escrito em dezembro de 1917, depois de definir a revolução bolchevique como uma "revolução contra *O capital*" e afirmar que os bolcheviques teriam superado as "incrustações positivistas e naturalistas" que ele supunha estarem presentes no próprio Marx, Gramsci escreve:

> [O] máximo fator da história não [são] os fatos econômicos, brutos, mas o homem, a sociedade dos homens, dos homens que se aproximam uns dos outros, entendem-se entre si, desenvolvem através desses contatos (civilização) uma vontade social, coletiva, e compreendem os fatos econômicos, e os julgam, e os adequam à sua vontade, até que essa vontade se torne o motor da economia, a plasmadora da realidade objetiva, a qual vive, e se move, e adquire o caráter de matéria telúrica em ebulição, que pode ser dirigida para onde a vontade quiser, do modo como a vontade quiser.[5]

Essa ideia de uma "vontade social, coletiva", que tem um papel determinante na criação da realidade social, embora seja diretamente influenciada pelo neoidealismo de Croce e sobretudo de Gentile, assemelha-se ao contratualismo de Rousseau. Cabe recordar que, também no Rousseau do *Contrato social* – um autor ao qual Gramsci se refere poucas vezes, seja nos escritos pré-carcerários, seja nos *Cadernos* –, pode-se encontrar, em uma posição central no conjunto de seu pensamento, o conceito de "*volonté générale*", ou seja, de "vontade geral"[6].

O conceito de "vontade geral" se manifesta em Rousseau, como no jovem Gramsci, com uma forte conotação idealista, ou seja, como a afirmação de um dever ser ético contraposto à "materialidade" dos interesses particulares, os quais seriam capazes de gerar apenas a "vontade de todos" e não a vontade geral. Não é casual que Kant tenha valorizado em alto grau essa formulação de Rousseau. Mas cabe recordar que uma crítica materialista a essa posição rousseauniana aparece de modo explícito já no jovem Marx, em seu escrito

---

[5] Antonio Gramsci, *Escritos políticos*, cit., v. 1, p. 127.
[6] Jean-Jacques Rousseau, "Du contrat social", em *Oeuvres complètes*, cit., v. 3, p. 320. Sobre o conceito de vontade geral em Rousseau e Hegel, ver, respectivamente, p. 17 e 41 desta coletânea, mas também Carlos Nelson Coutinho, "Vontade geral e democracia em Rousseau, Hegel e Gramsci", em *Gramsci: um estudo sobre seu pensamento político*, cit., p. 223-53.

de 1844, *Sobre a questão judaica*, no qual é rechaçada a divisão entre *citoyen* e *bourgeois*, presente tanto em Rousseau como em seus discípulos jacobinos[7]. Contudo, é preciso lembrar que, com essa posição voluntarista, o jovem Gramsci reagia às "incrustações positivistas e naturalistas" que caracterizavam não o pensamento de Marx, como ele então supunha, mas certamente o chamado "marxismo da Segunda Internacional".

Mas, se Gramsci tivesse se mantido fiel a essa "onipotência" da vontade, não teria ido além de Rousseau, nem tampouco do neoidealismo de Croce e Gentile, que tinha como base não a dialética objetiva de Hegel, mas aquela subjetiva de Fichte. Em seu pensamento da maturidade, ou seja, nos *Cadernos*, Gramsci completa sua plena assimilação do materialismo histórico, que ele chamará mais tarde de "filosofia da práxis". Como consequência dessa conquista teórica, ele se torna capaz de tratar o conceito de vontade coletiva – que permanece central em suas reflexões – em outro nível de concretude. O momento teleológico da ação humana aparece agora organicamente articulado com o momento causal-genético. A vontade coletiva continua a ter um papel importante na construção da ordem social, porém não mais como "plasmadora" da realidade, mas como um momento decisivo que se articula dialeticamente com as determinações que provêm da realidade objetiva, em particular das relações sociais de produção.

Para esse amadurecimento, Gramsci certamente se valeu não só de uma leitura mais aprofundada de Marx, mas também de um contato mais estreito com o pensamento de Hegel. Com efeito, o conceito de vontade geral ou universal tem um importante papel na reflexão hegeliana, mas aqui com uma ênfase diversa daquela de Rousseau. Enquanto para o pensador genebrino a vontade geral resulta do esforço ético dos cidadãos para pôr o interesse geral acima do interesse particular, o que Hegel chama de "*die objektive Will*" é o resultado um pouco fatalista do próprio movimento do Espírito. Tanto é assim que Hegel diz – e cito-o explicitamente – que "a vontade objetiva é o que é em si racional no seu conceito, seja ele reconhecido ou não, querido ou não, pelo capricho do singular"[8]. Creio que Gramsci propõe nos *Cadernos* uma posição que supera dialeticamente tanto o subjetivismo de Rousseau quanto o objetivismo de Hegel.

Vejamos alguns exemplos que parecem confirmar essa minha hipótese. A noção de "vontade coletiva" (frequentemente qualificada como "vontade coletiva nacional-popular") encontra seu mais extenso tratamento no longo § 1 do caderno 13. Analisando o papel do "moderno Príncipe", do partido político

---

[7] Karl Marx, *Sobre a questão judaica*, cit.
[8] G. W. F. Hegel, *Linhas fundamentais da Filosofia do direito. Terceira parte: a eticidade, Terceira seção: o Estado* (Campinas, Unicamp, 1998), § 258, p. 28.

revolucionário, na construção da "vontade coletiva nacional-popular", ou seja, de uma nova hegemonia, Gramsci sublinha – como não o fizera em sua juventude – a dupla determinação da vontade.

Por um lado, ele reafirma o papel ativo da vontade, afastando-se assim daqueles que, em certo sentido, na trilha de Hegel, entendem a vontade coletiva como algo que se impõe de maneira objetiva, "espontânea". Parece-me que reside precisamente aqui o núcleo de sua crítica a Georges Sorel (um autor com o qual flertara na juventude) e à concepção soreliana do "mito". Diz Gramsci:

> É verdade que, para Sorel, o "mito" não encontrava sua expressão maior no sindicato, como organização de uma vontade coletiva, mas na ação prática do sindicato e de uma vontade coletiva já atuante, ação prática cuja máxima realização deveria ser a greve geral, isto é, uma "atividade passiva", por assim dizer, ou seja, de caráter negativo e preliminar [...] *que não prevê uma fase própria "ativa e construtiva"*. [...] A solução era abandonada ao impulso do irracional, do "arbitrário" (no sentido bergsoniano de "impulso vital"), ou seja, da "espontaneidade" [...]. Nesse caso, pode-se ver que se supõe por trás da espontaneidade um puro mecanicismo, por trás da liberdade (arbítrio-impulso vital) um máximo de determinismo, por trás do idealismo um materialismo absoluto. (*CC*, 3, 14-5; grifo meu)

O papel do "moderno Príncipe", ao contrário, é *construir de modo ativo* uma nova vontade coletiva. Aqui se sublinha com força precisamente o momento da direção consciente, em oposição à mera espontaneidade. Em consequência, Gramsci não critica apenas Sorel, mas todos os que não veem "que se deva criar uma vontade coletiva *ex novo*, original, orientada para metas concretas e racionais, mas de uma concreção e racionalidade ainda não verificadas e criticadas por uma experiência histórica efetiva e universalmente conhecida" (*CC*, 3, 16).

Mas, por outro lado, Gramsci observa que as metas da vontade devem ser "concretas" e "racionais", ou seja, devem ser teleologicamente projetadas a partir de e levando em conta as condições objetivas postas pela realidade histórica. É o que parece resultar, com ainda maior clareza, da seguinte passagem:

> O moderno *Príncipe* deve ter uma parte dedicada ao *jacobinismo* (no significado integral que essa noção teve historicamente e deve ter conceitualmente), como exemplificação do modo pelo qual se formou concretamente e atuou uma vontade coletiva que, pelo menos em alguns aspectos, foi criação *ex novo*, original. E é preciso também definir a vontade coletiva e a vontade política em geral no sentido moderno, *a vontade como consciência operosa da necessidade histórica*, como protagonista de um drama histórico real e efetivo. (*CC*, 3, 16-7; grifo meu)

Portanto, só "em alguns aspectos" a vontade coletiva é "criação *ex novo*", já que é também, e ao mesmo tempo, "consciência operosa da necessidade histórica". Temos aqui a articulação entre teleologia e causalidade, entre os momentos subjetivos e objetivos da práxis humana, da qual a vontade é elemento ineliminável. A vontade coletiva que se torna "protagonista de um drama histórico real e efetivo" – ou seja, que se torna um momento ontologicamente constitutivo do ser social – é aquela caracterizada por essa dupla determinação, subjetiva e objetiva. É aqui que Gramsci me parece superar dialeticamente – no sentido de conservar, mas também de levar a um nível superior – as concepções de vontade geral tanto de Rousseau como de Hegel, marcadas, respectivamente, por uma unilateralidade subjetivista e objetivista. Essa superação passa, decerto, pela assimilação por Gramsci da herança de Marx.

Essa nova concepção da vontade, agora formulada num nível mais explicitamente filosófico, aparece de modo ainda mais claro em outro contexto, no qual Gramsci se propõe esclarecer "o que é a filosofia". Diz ele:

> Para escapar ao solipsismo, e, ao mesmo tempo, às concepções mecanicistas que estão implícitas na concepção do pensamento como atividade receptiva e ordenadora, deve-se colocar o problema de modo "historicista" e, simultaneamente, colocar na base da filosofia a "vontade" (em última instância, a atividade prática ou política), *mas uma vontade racional, não arbitrária, que se realiza na medida em que corresponde às necessidades objetivas históricas,* isto é, em que é a própria história universal no momento da sua realização progressiva. Se essa vontade é inicialmente representada por um indivíduo singular, a sua racionalidade é atestada pelo fato de ser ela acolhida por um grande número, e acolhida permanentemente, isto é, de se tornar uma cultura, um "bom-senso", uma concepção do mundo, com uma ética conforme à sua estrutura. (*CC*, 1, 202; grifo meu)

Gramsci propõe aqui uma concepção da vontade identificada, "em última instância", com a atividade política, capaz de superar tanto o idealismo subjetivo quanto o materialismo mecanicista vulgar, os quais veem apenas, respectivamente, ou a determinação subjetiva ou aquela objetiva da vontade.

Cabe assinalar que, no quadro geral dessa articulação dialética de teleologia e causalidade, Gramsci nos fornece diversos exemplos de manifestação histórica da "vontade coletiva". Aquela em que ele mais insiste é a manifestação da "vontade coletiva" como "elemento" da democracia. Falando da diferença entre a evolução histórica da Itália e da França, numa passagem em que pela segunda vez utiliza o termo "vontade coletiva" nos *Cadernos*, ele observa:

> Pode-se encontrar o testemunho da origem da diferenciação histórica entre Itália e França no Juramento de Estrasburgo (cerca de 841), ou seja, no fato de que o povo participa ativamente da história (o povo-exército), tornando-se o fiador da observância dos tratados entre os descendentes de Carlos Magno; o povo-exército dá essa garantia "jurando em vulgar", isto é, introduz na história nacional sua língua,

assumindo uma função política de primeiro plano, *apresentando-se como vontade coletiva, como elemento de uma democracia nacional*. (*CC*, 5, 230; grifo meu)

O lado negativo dessa relação entre vontade geral e democracia é que, segundo Gramsci, a ausência dessa vontade leva a um despotismo burocrático. Ele observa:

> [Com] *a ausência de uma democracia real, de uma real vontade coletiva nacional* e, portanto, em face dessa passividade dos indivíduos, [manifesta-se] a necessidade de um despotismo mais ou menos aberto da burocracia. A coletividade deve ser entendida como produto de uma elaboração de vontade e pensamento coletivos, obtidos através do esforço individual concreto, e não como resultado de um processo fatal estranho aos indivíduos singulares: daí, portanto, a obrigação da disciplina interior, e não apenas daquela exterior e mecânica. (*CC*, 2, 232; grifo meu)

Mas a formação de uma vontade coletiva pode também ter origem na ação de um líder carismático. Nesse caso, porém, essa vontade coletiva, mesmo que possa afirmar sua existência, é frágil. Criticando a teoria do líder carismático de Weber e, sobretudo, de Michels, Gramsci escreve:

> Mas terá existido ou não no passado o homem-coletivo? Existia sob a forma da direção carismática, para citar Michels: isto é, obtinha-se uma vontade coletiva sob o impulso e a sugestão imediata de um "herói", de um homem representativo; *mas essa vontade coletiva era devida a fatores extrínsecos, compondo-se e decompondo-se continuamente.* (*CC*, 3, 260; grifo meu)

Em outras palavras, essa aparência de vontade coletiva suscitada pelo líder carismático deve-se à espontaneidade e não à direção consciente. Esta última resulta da ação do "Príncipe moderno", ou seja, do partido revolucionário das classes subalternas. Essa posição é reafirmada por Gramsci quando, comentando Maquiavel, afirma que, nas sociedades modernas, o ator político não é mais o indivíduo e sim o partido (*CC*, 3, 16).

Deve-se recordar que vontade coletiva em Gramsci é identificada com o tradicional conceito de soberania ou, mais precisamente, é posta como base da ação do legislador, ou seja, do soberano. Primeiro ele afirma:

> que o legislador individual (deve-se entender legislador individual não só no caso restrito da atividade parlamentar-estatal, mas também em qualquer outra "atividade individual" que pretenda, em esferas mais ou menos amplas da vida social, modificar a realidade segundo certas diretrizes) jamais pode desenvolver ações "arbitrárias", anti-históricas, porque sua iniciativa, uma vez efetivada, atua como uma força em si no círculo social determinado, provocando ações e reações que são intrínsecas a esse círculo, além de intrínsecas ao ato em si; 2). que todo ato legislativo, ou de vontade

diretiva e normativa, deve também e especialmente ser avaliado objetivamente, em virtude das consequências efetivas que poderá ter [...].

Em seguida conclui que:

> [...] nenhum legislador pode ser visto como indivíduo, salvo abstratamente e por comodidade de linguagem, porque, na realidade, expressa uma determinada vontade coletiva disposta a tornar efetiva sua "vontade", que só é "vontade" porque a coletividade está disposta a dar-lhe efetividade; 4) [...] portanto, qualquer indivíduo que prescinda de uma vontade coletiva e não procure criá-la, suscitá-la, ampliá-la, reforçá-la, organizá-la, é simplesmente um pretensioso, um "profeta desarmado", um fogo-fátuo. (*CC*, 3, 298-9)

Para concluir, cabe lembrar ainda que, em Gramsci, o conceito de "vontade coletiva" está estreitamente ligado ao de "reforma intelectual e moral", ou seja, à questão da hegemonia. Com efeito, para o pensador sardo, uma das mais importantes tarefas do "moderno Príncipe", ou seja, do partido revolucionário, é precisamente:

> Ser o anunciador de uma reforma intelectual e moral, que é o terreno para um novo desenvolvimento da vontade coletiva nacional popular, no terreno de uma forma completa e total de civilização moderna. Realmente, o moderno Príncipe deveria limitar-se a estes dois pontos fundamentais: formação de uma vontade coletiva nacional popular, cuja expressão ativa e atuante é, exatamente, o moderno Príncipe, e reforma intelectual e moral. (*CC*, 6, 377)

7. Os conceitos políticos de Gramsci segundo Valentino Gerratana

7.1.

Valentino Gerratana é conhecido e admirado mundialmente como responsável pela edição crítica dos *Cadernos do cárcere*[1], a qual, desde a data de sua publicação (1975), tornou-se não só uma referência obrigatória para os estudiosos de Gramsci em todo o mundo, mas também a base para as muitas edições dos *Cadernos* publicadas em um número cada vez maior de línguas e países. Menos conhecida, ao contrário, é a importante contribuição de Gerratana para a correta leitura de alguns conceitos gramscianos fundamentais. Sem pretender esgotar o tema, apresento aqui alguns elementos da leitura de Gerratana dos conceitos mais explicitamente políticos de Gramsci.

Antes de mais nada, porém, é preciso fazer uma observação metodológica. Ao contrário do que parecia sugerir a velha edição temática, Gramsci não escreveu livros de filosofia, sociologia, ciência política, teoria literária etc., ou seja, seguindo a divisão departamental do saber que há muito vigora em nossas universidades. A edição crítica nos mostra com clareza que Gramsci, como marxista, adota o ponto de vista da totalidade, o que significa que, para ele, como para Marx e Engels, nós "conhecemos uma única ciência, a ciência da história"[2]. Mesmo quando fala de modo positivo de uma "ciência da política" – por exemplo, quando propõe a formulação das características diferenciadoras de uma ciência política própria da filosofia da práxis, ou seja, do marxismo –, Gramsci diz logo depois que ela é caracterizada precisamente pela abordagem

---

[1] Antonio Gramsci, *Quaderni del carcere*, cit. Sobre essa e outras edições dos *Cadernos* de Gramsci, ver p. 79 desta coletânea.
[2] Karl Marx e Friedrich Engels, *A ideologia alemã*, cit., p. 86.

histórica com que desenvolve seus conceitos[3]. Portanto, não é casual que ele defina o marxismo (ou a filosofia da práxis) como um *historicismo absoluto*. Não é preciso insistir no fato de que Gerratana, também ele marxista, sabe muito bem que Gramsci não era um "politólogo" acadêmico, tanto que, quando expõe os conceitos políticos do autor dos *Cadernos*, não os separa de modo algum dos demais conceitos (sobretudo "filosóficos") criados pelo comunista sardo, como se pode ver nos ensaios de que falarei em seguida[4].

Entre os conceitos do pensamento político de Gramsci analisados por Gerratana, ocupam lugar central os de revolução e hegemonia. Isso se explica não só pela importância que esses conceitos têm na "ciência política da filosofia da práxis" de Gramsci, mas também porque é precisamente a noção de hegemonia que permite a ele "articular e desenvolver o conceito marxiano de revolução"[5]. Portanto, não se trata de dois conceitos escolhidos aleatoriamente entre tantos outros, mas de dois complexos problemáticos intimamente articulados entre si e que permitem determinar o núcleo central da reflexão política gramsciana. Creio que o conceito mais concreto presente na obra de Gramsci – que é concreto porque, para citar o Marx da *Introdução* de 1857, é a síntese de múltiplas determinações – é o de Estado ampliado ou integral[6]. Ora, como Gerratana nos mostra, os conceitos de Estado e de revolução – tal como em Marx, Engels e Lenin – estão intimamente articulados na reflexão de Gramsci.

---

[3] "A inovação fundamental introduzida pela filosofia da práxis na ciência da política e da história é a demonstração de que não existe uma 'natureza humana' abstrata, fixa e imutável (conceito que certamente deriva do pensamento religioso e da transcendência), mas que a natureza humana é o conjunto das relações sociais historicamente determinadas, ou seja, um fato histórico verificável, dentro de certos limites, com os métodos da filologia e da crítica. Portanto, a ciência política deve ser concebida em seu conteúdo concreto (e também em sua formulação lógica) como um organismo em desenvolvimento" (Antonio Gramsci, *Cadernos do cárcere*, Rio de Janeiro, Civilização Brasileira, 2000, v. 3, p. 56; esta edição será citada a seguir como *CC*, seguido do número do volume e da página).

[4] Tomarei em consideração os seguintes ensaios de Gerratana: "Sul concetto di 'rivoluzione'" e "Le forme dell'egemonia", ambos em Valentino Gerratana, *Gramsci: problemi di metodo* (Roma, Editori Riuniti, 1997), p. 83-118 e 119-26; "Stato, partito, strumenti e istituti dell'egemonia nei *Quaderni del carcere*", em vários autores, *Egemonia, Stato, partito in Gramsci* (Roma, Editori Riuniti, 1977), p. 37-53; e "Il concetto di egemonia nell'opera di Gramsci", em Giorgio Baratta e Andrea Cattone (eds.), *Antonio Gramsci e il "progresso intellettuale di massa"* (Milão, Unicopli, 1995), p. 141-7.

[5] Valentino Gerratana, "Sul concetto di 'rivoluzione'", cit., p. 100.

[6] Gerratana diz que, para tentar "ampliar o papel político das massas", Gramsci "precisa de um conceito ampliado de Estado", como condição para "conceber um processo de ampliação das democracias, em conexão com o conceito de hegemonia" (Valentino Gerratana, "Stato, partito, strumenti e istituti dell'egemonia nei *Quaderni del carcere*", cit., p. 48).

Antes de prosseguir, é preciso observar que Gerratana começa reafirmando que Gramsci é um revolucionário e não um simples reformista. Essa afirmação, que por muito tempo parecia uma coisa óbvia – as polêmicas se referiam apenas ao que Gramsci entendia por revolução –, é hoje recusada por não poucos intérpretes de Gramsci. Há até quem diga que ele é o teórico da "inutilidade da revolução"[7] e afirme mesmo que o americanismo é, para o pensador sardo, uma "terceira via democrática" entre o comunismo e o fascismo[8]! Portanto, não é inútil chamar a atenção sobre a atualidade dessa formulação de Gerratana, ainda que seja óbvia para qualquer leitor que respeite a letra dos textos de Gramsci.

7.2.

Mas, se Gramsci é indubitavelmente um revolucionário, Gerratana nos recorda com ênfase que o conceito de revolução se modifica ao longo da evolução do pensamento do autor sardo. Uma coisa é seu conceito juvenil de revolução, baseado num voluntarismo subjetivista, do qual o principal exemplo é o famoso "A revolução contra *O capital*"[9]; outra é o que Gerratana chama de "teoria orgânica da revolução"[10], que se manifesta, segundo ele, já na época de *L'Ordine Nuovo*[11].

Gerratana caracteriza de modo muito preciso os traços fundamentais desse conceito juvenil de revolução; além disso, mostra sua relação orgânica com as concepções filosóficas do jovem Gramsci, que estava convencido de que em

---

[7] São, por exemplo, inteiramente insustentáveis, à luz não só do espírito, *mas da letra* dos textos gramscianos, as seguintes afirmações: "[Gramsci] começa a captar [...] a necessidade de abandonar o esquema leniniano classe-organização-revolução, agora inadequado a uma realidade mundial marcada não pelas dificuldades que a revolução eventualmente encontraria, mas pela sua *inatualidade (ou mesmo inutilidade)*, pondo-se agora o problema do governo da economia de mercado" (Marcello Montanari, introdução de Antonio Gramsci, *Pensare la democrazia: antologia dei Quaderni del carcere,* Turim, Einaudi, 1997, p. XI). E o mesmo autor não hesita em afirmar, alguns anos depois: "É assim superada por Gramsci toda imagem do presente como fase última (ou senil) do capitalismo [...]. Ao contrário, é definida uma visão da 'revolução' (*termo que, neste ponto, aparece inadequado, ou mesmo inútil*) como processo constitutivo de uma nova subjetividade" (Marcello Montanari, *Studi su Gramsci: americanismo, democrazia e teoria della storia nei Quaderni del carcere*, Lecce, Pensamultimidia, 2002, p. 119-20). Em ambos os casos, os grifos são meus.

[8] Marcello Montanari, *Studi su Gramsci*, cit.

[9] Antonio Gramsci, *Escritos políticos*, cit., p. 126-30.

[10] Valentino Gerratana, "Sul concetto di 'rivoluzione'", cit., p. 88.

[11] Sem negar a presença em Gramsci de pelo menos dois conceitos de revolução, não estou seguro de que essa "teoria orgânica" já esteja presente na época de *L'Ordine Nuovo*; ela me parece adquirir esse caráter verdadeiramente "orgânico" – e propriamente gramsciano – apenas nos *Cadernos*.

Marx existiam "incrustações positivistas". Como recorda Gerratana, o revolucionário sardo acreditava então no "primado da vontade humana sobre os processos objetivos das relações econômicas, que Gramsci reivindica com intransigência idealista, ainda que com acentos de ascendência mais kantiana e fichtiana que hegeliana"[12]. Com base nessa visão idealista, a concepção desse primeiro Gramsci considera a revolução como um mero ato de vontade, como uma "ruptura definitiva" com o passado. Sempre segundo Gerratana, o jovem Gramsci não sabia ainda distinguir entre "subversivo" e "revolucionário"; nesse momento de sua evolução, era-lhe estranha a distinção, feita por Marx, entre revolução como meio (que eventualmente se vale da violência) e como fim (ou seja, como época histórica, conforme a expressão de Marx no prefácio de 1859, um texto utilizado várias vezes nos *Cadernos*). A teoria gramsciana da revolução, ainda segundo Gerratana, teria sido modificada no período de *L'Ordine Nuovo*, em consequência precisamente da influência de Lenin, que teria induzido Gramsci a levar em conta as condições objetivas nas quais opera a ação da vontade.

É importante lembrar aqui o modo pelo qual Gerratana trata a relação entre Marx e Lenin, por um lado, e Marx e Gramsci, por outro: o editor dos *Cadernos* recusa tanto a afirmação de uma mera continuidade entre esses pensadores quanto a ideia de que Gramsci tenha criado uma teoria inteiramente original, que nada teria a ver nem com Marx nem, sobretudo, com Lenin. Permito-me citar aqui duas observações de Gerratana. Sobre Marx, ele diz: "Portanto, paradoxalmente, parece que a mais acentuada ligação com Marx termina por levar Gramsci além do próprio Marx [...]. Porém, ao mesmo tempo, Gramsci sente a necessidade de pôr a questão do vínculo entre sua nova pesquisa e os pressupostos teóricos do marxismo"[13]. Sobre Lenin, ele observa que, "na reflexão dos *Cadernos*, a insistência nas referências a Lenin como *teórico da hegemonia*" tem como fundamento "uma interpretação global de Lenin que se baseia mais no espírito do que na letra dos escritos leninianos"[14]. Podemos assim dizer que, para Gerratana, a relação de Marx e Lenin com Gramsci é uma relação de conservação/renovação, ou seja, uma relação de superação dialética (de *Aufhebung*, no sentido hegeliano da expressão).

Para Gerratana, o que Gramsci aprendeu com Lenin foi sobretudo a necessidade de fundar a vontade revolucionária sobre uma análise realista das condições objetivas. Foi assim que, através de Lenin, Gramsci assume a

---

[12] Valentino Gerratana, "Sul concetto di 'rivoluzione'", cit., p. 91. São de grande significação as observações de Gerratana sobre a teoria da revolução em Marx, que, ao contrário de Gramsci, teria assumido desde a sua juventude uma posição claramente antivoluntarista.

[13] Ibidem, p. 109.

[14] Idem, "Le forme dell'egemonia", cit., p. 119.

verdadeira lição metodológica de Marx, que não é certamente um positivista, tampouco um herdeiro de Fichte. O conceito idealista de vontade, próprio do jovem Gramsci, sofre agora uma mudança substantiva. Gerratana afirma de modo preciso:

> Depois de ter abandonado a ilusão idealista de uma onipotência da vontade, ou seja, uma concepção da vontade como pura energia do espírito, Gramsci compreende que só é possível apoiar-se no elemento subjetivo da vontade quando esse apoio for guiado pelo conhecimento.[15]

E cabe sublinhar: não é que Gramsci tenha abandonado a dimensão da vontade como elemento essencial da revolução e da ação humana em geral – ele jamais se tornou um positivista! –, mas sabe agora que a vontade é eficaz somente quando tem como fundamento uma "consciência operosa da necessidade histórica" (CC, 3, 17)[16].

Segundo Gerratana, é precisamente essa relação orgânica entre vontade e conhecimento das condições objetivas que distingue uma autêntica revolução daquilo que Gramsci chamou de "revolução passiva". Depois de ter caracterizado com precisão os traços fundamentais da concepção gramsciana de revolução passiva, diz Gerratana: "Alternativa à 'revolução passiva' é, para Gramsci, a iniciativa revolucionária, [que] é destinada ao fracasso, devendo ceder lugar à 'revolução passiva', quando não está apoiada numa avaliação realista das condições objetivas"[17].

Essa "avaliação das condições objetivas" implica necessariamente o reconhecimento de que o Estado burguês, sem perder os traços repressivos indicados por Marx, Engels e Lenin, adquiriu novas determinações na época em que Gramsci desenvolve suas reflexões. Gerratana recorda as formulações de Gramsci sobre a ampliação do Estado, visto agora como "ditadura + hegemonia", "dominação + direção", "coerção + consenso". É precisamente essa nova característica do Estado que define o novo conceito gramsciano de revolução, baseado não mais apenas na "guerra de movimento" (como foi o caso da revolução bolchevique), mas também e sobretudo na "guerra de posição", na qual a luta pela hegemonia – por uma "reforma intelectual e moral" – ocupa um papel decisivo[18].

---

[15] Idem, "Sul concetto di 'rivoluzione'", cit., p. 116.

[16] Gerratana deixa claro: "O que caracteriza Gramsci como pensador revolucionário não é a exaltação da vontade em geral [...], mas a busca das condições em que pode se formar uma vontade coletiva permanente", idem).

[17] Idem.

[18] Ibidem, p. 117.

7.3.

Revela-se aqui a relação orgânica que, na opinião de Gerratana, Gramsci estabelece entre revolução e hegemonia. E é precisamente por isso que o editor dos *Cadernos* dedica uma atenção especial ao conceito de hegemonia, sobre o qual, como vimos, escreve pelo menos três importantes ensaios[19].

Como ocorre com frequência na literatura gramsciana, também Gerratana parte da ligação entre os conceitos de hegemonia em Lenin e Gramsci[20]. E, também nesse caso, ele evita a falsa polaridade entre um Gramsci meramente repetidor de Lenin e um Gramsci antileninista. A concordância entre os dois revolucionários, em relação ao conceito de hegemonia, decorre do fato de que ambos concebem a hegemonia como superação do corporativismo, ou seja, como elevação da consciência de classe do particular ao universal[21]. Além disso, nem Lenin nem Gramsci opõem a presença da hegemonia ao fato de que todo Estado tem uma dimensão coercitiva (ou ditatorial). Mas essa concordância essencial não anula o fato de que Gramsci tem uma leitura muito particular de Lenin e de sua herança. Gerratana recorda:

> Ao contrário de uma tradição consolidada, que atribuía a Lenin o fato de ter revalorizado o conceito marxiano de ditadura do proletariado, a importância teórica de Lenin [para Gramsci] situa-se em outro ponto: em ter complementado esse conceito (a teoria do Estado-força) com a doutrina da hegemonia.[22]

Nesse sentido, embora não tenha plena consciência disso, Gramsci vai além de Lenin. No revolucionário russo, a noção de hegemonia certamente introduz um novo elemento na concepção da estratégia revolucionária (sobretudo a necessidade de uma aliança entre o proletariado e os camponeses) – um elemento não presente no marxismo da Segunda Internacional –, mas essa noção não modifica sua concepção do Estado, o qual, na trilha das afirmações de Marx e Engels na época do *Manifesto*, continua identificado apenas com seus aparatos repressivos[23]. Ao contrário, como Gerratana reafirma sempre, Gramsci concebe o Estado como unidade dialética de coerção e consenso, de dominação e direção, de ditadura e hegemonia.

---

[19] Ver nota 4.

[20] Convencem pouco os argumentos de Franco Lo Piparo (*Lingua, intellettuali, egemonia in Gramsci*, Roma/Bari, Laterza, 1979) que tentam demonstrar que o conceito gramsciano de hegemonia deriva não de Lenin (e do marxismo em geral), mas da linguística.

[21] Valentino Gerratana, "Sul concetto di 'rivoluzione'", cit., p. 119-20.

[22] Ibidem, p. 122.

[23] Ver, entre muitos outros textos, Vladimir I. Lenin, *O Estado e a revolução* (São Paulo, Global, 1987).

E isso leva a uma decisiva novidade teórica: enquanto Lenin se concentra apenas na hegemonia do proletariado, Gramsci elabora – nas precisas palavras de Gerratana – "*uma teoria geral da hegemonia* [...] que envolve tanto a hegemonia proletária quanto a hegemonia burguesa, e, em geral, toda relação de hegemonia"[24]. Isso significa que a hegemonia não é em Gramsci apenas um conceito estratégico (a luta pela hegemonia se torna certamente um momento essencial da nova teoria gramsciana da revolução socialista), mas também um conceito analítico, que lhe permite analisar diferentes formas de supremacia de classe, do *Risorgimento* ao fascismo, do governo soviético ao americanismo.

É essa generalização que leva Gerratana à sua mais importante contribuição à leitura da teoria gramsciana da hegemonia, ou seja, à afirmação de que, "para Gramsci, as formas históricas da hegemonia não são sempre as mesmas e variam de acordo com a natureza das forças sociais que exercem a hegemonia. Hegemonia do proletariado e hegemonia burguesa não podem ter as mesmas formas nem utilizar os mesmos instrumentos"[25]. Partindo da noção de que hegemonia em Gramsci implica o consenso (ou seja, direção e não dominação), Gerratana desenvolve ulteriormente essa formulação, ao afirmar que a principal distinção entre as duas formas de hegemonia é que, enquanto a burguesa se baseia num consenso passivo (ou manipulado), a do proletariado tem necessidade de um consenso ativo.

Gerratana especifica sua distinção. Com relação à hegemonia burguesa, diz:

> Uma classe que consegue dirigir e não só dominar, numa sociedade baseada economicamente na exploração, é obrigada a se servir de formas de hegemonia que ocultem essa situação e mistifiquem essa exploração; tem necessidade, portanto, de formas de hegemonia capazes de produzir um consenso manipulado. [...] Diversa é a situação da classe operária em luta por sua própria hegemonia. Enquanto a hegemonia burguesa [...] deve esconder de algum modo a realidade, o primeiro interesse do proletariado é precisamente a revelação dos enganos ideológicos que ocultam a dialética da realidade.[26]

Mas, além dessa distinção entre o engano e a verdade, quais seriam as formas institucionais da hegemonia proletária, fundada sobre um consenso ativo? Gerratana sabe que, "nos *Cadernos*, não encontramos uma configuração exata dessas novas formas de hegemonia", mas observa, ao mesmo tempo chamando a

---

[24] Valentino Gerratana, "Le forme dell'egemonia", cit., p. 122; grifo meu.

[25] Ibidem, p. 123. Trata-se de uma afirmação retomada tanto em "Stato, partito, strumenti e istituti dell'egemonia nei *Quaderni del carcere*", cit., quanto em "Il concetto di egemonia nell'opera di Gramsci", cit.

[26] Idem, "Le forme dell'egemonia", cit., p. 124.

atenção para um princípio geral, que "essa nova forma de hegemonia [é] educação permanente para o autogoverno"[27], uma concepção que – sempre segundo Gerratana e, nesse caso, com razão – já está presente na época de *L'Ordine Nuovo*. E essa noção decisiva de autogoverno se traduz, para Gerratana, no fato de que Gramsci "se esforça para definir uma estratégia que torne possível a extensão da área da hegemonia e a redução da área da coerção"[28]. E também recorda que, para Gramsci, o partido "é o instituto-chave, *embora não o único*, da nova forma de hegemonia"[29].

Temos aqui indicações precisas para imaginar as formas políticas do que Gramsci chamou de "sociedade regulada", um eficiente pseudônimo para comunismo. Mas, revelando sua instigante visão do comunismo como uma sociedade aberta, Gerratana diz: "Dado que a realidade social está em permanente transformação, a hegemonia do proletariado não poderá jamais ser conquistada de uma vez para sempre"[30].

7.4.

Gerratana lembra e concorda com o fato de que "os comunistas [italianos] jamais cederam à tentação de transformar o pensamento de Gramsci numa espécie de 'gramscismo', de doutrina pronta e acabada, oficialmente codificada"[31]. Mas isso não significa que esqueça a contribuição decisiva que Gramsci pode ainda trazer para a luta pelo socialismo nas condições criadas depois de sua morte. Se Gramsci não é suficiente, é certamente necessário. Nas palavras de Gerratana:

> Portanto, a hegemonia do proletariado não pode ser hoje buscada com base nos conhecimentos específicos que Gramsci havia formulado com as análises e experiências de classe de sua época, mas só renovando os esforços de conhecimento necessários para compreender a realidade de hoje. Tais esforços, porém, não seriam sequer possíveis, ou seriam inadequados e insuficientes, se fossem deixadas de lado as conquistas permanentes da pesquisa teórica gramsciana.[32]

---

[27] Idem, "Stato, partito, strumenti e istituti dell'egemonia nei *Quaderni del carcere*", cit., p. 51.
[28] Ibidem, p. 48.
[29] Ibidem, p. 51; grifo meu.
[30] Idem, "Il concetto di egemonia nell'opera di Gramsci", cit., p. 146.
[31] Idem, "Stato, partito, strumenti e istituti dell'egemonia nei *Quaderni del carcere*", cit., p. 37-8.
[32] Idem, "Il concetto di egemonia nell'opera di Gramsci", cit., p. 146.

Portanto, se é permissível uma conclusão sumária, diria que é esta a lição de Gerratana leitor de Gramsci: devemos certamente ir além de Gramsci, mas não o faremos de modo adequado se não permanecermos firmemente ancorados em seu pensamento.

8. Lukács e Gramsci: apontamentos preliminares para uma análise comparativa

Para José Paulo Netto

Parece-me indiscutível que György Lukács e Antonio Gramsci são, pelo menos desde a morte de Lenin, os dois maiores pensadores marxistas do século XX. Embora a bibliografia sobre os dois seja imensa (em particular aquela sobre Gramsci, que resistiu melhor do que Lukács à onda antimarxista que acompanhou a hegemonia do neoliberalismo e do chamado pensamento pós-moderno), são muito poucos os ensaios dedicados exclusivamente a uma comparação entre eles, na qual se discutam seus possíveis pontos de convergência e divergência[1].

Essa análise comparativa entre os dois gigantes do marxismo é certamente necessária para estimular o que o filósofo húngaro chamava de "renascimento do marxismo", condição para preparar a "filosofia da práxis" (o belo pseudônimo que Gramsci, tentando evitar a censura, encontrou para "materialismo histórico") para o enfrentamento dos desafios do século XXI. Tal análise requer um esforço ciclópico, que não me proponho desenvolver aqui, nem mesmo de modo sumário. O que o leitor vai ler em seguida são somente apontamentos preliminares, que, além de recordar os poucos momentos em que os dois

---

[1] Certamente, não são poucos os livros e ensaios que falam de Gramsci *e* Lukács, sem que isso implique uma comparação sistemática entre eles. Especificamente sobre o tema, recordo dois pequenos ensaios: Michael Löwy, "Gramsci e Lukács: em direção a um marxismo antipositivista", em *Romantismo e messianismo* (São Paulo, Edusp/Perspectiva, 1990), p. 97-110; e Guido Oldrini, "Gramsci e Lukács avversari del marxismo della Seconda Internazionale", em *I compiti della intellettualità marxista* (Nápoles, La Città del Sole, 2000), p. 69-89. Há em húngaro uma coletânea de ensaios, organizada por Tibor Szabó, intitulada *Ellenszélben: Gramsci és Lukács – ma* (Szeged, Szegedi Lukács Kör, 1993), que, por razões óbvias, não pude consultar. Recentemente foi publicado um livro de Emiliano Alessandroni (*La rivoluzione estetica di Antonio Gramsci e György Lukács*, Saonara, Il prato, 2011), dedicado a uma comparação entre nossos dois autores no específico terreno da estética; apesar do seu interesse, contudo, este livro não me parece aprofundar suficientemente os problemas que aborda.

autores se referem um ao outro, indicam alguns dos tópicos que, a meu ver, merecem ser objeto de atenção numa análise comparativa de maior fôlego.

8.1.

A primeira coisa a observar é que, embora Lukács e Gramsci militassem no movimento comunista ligado à Terceira Internacional, não houve nenhum contato pessoal e direto entre eles. Além disso, em suas obras, eles falam muito pouco um do outro. Isso me parece justificável no caso de Gramsci, o qual – preso em 1926 e morto em 1937 – não tinha como tomar conhecimento da obra da maturidade de Lukács ou mesmo dos primeiros ensaios publicados no início de seu exílio moscovita. É menos justificável no caso de Lukács, que viveu até 1971 e, em consequência, poderia ter lido e estudado a primeira edição temática dos *Cadernos do cárcere*, publicada na Itália entre 1948 e 1951 e traduzida para diferentes línguas (mais acessíveis a Lukács, que não lia bem o italiano) nos anos subsequentes.

Gramsci fala de Lukács (grafado como Lukácz) uma única vez nos *Cadernos*, num parágrafo escrito provavelmente entre outubro e novembro de 1930 (um texto A) e reescrito, sem modificações essenciais na parte que se refere a Lukács, entre agosto e final de 1932 (um texto C)[2]. Nele, parece óbvio que Gramsci se refere ao famoso livro lukacsiano *História e consciência de classe*, publicado em 1923, que foi duramente criticado pelas ortodoxias tanto da Segunda quanto da Terceira Internacionais.

É certo que Gramsci não conhecia diretamente o livro de Lukács[3]. No mencionado texto A, ele diz explicitamente que "conhece suas teorias [de Lukács] muito vagamente", e, tanto aqui como no texto C, exprime seus comentários de modo cautelosamente dubitativo: "[Lukács] pode estar errado e pode ter razão". Com toda probabilidade, ele tomou conhecimento da obra somente através da dura condenação a que foi submetida por parte da direção da Terceira Internacional e de alguns filósofos soviéticos. Isso parece confirmado pelo fato de se referir ao "*prof.* Lukácz", que era precisamente o modo irônico como seus acusadores o nomeavam. Mas cabe observar que, quando admite a possibilidade de Lukács

---

[2] Para a distinção entre os textos A e C nos *Cadernos*, ver "Sobre os *Cadernos do cárcere* e suas edições", p. 79 desta coletânea.

[3] O jovem Gramsci conheceu provavelmente alguns breves textos políticos de Lukács, um dos quais ("A questão do parlamentarismo") teve um pequeno fragmento publicado em *L'Ordine Nuovo*, ano II, n. 5, 12 jun. 1920, atribuído a György Lukácz (também aqui com z). Para um registro documentado do conhecimento que Gramsci tinha de Lukács e de sua obra nessa época, ver Antonio Gramsci, *Prison Notebooks* (ed. J. A. Buttigieg, Nova York, Columbia University Press, 1996), v. 2, p. 565-7.

"ter razão", ele se distancia da condenação feita ao filósofo húngaro em nome de uma concepção do marxismo que será fortemente rechaçada nos parágrafos dos *Cadernos* dedicados ao *Ensaio popular*, de Nikolai Bukharin.

A menção a Lukács é feita no contexto de uma discussão sobre a noção de "objetividade" e envolve a questão da dialética da natureza. Gramsci diz:

> Deve-se estudar a posição do prof. Lukácz em face da filosofia da práxis. Parece que Lukácz afirma que só se pode falar de dialética para a história dos homens e não para a natureza. Pode estar errado e pode ter razão. Se sua afirmação pressupõe um dualismo entre a natureza e o homem, está errado, já que cai numa concepção da natureza própria da religião e da filosofia greco-cristã, bem como do idealismo, que não consegue unificar e relacionar o homem e a natureza mais do que verbalmente. Mas, se a história humana deve também ser concebida como história da natureza (também através da história da ciência), então como a dialética pode ser separada da natureza? Talvez Lukácz, reagindo às teorias barrocas do *Ensaio popular*, tenha caído no erro oposto, numa espécie de idealismo.[4]

No prefácio autocrítico da primeira reedição autorizada de sua obra juvenil, escrito em 1967[5], Lukács parece concordar implicitamente com a parte negativa desse juízo gramsciano. É interessante observar que Gramsci prossegue – num trecho que não aparece na primeira edição temática dos *Cadernos* – com a seguinte afirmação:

> É certo que em Engels (*Anti-Dühring*) encontram-se muitos motivos que podem levar aos desvios do *Ensaio* [de Bukharin]. Esquece-se que Engels, embora tenha trabalhado muito tempo na obra prometida para demonstrar a dialética como lei cósmica, deixou escassos materiais sobre ela; e exagera-se ao afirmar a identidade de pensamento entre os dois fundadores da filosofia da práxis. (*CC*, 1, 167)

Não são poucas as passagens em que Lukács – não só em *História e consciência de classe*, mas também em suas últimas obras ontológicas[6] – toma distância da concepção da dialética em Engels e a diferença daquela de Marx. Temos aqui um ponto de convergência entre Gramsci e Lukács que merece ser explorado.

É também sumário o conhecimento textual da obra de Gramsci por Lukács. O nome do pensador italiano só aparece nas obras e entrevistas do filósofo húngaro nos últimos anos de sua longa vida. Não há dúvida de que só tardiamente

---

[4] Antonio Gramsci, *Cadernos do cárcere*, cit., v. 1, p. 167; a seguir citado no corpo do texto como *CC*, seguido do número do volume e da página.
[5] G. Lukács, prefácio (1967) de *História e consciência de classe*, cit., p. 1-50.
[6] Ver, por exemplo, G. Lukács, *Prolegômenos para uma ontologia do ser social*, cit.

ele tomou conhecimento direto dos textos gramscianos. Indagado por Leandro Konder sobre sua opinião a respeito de Gramsci, Lukács – em carta datada de 9 de agosto de 1963 – afirma explicitamente: "Sobre Gramsci, não me ocupei diretamente dos seus escritos"[7]. Lukács continuou sem se manifestar sobre o autor dos *Cadernos* ao longo dessa correspondência, ainda que novamente instado a fazê-lo por mim, em carta de 23 de outubro de 1963[8].

Mais tarde, contudo, Gramsci é mencionado com simpatia, mas também com restrições. No capítulo da chamada grande *Ontologia* (uma obra concluída em 1969) dedicado ao "problema da ideologia", Lukács diz:

> Gramsci fala de um duplo significado do termo "ideologia". Em sua interessante argumentação, contudo, não podemos deixar de observar uma carência: ele contrapõe a superestrutura necessária apenas às ideias arbitrárias dos indivíduos singulares. Tem o mérito, porém, de ter evidenciado o duplo significado que aparece sempre como pano de fundo desse importantíssimo termo. Mas, infelizmente, torna-se logo após vítima de uma abstração convencional.[9]

A observação de Lukács é bastante imprecisa e, além do mais, não explicita bem qual seria essa suposta "abstração convencional". Todavia, malgrado essa relativa incompreensão, Lukács e Gramsci – como veremos em seguida – possuem teorias da ideologia essencialmente convergentes.

Em entrevistas concedidas pouco antes de morrer, Lukács voltou a falar de Gramsci. Numa delas, publicada só postumamente, Lukács afirma:

> Nos anos 1920, Korsch, Gramsci e eu tentamos, cada qual a seu modo, enfrentar o problema da necessidade social e da sua interpretação mecanicista, que era a herança da Segunda Internacional. Herdamos esse problema, mas nenhum de nós — *nem mesmo Gramsci, que era talvez o melhor de nós todos* — pôde resolvê-lo. Todos nos equivocamos.[10]

Aqui se pode ver que, ao lado do elogio ("era talvez o melhor de nós todos"), há também a condenação sumária ("todos nos equivocamos"). Porém, o mais curioso é que Lukács inclui Gramsci "nos anos 1920", parecendo assim ignorar que o essencial da obra teórica de Gramsci foi escrito na primeira metade

---

[7] Leandro Konder e Carlos Nelson Coutinho, "Correspondência com G. Lukács", em Maria Orlanda Pinassi e Sérgio Lessa (orgs.), *Lukács e a atualidade do marxismo* (São Paulo, Boitempo, 2002), p. 142.

[8] Ibidem, p. 146.

[9] G. Lukács, *Per una ontologia dell'essere sociale*, cit., v. 2, p. 445.

[10] "Apêndice à entrevista de G. Lukács", em Emir Sader (org.), *Vozes do século: entrevistas da New Left Review* (São Paulo, Paz e Terra, 1997), p. 99; grifo meu.

dos anos 1930. Não me parece difícil concluir que, se Lukács finalmente teve no ocaso da vida um contato direto com textos de Gramsci, esse contato foi sumário e superficial.

8.2.

Contudo, malgrado esse conhecimento recíproco apenas parcial e problemático, não é difícil constatar importantes convergências entre nossos dois autores, antes de mais nada no plano das opções políticas: ambos se tornaram comunistas sob o impacto da Revolução de Outubro e continuaram comunistas até o fim de suas vidas. Mas tais convergências se manifestam também, ainda que de modo mais problemático, no plano da teoria.

Convergências teóricas se manifestam inicialmente de modo negativo, ou seja, no fato de que tanto nos escritos juvenis de Gramsci quanto nos textos políticos e filosóficos de Lukács logo após sua adesão ao comunismo está presente uma concepção idealista do marxismo. A superação dessa concepção idealista só aparece, no caso de Gramsci, em seus *Cadernos do cárcere*, cuja redação se inicia em 1929, e, no caso de Lukács, nos ensaios que o pensador húngaro começa a escrever a partir de 1930, depois de tomar conhecimento no exílio moscovita dos *Manuscritos econômico-filosóficos*, de Marx, e dos *Cadernos filosóficos*, de Lenin[11].

Um exemplo emblemático do idealismo juvenil de Gramsci é o seu famoso artigo "A revolução contra *O capital*", de 1917, no qual o revolucionário sardo saúda com entusiasmo a revolução bolchevique, com o mesmo entusiasmo manifestado pelo Lukács recém-convertido ao marxismo. Depois de afirmar corretamente que o "máximo fator da história não [são] os fatos econômicos, brutos, mas o homem, a sociedade dos homens, dos homens que se aproximam uns dos outros", Gramsci diz, para concluir:

---

[11] Como as rupturas nunca são drásticas, podem-se já apontar tendências à superação do idealismo tanto em textos de Gramsci anteriores à sua prisão (ocorrida em 1926) quanto naqueles que Lukács escreveu a partir de *Moses Hess e a dialética idealista* (curiosamente, publicado também em 1926; ver G. Lukács, *Scritti politici giovanili 1919-1928*, Bari, Laterza, 1972, p. 246--310). Há um esboço de autocrítica no Gramsci da maturidade quando, referindo-se a seus escritos juvenis, ele diz "Eu escrevi que [...] a filosofia crociana podia ser a premissa de uma retomada da filosofia da práxis em nossos dias, para as nossas gerações. A questão era apenas aludida, de maneira certamente primitiva e evidentemente inadequada, já que, naquela época, o conceito de unidade entre teoria e prática, entre filosofia e política, não me era claro, e eu era, sobretudo, tendencialmente crociano" (*CC*, 1, 304). As autocríticas de Lukács foram bem mais explícitas e reiteradas: além do prefácio citado na nota 5, ver, entre vários outros textos, G. Lukács, "Meu caminho para Marx", em *Socialismo e democratização: escritos políticos 1956-1971*, cit., p. 37-54.

[esses homens] desenvolvem [...] uma vontade social, coletiva, e compreendem os fatos econômicos, e os julgam, e os adequam à sua vontade, *até que essa vontade se torne o motor da economia, a plasmadora da realidade objetiva, a qual vive, e se move, e adquire o caráter de matéria telúrica em ebulição, que pode ser dirigida para onde a vontade quiser, do modo como a vontade quiser.*[12]

Afirmações desse tipo encontram-se em muitos outros artigos gramscianos do período.

O Lukács da mesma época revela uma tendência não menor ao idealismo voluntarista. Na primeira versão do seu famoso ensaio "O que é o marxismo ortodoxo?", publicada em 1919 num pequeno volume sugestivamente intitulado *Tática e ética*, Lukács não hesita em dizer: "*A decisão precede os fatos* [...]. E todo marxista ortodoxo [...] responderá [...] aos marxistas vulgares que queiram lhe contrapor os 'dados de fato' com as palavras de Fichte [...]: 'Tanto pior para os fatos!'"[13]. A melhor caracterização desse período de sua produção teórica, que se estende de 1919 a (pelo menos) 1926, é dada pelo próprio Lukács no prefácio autocrítico que escreveu para uma reedição de suas primeiras obras marxistas[14]. Embora reconheça elementos positivos em *História e consciência de classe*, em particular a insistência no ponto de vista da totalidade como princípio metodológico do marxismo, Lukács – com base em sua concepção madura da ontologia do ser social – afirma, referindo-se à sua obra juvenil:

> A economia torna-se estreita quando se elimina dela a categoria marxista fundamental: o trabalho como mediador do metabolismo entre a sociedade e a natureza. [...] Com isso, a concepção da práxis revolucionária adquire nesse livro [*História e consciência de classe*] um caráter excessivo, o que correspondia à utopia messiânica própria do comunismo de esquerda da época, mas não à autêntica doutrina de Marx.[15]

---

[12] Antonio Gramsci, *Escritos políticos*, cit., v. 1, p. 127; grifo meu.

[13] G. Lukács, "Che cos'è il marxismo ortodosso", em *Scritti politici giovanili*, cit., p. 37. Na versão revista desse ensaio, presente em *História e consciência de classe*, cit., p. 63-104, essa passagem "fichtiana" foi eliminada, o que já indica uma relativa tendência de Lukács à superação do idealismo, pelo menos em sua forma extremamente subjetivista.

[14] Idem, *Frühschriften II. Geschichte und Klassenbewusstsein* (Neuwied/Berlim, Luchterhand, 1968). Além de *História e consciência de classe*, esse volume das *Werke* contém um grande número de escritos da primeira fase marxista de Lukács.

[15] Idem, *História e consciência de classe*, cit., p. 15 e 17. É desnecessário recordar que, apesar de seus pontos de contato, as obras juvenis de Gramsci e Lukács situam-se num nível qualitativo bastante diverso. Enquanto Gramsci escreveu artigos e ensaios certamente interessantes (tanto mais quando conhecemos sua produção da maturidade, os *Cadernos do cárcere*), Lukács produziu, com *História e consciência de classe*, uma das obras filosóficas mais importantes do século XX.

Mas, se o marxismo juvenil de Gramsci e Lukács é marcado por fortes traços idealistas, não é difícil perceber que tal idealismo tem uma justificação relativa: esse foi o modo encontrado pelos dois autores para se contrapor com ênfase ao marxismo positivista e determinista que predominou na época da Segunda Internacional. As críticas à interpretação positivista de Marx são explícitas na fase juvenil dos dois autores e permaneceriam ao longo de sua produção teórica da maturidade[16]. Além disso, ambos estão convencidos de que a leitura "idealista" da herança marxiana por eles proposta é aquela adequada ao movimento comunista que se inicia com a revolução bolchevique de 1917 e ao qual ambos aderiram com entusiasmo. Para lembrar uma metáfora de Lenin: ao tentar corrigir o bastão que estava excessivamente deslocado para a direita (para o positivismo), eles terminaram por colocá-lo excessivamente à esquerda (caindo no idealismo).

Mas, como se sabe, essa versão positivista do marxismo logo seria também adotada na Terceira Internacional[17]. A primeira manifestação significativa do que depois seria chamado de "marxismo soviético", amplamente dominante na era stalinista, aparece no *Tratado de materialismo histórico*, de Nikolai Bukharin, então um dos mais importantes dirigentes da Internacional Comunista e da União Soviética[18]. É importante registrar que tanto Gramsci quanto Lukács criticam duramente esse livro. O pensador italiano o criticou alguns anos após a publicação, nos *Cadernos do cárcere*, em notas redigidas no início dos anos 1930 (sobretudo *CC*, 1, 114-68). A crítica de Lukács, sob a forma de resenha, aparece já em 1925, três anos depois da publicação do *Tratado*, num momento

---

[16] Os ensaios de Michael Löwy e Guido Oldrini citados na nota 1 chamam a atenção precisamente para esse traço comum.

[17] Não é aqui o local para aprofundar o tema, mas parece-me que essa adoção foi facilitada pela recepção acrítica, sobretudo na era stalinista, de um livro do próprio Lenin. Em *Materialismo e empiriocriticismo* (Rio de Janeiro, Calvino, 1946), publicado originalmente em 1909, Lenin faz uma leitura da epistemologia marxista que tende ao materialismo vulgar. Somente em seus chamados cadernos filosóficos (ver, por exemplo, Vladimir I. Lenin, *Cadernos sobre a dialética de Hegel*, Rio de Janeiro, UFRJ, 2011), redigidos entre 1914 e 1916 e publicados somente em 1930, é que o grande revolucionário russo se apropria da dialética hegeliana e propõe preciosas indicações para uma leitura adequada da filosofia marxista. Não é casual que, nesses cadernos, referindo-se provavelmente também a seus escritos filosóficos anteriores a 1914, Lenin diga com ênfase: "Não se pode compreender plenamente *O capital* de Marx, e particularmente seu primeiro capítulo, sem ter estudado e compreendido *toda a Lógica* de Hegel. Portanto, meio século depois de Marx, *nenhum marxista o compreendeu!*" (Vladimir I. Lenin, *Cadernos sobre a dialética de Hegel*, cit., p. 132; o segundo grifo é meu).

[18] O livro foi publicado em 1922 e imediatamente traduzido em várias línguas, tornando-se a principal referência "filosófica" para o movimento comunista, pelo menos até fim dos anos 1920, quando Stalin rompe com Bukharin. Há uma tardia edição brasileira desse livro: *Tratado de materialismo histórico*, Rio de Janeiro, Laemmert, 1970.

em que este era apresentado pelos ambientes ligados à Terceira Internacional como uma bíblia do materialismo histórico[19].

A devastadora crítica de ambos é convergente em pontos essenciais[20]. Para os dois pensadores, Bukharin não supera o materialismo burguês ("vulgar") e confunde técnica e relações sociais. Diz Lukács:

> A teoria de Bukharin, que se aproxima consideravelmente do materialismo burguês das ciências naturais, [...] termina assim frequentemente, em sua aplicação concreta à sociedade e à história, por cancelar o elemento decisivo do método marxista, ou seja, *o que consiste em subsumir todos os fenômenos da economia e da "sociologia" às relações sociais entre os homens*. A teoria ganha assim a marca de uma falsa objetividade: torna-se fetichista.[21]

Vai no mesmo sentido a formulação de Gramsci quando observa que, no *Tratado*, "a função histórica do 'instrumento de produção e de trabalho' [...] substitui o conjunto das relações sociais de produção" (*CC*, 1, 138). E o autor dos *Cadernos* prossegue:

> No *Ensaio* [ou seja, no *Tratado*], inexiste qualquer tratamento da dialética. [...] Essa ausência [...] pode ter duas origens. A primeira pode ser constituída pelo fato de se supor que a filosofia da práxis esteja cindida em dois elementos: uma teoria da história e da política entendida como sociologia, isto é, a ser construída segundo o método das ciências naturais (experimental no sentido vulgarmente positivista), e uma filosofia propriamente dita, que seria o materialismo filosófico ou metafísico ou mecânico (vulgar). (*CC*, 1, 142-3)

Cabe observar que, nessa crítica comum ao "marxismo" de Bukharin, estão presentes alguns traços fundamentais das concepções teóricas maduras de Gramsci e Lukács. E, ao contrário do que afirmam muitos analistas (sobretudo da obra lukacsiana), a grandeza e a atualidade dos dois pensadores não resultam de seus exercícios juvenis, mas das reflexões contidas em suas obras da maturidade. Em seu belo livro sobre Lukács, Guido Oldrini observa:

> As teses gramscianas e lukacsianas que mais contam são fruto não de sua juventude, mas de sua maturidade de pensamento; e essa maturidade surgiu e se consolidou em

---

[19] G. Lukács, "N. Bucharin: Teoria del materialismo storico", em *Scritti politici giovanili*, cit., p. 187-202. [Ed. bras.: "Tecnologia e relações sociais", em vários autores, *Bukharin, teórico marxista*, Belo Horizonte, Oficina do Livro, 1989, p. 41-51].

[20] Para um interessante paralelo entre as duas críticas, ver Aldo Zanardo, "Il manuale di Bucharin visto dai comunisti tedeschi e da Gramsci", em vários autores, *Studi gramsciani*, cit., p. 337-68.

[21] G. Lukács, "N. Bucharin", cit., p. 191; grifo do autor.

ambos, mediatizada por circunstâncias diversas, somente no curso dos anos 1930, ou seja, depois que ambos deixaram para trás, com expressa ou latente autocrítica, o peso morto de seu idealismo juvenil.[22]

8.3.

A maturidade dos nossos dois autores se consolida, no caso de Gramsci, nos *Cadernos do cárcere*, escritos entre 1929 e 1935, e, no caso de Lukács, em suas obras posteriores a 1926, mas sobretudo a 1930. Independentemente de suas divergências, algumas das quais indicaremos a seguir, tanto Gramsci quanto Lukács se empenham em superar suas posições idealistas da juventude e encontrar uma correta fundação materialista e dialética para suas reflexões. Em outras palavras, buscam colocar o bastão da metáfora leniniana no centro, elaborando um correto *tertium datur* entre o materialismo vulgar e o idealismo. Essa busca, sobretudo no caso de Gramsci, nem sempre foi bem-sucedida. Na obra madura do pensador italiano, ainda que só marginalmente (e no terreno específico da teoria do conhecimento), continuam presentes, como veremos, alguns elementos de seu idealismo juvenil. Mas limitações em sentido inverso podem igualmente ser apontadas, como também veremos, na produção teórica da maturidade de Lukács.

Decerto, esses traços idealistas são essencialmente superados nas reflexões ontológicas de Gramsci sobre o ser social: em seus principais conceitos, sobretudo nos que dizem respeito à esfera da política, Gramsci articula de modo adequado as categorias de teleologia e causalidade, de universal e particular, de liberdade e determinismo, num sentido muito próximo daquele que Lukács formularia em suas obras ontológicas tardias[23]. Além disso, ambos atribuem ao conceito de práxis (Gramsci chega mesmo a definir o marxismo como uma "filosofia da práxis") uma posição central em suas reflexões[24]. Nesse terreno ontológico, portanto, não é difícil constatar a presença de muitas e fundamentais convergências entre nossos dois autores.

Ao contrário, são fortes as divergências entre ambos no terreno da teoria do conhecimento. Num sentido muito próximo daquele que Lukács defendia

---

[22] Guido Oldrini, *György Lukács e i problemi del marxismo del Novecento* (Nápoles, La Città del Sole, 2009), p. 149.

[23] Sobre a presença dessas categorias nas reflexões de Gramsci, ver os capítulos 5, 6 e 7 desta coletânea.

[24] Certamente, a afirmação de que o trabalho – base do metabolismo entre o homem e a natureza – é "o modelo de toda práxis social" é muito mais presente em Lukács do que em Gramsci, que se concentra, como veremos, nas formas mais desenvolvidas de práxis – em particular na práxis interativa que caracteriza a esfera da política –, sem vinculá-las diretamente ao trabalho.

na época de *História e consciência de classe*, Gramsci continua a se manifestar, também nos *Cadernos*, contrário à teoria do reflexo, ou seja, à afirmação de que o conhecimento humano é um reflexo da realidade objetiva que existe independentemente da nossa consciência. Essa rejeição tem uma justificação relativa quando se pensa nas concepções mecânico-fotográficas do reflexo, das quais não escapa nem mesmo o Lenin de *Materialismo e empiriocriticismo* (ao qual Gramsci jamais se refere). O autor dos *Cadernos* insiste corretamente, valendo-se em muitos casos das Teses sobre Feuerbach, de Marx, no papel ativo da subjetividade na construção do conhecimento, inclusive do conhecimento da natureza. Mas não há dúvida de que manifesta uma posição idealista em algumas passagens dos *Cadernos*, como, por exemplo, ao dizer que,

> quando se afirma que uma realidade existiria ainda que não existisse o homem, ou se faz uma metáfora ou se cai numa forma de misticismo. Conhecemos a realidade apenas em relação ao homem e, *como o homem é um devir histórico, também o conhecimento e a realidade são um devir*, também a objetividade é um devir etc. (*CC*, 1, 134; grifo meu)

Para a concepção materialista de Lukács, ao contrário, o homem e o conhecimento são um devir precisamente porque a realidade (natural e social) é um devir.

Uma posição idealista aparece também, pelo menos no que se refere ao conhecimento da natureza, quando Gramsci define seu conceito de objetividade: "Objetivo significa sempre 'humanamente objetivo', o que pode corresponder exatamente a 'historicamente subjetivo', isto é, objetivo significaria 'universal subjetivo'" (*CC*, 1, 134). É evidente que a lei da gravidade existia objetivamente antes que se tornasse um "universal subjetivo", ou mesmo antes que Newton a houvesse formulado. Não são poucas as passagens dos *Cadernos* nas quais Gramsci, reagindo ao materialismo vulgar de Bukharin, afirma posições tendencialmente idealistas no terreno da teoria do conhecimento[25]. Essa sua concepção de objetividade – entendida como o "universal subjetivo" – é certamente inadequada quando tentamos conceituar o modo peculiar pelo qual se dá a captação da objetividade nas ciências da natureza.

Ao contrário, uma das características fundamentais da obra madura de Lukács, que assinala sua superação das posições defendidas em *História e consciência de classe*, é precisamente a adoção explícita e reiterada da teoria do reflexo. Desde o início dos anos 1930, Lukács insiste que todas as formas de conhecimento – e, portanto, tanto a ciência quanto a arte – são reflexos da realidade objetiva, de

---

[25] Para uma avaliação menos sumária das concepções filosóficas de Gramsci, ver Carlos Nelson Coutinho, *Gramsci: um estudo sobre seu pensamento político*, cit., p. 102-18.

uma realidade que existe independentemente da consciência. Já num ensaio de 1934, ele afirmava enfaticamente algo que repetirá à exaustão em seus textos da maturidade: "A teoria do reflexo constitui o fundamento comum de *todas* as formas do domínio teórico e prático da realidade pela consciência humana. Portanto, é também o fundamento da teoria do reflexo artístico da realidade"[26]. Lukács sempre insistiu que esse reflexo não é mecânico-fotográfico, mas implica um papel ativo do sujeito, em particular do sujeito prático. É precisamente com base nessa definição não mecânica do reflexo que Lukács, por exemplo, distingue o realismo do naturalismo, uma distinção essencial em sua teoria estética da maturidade[27].

Contudo, a defesa dessa correta posição epistemológica nem sempre evitou – em particular nos ensaios situados entre os anos 1930 e 1950 – algumas concessões a uma concepção materialista vulgar da teoria do reflexo. Elas resultam, em grande parte, da aceitação acrítica, por parte de Lukács, das posições defendidas por Lenin em seu já citado *Materialismo e empiriocriticismo*. Por exemplo, num ensaio publicado na segunda metade dos anos 1940, dedicado precisamente à teoria leniniana do conhecimento, diz Lukács:

> Em *Materialismo e empiriocriticismo*, sua principal obra filosófica, Lenin dá uma definição clara da diferença, criada pela evolução histórica, que separa sua época da de Marx e Engels. A ideologia dos autores do *Manifesto Comunista* é um materialismo *dialético* e *histórico*, enquanto na época em que se situa a atividade de Lenin o centro de gravidade do problema se desloca: a evolução do pensamento está agora centrada num *materialismo* dialético e histórico.[28]

Ainda que introduza nesse ensaio várias qualificações dialéticas em sua peculiar teoria do reflexo (que não se encontram no livro citado de Lenin!), a adoção de uma falsa alternativa entre materialismo e dialética, pelo menos no que se refere à ênfase, revela uma fidelidade maior a *Materialismo e empiriocriticismo* do que ao método simultaneamente materialista e dialético de Marx e Engels. É curioso observar que Gramsci defende uma posição simetricamente inversa: "Foi esquecido que, numa expressão muito comum [materialismo histórico],

---

[26] G. Lukács, "Arte y verdad objetiva", em *Problemas del realismo* (México/Buenos Aires, Fondo de Cultura Económica, 1966), p. 11.

[27] Para a distinção entre realismo e naturalismo, ver, entre outros, os ensaios de G. Lukács, *Arte e sociedade. Escritos estéticos 1932-1967* (Rio de Janeiro, UFRJ, 2009) e *Marxismo e teoria da literatura* (São Paulo, Expressão Popular, 2010).

[28] G. Lukács, *Existencialismo ou marxismo?* (São Paulo, Ciências Humanas, 1979), p. 207; os grifos, evidentemente, são de Lukács. Cabe lembrar que, nesse momento, Lukács já conhecia os *Cadernos filosóficos* de Lenin, que haviam sido publicados em Moscou no início dos anos 1930, e, mesmo assim, continua dizendo que *Materialismo e empiriocriticismo* é "a principal obra filosófica" de Lenin.

dever-se-ia colocar o acento no segundo termo, 'histórico', e não no primeiro, de origem metafísica. A filosofia da práxis é o historicismo absoluto" (*CC*, 1, 155). Parece-me evidente que Lukács e Gramsci se situam aqui em extremos igualmente unilaterais. A meu ver, a solução correta do problema evocado deve ser encontrada num *tertium datur* que articule, sem privilégio de uma ou outra, as determinações *materialista* e *histórico-dialética* do método marxista, o que os dois pensadores quase sempre fazem em suas concretas reflexões filosóficas.

Somente em suas obras da última fase, em particular na *Estética* e na *Ontologia*, é que Lukács vai propor importantes inovações em sua teoria do reflexo, situadas certamente para além das esquemáticas formulações do Lenin de *Materialismo e empiriocriticismo*. Não me refiro apenas ao uso do conceito de *mímese* (que torna mais refinada a teoria do reflexo, em particular a do reflexo estético), mas sobretudo à distinção lukacsiana entre reflexo desantropomorfizador e reflexo antropomorfizador[29]. Para o filósofo húngaro, essa seria a principal diferença entre o reflexo científico e o reflexo artístico da realidade. Distinguindo-se do pensamento cotidiano, ingenuamente antropomórfico, a ciência se constituiria ao tentar captar a realidade do modo mais objetivo possível, ou seja, sem nenhum acréscimo ou projeção estranha ao objeto por parte do sujeito que conhece. Lukács não hesita mesmo em dizer que a matematização é o ideal (ainda que inalcançável) de toda ciência, *inclusive da filosofia e das ciências sociais*[30]. Na arte, ao contrário, Lukács afirma que a captação da realidade está sempre ligada ao sujeito: retomando uma expressão de Hegel (que ele adotara em *História e consciência de classe* como característica da consciência verdadeira do proletariado), o pensador húngaro diz mesmo que, nas objetivações estéticas, temos um sujeito-objeto idêntico, já que nelas se manifesta uma síntese do em-si e do para-nós, o que faz da obra de arte um ente para-si[31].

Sem negar a justeza essencial da distinção lukacsiana entre os dois tipos de reflexo, que certamente enriquece e desenvolve a teoria marxista do conhecimento, poderíamos levantar algumas questões: as características antropomorfizadoras que Lukács aponta nas objetivações estéticas não se manifestariam também, ainda que com modalidades diversas, na filosofia e nas ciências sociais? Não ocorreria também, nessas duas modalidades de reflexo da realidade, uma integração orgânica de sujeito e objeto, de modo que nelas também se dê uma relativa – apenas relativa! – unidade de sujeito e objeto? Ora, a afirmação dessa unidade é tanto mais plausível quando recordamos, *com o próprio Lukács das obras ontológicas*, que a atividade humana – e, portanto, o objeto das ciências sociais e da filoso-

---

[29] Idem, *Estetica*, cit., v. 1, p. 105-68 e passim.
[30] Ibidem, v. 1, p. 144.
[31] Ibidem, v. 2, p. 1053-111.

fia – apresenta duas modalidades de ser, ou, mais precisamente, de práxis, que poderíamos definir como *trabalho* e *interação*.

É certo que Lukács evita todo dualismo de matriz kantiana (reproduzido na formulação do problema em Habermas)[32] quando mostra que ambas as modalidades de ser social têm sua origem ontológico-genética no trabalho, no metabolismo entre o homem e a natureza, que ele considera "o modelo de toda práxis social"[33]. Mas essa posição unitária não deixa Lukács esquecer que temos aqui *uma unidade na diversidade*. Diz ele:

> [O trabalho se caracteriza por ser] um processo entre atividade humana e natureza: seus atos tendem a transformar alguns objetos naturais em valores de uso. [...] Já nas formas mais evoluídas de práxis social, ao lado desse tipo de ação, ganha destaque cada vez maior *a ação sobre outros homens*, a qual visa em última instância – mas somente em última instância – a mediar a produção de valores de uso. Também nesse caso, o fundamento ontológico-estrutural é constituído pelas posições teleológicas e pelas séries causais que elas põem em movimento. Mas o conteúdo essencial da posição teleológica, nesse segundo caso, é a tentativa de induzir outra pessoa (ou um grupo de pessoas), a formular e adotar, por sua vez, determinadas posições teleológicas. [Nesse caso], *a finalidade visada é, de imediato, a finalidade de outras pessoas.*[34]

Temos aqui, portanto, uma decisiva distinção entre duas modalidades de ação humana, ambas constitutivas do ser social em sua dimensão unitária, que poderíamos chamar, respectivamente, de *trabalho* e *práxis*. Precisamente com base na teoria do reflexo, seria de supor que o modo de conhecimento desses dois tipos de ação humana – ou seja, a ação sobre a natureza e a ação sobre outros homens – mobilizam diferentes modalidades de conhecimento, diversas em ambos os casos do conhecimento do ser natural (orgânico e inorgânico). O trabalho – o metabolismo entre o homem e a natureza – requer, sem dúvida, um reflexo desantropomorfizador da realidade; também deve ser desantropomorfizador o conhecimento preliminar dos móveis da ação dos outros homens ou grupos, sobre os quais quero exercer minha ação teleológica – como, aliás, bem sabia Maquiavel. Em ambos os casos, a objetividade é aquilo que se situa fora e independentemente do sujeito epistemológico, do sujeito que conhece, o qual tem como meta o reflexo de uma realidade exterior à sua consciência.

---

[32] Ver, entre muitas outras obras do autor, Jürgen Habermas, *Teoria de la acción comunicativa* (Madri, Taurus, 1987).
[33] G. Lukács, *Per una ontologia dell'essere sociale*, cit., v. 2, p. 55-99.
[34] Ibidem, p. 55-6; grifo meu.

Outra situação se dá quando busco determinar, com minha ação, a ação de outros homens. Nesse caso, devo recorrer ao meu poder de persuasão ou convencimento, mesmo quando recorro à coerção (devo convencer o outro de que é melhor se submeter ao meu desejo do que sofrer a coerção). Como, nesse caso, minha ação se exerce sobre a ação de outros homens – ou a ação de meu grupo se exerce sobre a ação de outros grupos –, temos o tipo de práxis que poderíamos chamar de interativa. Não é difícil, para os leitores dos *Cadernos*, perceber que é esse o tipo de práxis a que Gramsci se dedica, quase exclusivamente, em sua obra da maturidade. Os conceitos de catarse, de relações de força, de vontade coletiva, de hegemonia, de Estado integral e tantos outros referem-se a fenômenos do ser social que se situam na esfera da interação (ou da práxis) e não naquela do trabalho.

Depois dessa digressão, podemos retornar ao conceito gramsciano de "objetividade", ao qual já me referi. Se, como vimos, ele é evidentemente equivocado no que se refere às ciências da natureza e mesmo a alguns aspectos das ciências sociais, adquire um significado heurístico quando nos deparamos com formas de interação social, em particular as que têm lugar no terreno da política, que foi aquele ao qual Gramsci se dedicou mais de perto. Em outras palavras: se é equivocado no terreno da pura teoria do conhecimento, esse conceito de objetividade tem um inestimável valor no terreno da ontologia do ser social. Como já sabiam Hegel e Marx (e como reafirma o Lukács tardio), o ser social é formado pela íntima articulação dialética entre objetividade e subjetividade, entre causalidade e teleologia.

Tomemos o exemplo do conceito de hegemonia, um conceito central no pensamento de Gramsci. Existe "hegemonia" quando um grupo social obtém o consenso de outros grupos para suas propostas e, portanto, quando a ação teleológica do primeiro grupo incide com êxito naquela do segundo. Para que isso ocorra, é preciso que ambos os grupos partilhem concepções e valores comuns – ou seja, *nesse caso, torna-se objetivo precisamente aquilo que é "universalmente subjetivo"*. Sem o compartilhamento dessas concepções e valores, sem a criação dessa intersubjetividade, propostas como as da democracia e do socialismo, por exemplo, conservam-se no nível subjetivo das intenções, sem adquirir condições de se tornar uma efetiva objetividade social. É verdade – e Gramsci está consciente disso – que, para que haja a formação dessa "universalidade subjetiva", é preciso que estejam dadas na realidade, *independentemente da consciência e da vontade dos homens*, as condições que permitam sua conversão em objetividade. Mas essa conversão da potência em ato não ocorre sem a construção de uma intersubjetividade fundada na convergência de diferentes ações teleológicas.

É assim, com realismo, que Gramsci completa sua definição específica de objetividade, relacionando-a estreitamente com a história e a superação da sociedade de classes (que está na origem das ideologias no sentido pejorativo da expressão):

O homem conhece objetivamente na medida em que o conhecimento é real para todo o gênero humano *historicamente* unificado em um sistema cultural unitário; mas esse processo de unificação histórica ocorre com o desaparecimento das contradições internas que dilaceram a sociedade humana, contradições que são a condição da formação dos grupos e do nascimento das ideologias não universal-concretas, mas que envelhecem imediatamente, por causa da origem prática da sua substância. Há, portanto, uma luta pela objetividade (para libertar-se das ideologias parciais e falazes) e essa luta é a própria luta pela unificação cultural do gênero humano. O que os idealistas chamam de "espírito" não é um ponto de partida, mas de chegada: o conjunto das superestruturas em devir rumo à unificação concreta e objetivamente universal, e não um pressuposto unitário etc. (*CC*, 1, 134)

8.4.

Essa divergência epistemológica entre Gramsci e Lukács transforma-se em convergência quando ambos expõem seus respectivos conceitos de ideologia. Para ambos, embora sem que isso seja formulado de modo explícito, ideologia é precisamente o tipo de conhecimento que tem lugar na práxis interativa. Em outras palavras, ideologia não é para eles apenas "falsa consciência", mas também algo que interfere na construção da vida social e se torna assim uma realidade sócio-ontológica. Poderíamos mesmo dizer que, em sua concepção da ideologia, Lukács mostra ter visto – ainda que sem o reconhecer explicitamente – a distinção entre o conhecimento que tem lugar no trabalho e aquele que tem lugar na interação social.

Na tradição marxista, podemos constatar a presença de dois conceitos de ideologia, não contraditórios, mas certamente diversos: um de natureza epistemológica e outro de natureza ontológica. Essa dualidade já ocorre no próprio Marx. Em *A ideologia alemã*, o conceito tem a acepção de "falsa consciência", ou seja, aparece como a quase sempre involuntária deformação na captação da realidade, que resulta de um limitado ponto de vista de classe. Uma clara explicitação dessa primeira acepção de ideologia aparece em *O 18 de brumário*, quando Marx diz:

> Basta não cultivar a ideia estreita de que a pequena-burguesia tenha pretendido, por princípio, impor um interesse egoísta de classe. A social-democracia acredita, antes, que as condições *específicas* da sua libertação constituem as condições *gerais*, as únicas nas quais a sociedade moderna pode ser salva e a luta de classes evitada. Tampouco se deve imaginar que os representantes democratas eram todos *shopkeepers* [lojistas] ou os seus defensores entusiásticos. Por sua formação e situação individual, mundos podem estar separando os dois. O que os transforma em representantes do pequeno-burguês é o fato de não conseguirem transpor em suas cabeças os limites

que este não consegue ultrapassar na vida real e, em consequência, serem impelidos teoricamente para as mesmas tarefas e soluções para as quais ele é impelido na prática pelo interesse material e pela condição social. Essa é, em termos gerais, a relação entre os *representantes políticos* e *literários* de uma classe e a classe que representam.[35]

Nesse trecho, é fundamental a indicação de que a ideologia decorre não apenas da capitulação ante a espontaneidade imediata da vida, o aparecer fenomênico da economia, mas também da confusão – ligada àquela capitulação – entre o especial e o geral, o particular e o universal.

Contudo, uma concepção diversa aparece, entre outros, no famoso prefácio de 1859, tão frequentemente citado por Gramsci. Recordemos o que Marx diz nele:

> É preciso distinguir sempre entre as mudanças materiais ocorridas nas condições econômicas de produção e que podem ser apreciadas com a exatidão própria das ciências naturais *e as formas jurídicas, políticas, religiosas, artísticas ou filosóficas, numa palavra, as formas ideológicas em que os homens adquirem consciência desse conflito e lutam para resolvê-lo.*[36]

Ideologia se torna aqui, independentemente de sua veracidade ou falsidade epistemológicas, o *medium* cognoscitivo através do qual os homens interferem na realidade e a modificam. Apesar de condicionadas pelas "mudanças materiais ocorridas nas condições econômicas de produção", as "formas ideológicas" não são um mero epifenômeno, mas um elemento determinante da própria realidade social e da solução de suas contradições. Se a crença em Deus se torna um "universal subjetivo", nas palavras de Gramsci, Deus se converte numa realidade ontológico-social, que mobiliza a ação prática dos homens, independentemente do fato de estarmos diante de uma "falsa consciência" no plano epistemológico e da ontologia da natureza. Do mesmo modo, independentemente do fato de expressar no plano gnosiológico uma consciência verdadeira da realidade histórico-social, o marxismo só se torna uma realidade sócio-ontológica, com efetiva incidência na vida real dos homens, quando – nas palavras do jovem Marx – "se apodera das massas", ou seja, quando se torna um "universal subjetivo".

Desse modo, tanto Gramsci como Lukács, respectivamente nos *Cadernos* e nas duas versões da *Ontologia*, insistem nesse caráter ontológico-social da ideologia e a vinculam de modo explícito à práxis política enquanto ação

---

[35] Karl Marx, *O 18 de brumário de Luís Bonaparte*, cit., p. 63-4.
[36] Idem, prefácio [1859] de "Contribuição à crítica da economia política", em Karl Marx e Friedrich Engels, *Obras escolhidas*, cit., v. 1, p. 335; grifo meu.

interativa[37]. Com efeito, ao mostrar que filosofia é também uma ideologia, Gramsci define esta última como "unidade de fé entre uma concepção do mundo e uma norma de conduta adequada a ela [...]. É por isso, portanto, que não se pode separar a filosofia da política; ao contrário, pode-se demonstrar que a escolha e a crítica de uma concepção do mundo são, também elas, fatos políticos" (*CC*, 1, 96). No mesmo sentido, Lukács define a ideologia como algo que transcende o nível epistemológico e se liga diretamente à ação prática. Ele nos diz:

> Mesmo sendo uma forma de consciência, a ideologia não é absolutamente idêntica à representação cognitiva da realidade, mas – enquanto meio para enfrentar conflitos sociais – é eminentemente dirigida para a práxis, com esta partilhando, naturalmente no âmbito de sua própria especificidade, a orientação de transformar a realidade (e a defesa da realidade dada contra as tentativas de mudança tem a mesma estrutura prática).[38]

Portanto, nos dois pensadores, a ideologia aparece como algo que transcende o nível epistemológico e ganha uma explícita dimensão prática, ou seja, ontológico-social[39].

8.5.

Finalmente, cabe registrar uma importante diferença entre Gramsci e Lukács, que nesse caso não é uma divergência, mas antes uma escolha diferente do

---

[37] Comentando as reservas de Lukács ao conceito gramsciano de ideologia, Guido Oldrini sublinha o que considera uma convergência objetiva: "O que conta é a concordância [entre Gramsci e Lukács] no essencial: ao lado do seu significado corriqueiro [...], ou seja, de 'ilusão' ou 'falsa consciência', ideologia tem no marxismo também um outro e decisivo significado, o de 'instrumento da luta social'" (Guido Oldrini, *György Lukács*, cit., p. 319). Sem negar essa convergência no essencial, parece-me que Lukács é injusto quando diz que Gramsci manifesta "uma carência" ao contrapor "a superestrutura necessária apenas às ideias arbitrárias dos indivíduos singulares". Ao contrário, o que vemos no pensador italiano é uma rica fenomenologia das formas ideológicas, talvez a mais rica que encontramos na tradição marxista. Basta pensar no movimento que vai, no interior dessas formas ideológicas, do senso comum à "filosofia dos filósofos", passando pelo folclore, pelo bom-senso, pela arte, pela religião etc.

[38] György Lukács, *Per una ontologia dell'essere sociale*, cit., v. 2, p. 487.

[39] Outro ponto em que Gramsci e Lukács convergem – e que mereceria uma análise mais cuidadosa – é o conceito de "catarse". Essa convergência resulta do fato de que, em ambos, o conceito de "catarse" implica a passagem do particular ao universal, que é para eles um traço determinante da ontologia do ser social. O conceito assume em Gramsci uma dimensão essencialmente político-interativa (ver *CC*, 1, 314-5), enquanto em Lukács é usado para definir as esferas da ética e, sobretudo, da estética (ver G. Lukács, *Estetica*, cit., p. 762-94).

ponto focal de seus interesses teóricos, diferença decerto condicionada pelas condições concretas em que ambos atuaram. Como marxistas que adotam o ponto de vista da totalidade, ambos tratam das várias esferas do ser social, entre as quais a filosofia, a política e a arte. Já vimos as convergências e divergências que ocorrem entre suas respectivas concepções filosóficas. Mas, para além das reflexões estritamente "filosóficas", é fácil observar que, enquanto Gramsci elabora conceitos fundamentais no terreno do que ele chama de "ciência política da filosofia da práxis", Lukács desenvolve e sistematiza de preferência as categorias estéticas do marxismo.

Não há, em toda a obra marxista de Lukács, um tratamento teórico satisfatório da especificidade da política enquanto esfera relativamente autônoma do ser social. A preocupação do filósofo húngaro com a política, embora sempre decisiva em sua atuação prática, oscilou no plano teórico entre duas posições igualmente problemáticas: 1) ou a política é tratada num nível de abstração que a esvazia de sua especificidade concreta (como é claramente o caso em *História e consciência de classe* e sobretudo em seus escritos políticos imediatamente posteriores à sua adesão ao comunismo); 2) ou ele se limita a proclamar uma acrítica admiração pela personalidade e pela obra de Lenin, num movimento que vai desde os últimos ensaios de *História e consciência de classe* (superado o luxemburguismo residual ainda presente nos primeiros) até seu livro póstumo sobre a necessária democratização do socialismo, no qual todos os problemas de uma complexa formação social em crise parecem poder ser resolvidos mediante um "retorno a Lenin"[40]. Em sua ciclópica *Ontologia*, Lukács não dedica mais do que quarenta páginas à análise teórica da política[41] – e faz isso no quadro de uma discussão sobre a ideologia, quando, até mesmo de acordo com sua metodologia, deveria ser o contrário: a "prioridade ontológica" (para usar um importante conceito seu) cabe à política enquanto realidade interativa, e não à ideologia, que é a forma de consciência mobilizada pela práxis política[42].

Gramsci, ao contrário, elaborou uma autêntica ontologia materialista e dialética da práxis política: nos *Cadernos*, temos uma crítica ontológica da política que, em seus resultados teóricos, cumpre as indicações metodológicas da "crítica da economia política" marxiana, as mesmas que inspiraram, no plano

---

[40] György Lukács, "O processo de democratização", em *Socialismo e democratização: escritos políticos 1956-1971*, cit., p. 83-206. Essa fixação na herança de Lenin não anula o indiscutível valor teórico-político dessa obra tardia de Lukács.

[41] Idem, *Per una ontologia dell'essere sociale*, cit., v. 2, p. 482 e ss.

[42] Essa inversão da "prioridade ontológica" aparece claramente quando Lukács diz que pretende "determinar teoricamente [...] o lugar da política no campo da ideologia" (Ibidem, p. 482).

metodológico geral, a *Ontologia* de Lukács, ou seja, o tratamento dos fenômenos particulares a partir do ponto de vista da totalidade e da historicidade. Disso resulta em Gramsci um riquíssimo aparato categorial, que parte de Lenin, mas vai além dele, um aparato indispensável para a compreensão marxista da política; basta lembrar que Gramsci elabora uma nova teoria do Estado e da revolução, os conceitos de hegemonia e sociedade civil, de guerra de movimento e guerra de posição, de vontade coletiva, revolução passiva etc. etc.[43] Em vão procuraríamos na obra de Lukács inovações semelhantes.

Em troca, as interessantes observações de Gramsci sobre arte e literatura nem de longe se aproximam da riqueza categorial com que Lukács trata as questões da estética. Decerto, Gramsci teve a lucidez de recusar o sociologismo vulgar – tão frequentemente confundido com o marxismo – na análise da arte. Ele nos diz:

> Dois escritores podem representar (expressar) o mesmo momento histórico-social, mas um pode ser artista e o outro, simples borra-botas. Esgotar a questão limitando-se a descrever o que ambos representam ou expressam socialmente, isto é, resumindo, mais ou menos bem, as características de um determinado momento histórico-social, significa nem sequer aflorar o problema artístico. (*CC*, 6, 64-5)

Tampouco podemos deixar de lado suas sugestivas análises da literatura popular, como as muitas observações sobre os romances de folhetim. Mas Gramsci não nos fornece as categorias que permitam distinguir entre o verdadeiro artista e o simples borra-botas. Ao contrário, elas estão amplamente presentes em Lukács, quando ele nos fala das características do realismo (enquanto diverso do naturalismo e do formalismo), da natureza do típico na arte, da diferença entre narrar ou descrever, do papel central da particularidade no reflexo estético, da distinção entre reflexo antropomorfizador e desantropomorfizador etc. etc.

8.6.

Muito ainda poderia e deveria ser dito sobre a relação entre Lukács e Gramsci. Uma exaustiva análise comparativa entre eles parece-me absolutamente necessária, se quisermos superar os impasses com que se depara hoje o marxismo e prepará-lo para enfrentar os desafios da atualidade. Lukács e Gramsci são indiscutivelmente parte essencial daquele patrimônio que forma o ponto de partida para um renascimento do marxismo.

---

[43] Sobre a "crítica da política" em Gramsci e seus conceitos fundamentais, ver o capítulo 5 desta coletânea.

Estas anotações terão cumprido seu objetivo se tiverem convencido o leitor de que não se trata de escolher entre Gramsci *ou* Lukács, mas – sem esquecer suas divergências – de buscar encontrar os pontos de convergência que nos permitam superar os limites de ambos por meio de uma integração dialética entre seus pontos fortes (que são muitos!).

Origem dos textos

Os textos presentes neste livro foram publicados ou apresentados pela primeira vez, às vezes com títulos diferentes, nos seguintes locais:

1. Crítica e utopia em Rousseau – *Lua Nova: Revista de cultura e política*. São Paulo, Cedec, n. 38, 1996. p. 5-30.

2. Hegel e a dimensão objetiva da vontade geral – *Lua Nova: Revista de cultura e política*. São Paulo, Cedec, n. 43, 1998. p. 59-75.

3. O lugar do *Manifesto* na evolução da teoria política marxista – REIS FILHO, Daniel Aarão (org.). *O Manifesto Comunista 150 anos depois*. Rio de Janeiro/São Paulo, Contraponto/Fundação Perseu Abramo, 1997. p. 43-66.

4. Sobre os *Cadernos do cárcere* e suas edições – GRAMSCI, Antonio. *Cadernos do cárcere*. Rio de Janeiro, Civilização Brasileira, 1999. v. 1, p. 7-45.

5. O conceito de política nos *Cadernos* – COUTINHO, Carlos Nelson; TEIXEIRA, Andréa de Paula (orgs.). *Ler Gramsci, entender a realidade*. Rio de Janeiro, Civilização Brasileira, 2003. p. 67-82.

6. Verbetes para um dicionário gramsciano – LIGUORI, Guido; VOZA, Pasquale (orgs.). *Dizionario gramsciano 1926-1937*. Roma, Carocci, 2009. p. 105-7 (*catarsi*), 373-4 (*grande politica, piccola politica*), 687-90 (*rapporti di forza*) e 900-2 (*volontà colletiva*).

7. Os conceitos políticos de Gramsci segundo Valentino Gerratana [Le categorie politiche di Gramsci] – FORENZA, Eleonora; LIGUORI, Guido (orgs.). *Valentino Gerratana, "filosofo democratico"*. Roma, Carocci, 2011. p. 127-34.

8. Lukács e Gramsci: apontamentos preliminares para uma análise comparativa – texto inédito, desenvolvido a partir das notas apresentadas no seminário "György Lukács e a emancipação humana". Marília, Unesp, 17-21 de agosto de 2009.

Bibliografia

ALESSANDRONI, Emiliano. *La rivoluzione estetica de Antonio Gramsci e György Lukács*. Saonara, Il prato, 2011.

ALTHUSSER, Louis. Sobre el Contrato social. In: LEVI-STRAUSS, Claude et al. *Presencia de Rousseau*. Buenos Aires, Nueva Visión, 1972.

AVINERI, Shlomo. *Hegel's Theory of the Modern State*. Cambridge, Cambridge University Press, 1972.

BACZKO, Bronislaw. *Rousseau*: solitude et communauté. Paris/Haia, Mouton, 1974.

BARATTA, Giorgio. *Le rose e i quaderni*: saggio sul pensiero di Antonio Gramsci. Roma, Gamberetti, 2000.

BERLIN, Isaiah. *Quatro ensaios sobre a liberdade*. Brasília, Editora da Universidade de Brasília, 1981.

BERMAN, Marshall. *Tudo que é sólido desmancha no ar*: a aventura da modernidade. São Paulo, Companhia das Letras, 1986.

BOBBIO, Norberto. Esiste una dottrina marxistica dello Stato? In: _____. *Quale socialismo?* Turim, Einaudi, 1976.

BUKHARIN, Nikolai. *Tratado de materialismo histórico*. Rio de Janeiro, Laemmert, 1970.

BUTTIGIEG, Joseph A. Introduction. In: GRAMSCI, Antonio. *Prison Notebooks*, v. 1. Nova York, Columbia University Press, 1992. p. 1-64.

BUZZI, Arcângelo R. *La théorie politique d'Antonio Gramsci*. Louvain/Paris, Nauwelaerts, 1967.

CARDOSO, Fernando Henrique. *Democracia para mudar*. Rio de Janeiro, Paz e Terra, 1978.

CASSIRER, Ernst. *A questão Jean-Jacques Rousseau*. São Paulo, Unesp, 1999.

CERRONI, Umberto. *Teoria do partido político*. São Paulo, Ciências Humanas, 1982.

CLAUDÍN, Fernando. *Marx, Engels y la revolución de 1848*. Madri, Siglo XXI, 1976.

COLLETTI, Lucio. Rousseau critico della "società" civile. In: _____. *Ideologia e società*. Bári, Laterza, 1972.

COUTINHO, Carlos Nelson. Gramsci, o marxismo e as ciências sociais. In: _____. *Marxismo e política*. São Paulo, Cortez, 1994.

_____. *Gramsci*: um estudo sobre seu pensamento político. Rio de Janeiro, Civilização Brasileira, 1999.

_____. *Marxismo e política*. São Paulo, Cortez, 2008.

_____. Notas sobre cidadania e modernidade. In: _____. *Contra a corrente*: ensaios sobre democracia e socialismo. São Paulo, Cortez, 2008.

_____; KONDER, Leandro. Correspondência com G. Lukács. In: PINASSI, Maria Orlanda; LESSA, Sérgio (orgs.). *Lukács e a atualidade do marxismo*. São Paulo, Boitempo, 2002.

_____; _____. Nota sobre Antonio Gramsci. In: GRAMSCI, Antonio. *Concepção dialética da história*. Rio de Janeiro, Civilização Brasileira, 1966.

DANIELE, Chiara (ed.). *Togliatti editore di Gramsci*. Roma, Carocci, 2005.

DERATHÉ, Robert. *Jean-Jacques Rousseau et la science politique de son temps*. Paris, Vrin, 1979.

_____. *Le rationalisme de Jean-Jacques Rousseau*. Paris, PUF, 1948.

DURKHEIM, Émile. *Montesquieu et Rousseau*. Paris, Marcel Rivière, 1966.

EINAUDI, Mario. *Il primo Rousseau*. Turim, Einaudi, 1979.

ENGELS, Friedrich. *Anti-Dühring*. Rio de Janeiro, Paz e Terra, 1987.

_____. A "Contribuição à crítica da economia política" de Karl Marx. In: _____ ; MARX, Karl. *Obras escolhidas*, v. 1. Rio de Janeiro, Vitória, 1956.

_____. Contribuição à história da Liga dos Comunistas. In: _____ ; MARX, Karl. *Obras escolhidas* v. 3. Rio de Janeiro, Vitória, 1963.

_____. Critique du Programme d'Erfurt. In: _____ ; MARX, Karl. *Critique des programmes de Gotha e d'Erfurt*. Paris, Éditions Sociales, 1966.

_____. Princípios do comunismo. In: BUKHARIN, Nikolai. *ABC do comunismo*. São Paulo, Global, 1980.

FAUSTI, Luciano. *Intelletti in dialogo*: Antonio Gramsci e Piero Sraffa. Celleno, Fondazione Guido Piccini, 1998.

FETSCHER, Iring. *La filosofia politica di Rousseau*. Milão, Feltrinelli, 1977.

FINOCCHIARO, Maurice. A Gramsci e Gaetano Mosca. In: GIACOMINI, Ruggero; LOSURDO, Domenico; MARTELLI, Michele (eds.). *Gramsci e l'Italia*. Nápoles, La Città del Sole, 1994.

FIORANI, Mario. *Breve história do fascismo*. Rio de Janeiro, Civilização Brasileira, 1963.

FORNI, Guglielmo. *Alienazione e storia*: saggio su Rousseau. Bolonha, Il Mulino, 1976.

FRANCIONI, Gianni. *L'officina gramsciana*: ipotesi sulla struttura dei Quaderni del carcere. Nápoles, Bibliopolis, 1984.

_____. Proposta per una nuova edizione dei Quaderni del carcere (seconda stesura). In: *IG Informazioni*, Roma, Fondazione Istituto Gramsci, n. 2, 1992.

FREDERICO, Celso. *O jovem Marx (1843-1844)*: as origens da ontologia do ser social. São Paulo, Cortez, 1995.

GERRATANA, Valentino. *Gramsci*: problemi di método. Roma, Editori Riuniti, 1997.

_____. Il concetto di egemonia nell'opera di Gramsci. In: BARATTA, Giorgio; CATTONE, Andrea (eds.). *Antonio Gramsci e il "progresso intellettuale di massa"*. Milão, Unicopli, 1995.

_____. Osservazioni sulle proposte di Gianni Francioni. In: *IG Informazioni*, Roma, Fondazione Istituto Gramsci, n. 2, 1992.

_____. Punti di riferimento per un'edizione critica dei Quaderni del cárcere. In: *Critica Marxista*: Prassi rivoluzionaria e storicismo in Gramsci, caderno n. 3, 1967.

_____. Stato, partito, strumenti e istituti dell'egemonia nei Quaderni del cárcere. In: GERRATANA, V.; GIOVANNI, B. De; PAGGI, L (orgs.). *Egemonia, Stato, partito in Gramsci*. Roma, Editori Riuniti, 1977.

_____. Sulla preparazione di un'edizione critica dei Quaderni del cárcere. In: FERRI, Franco (ed.). *Gramsci e la cultura contemporanea*, v. 2. Roma, Editori Riuniti, 1969.

GRAMSCI, Antonio. *Cadernos do cárcere*. Rio de Janeiro, Civilização Brasileira, 1999-2002. 6 v.

_____. *Cahiers de prison*. Paris, Gallimard, 1978-1996. 5 v.

_____. *Cartas do cárcere*. Rio de Janeiro, Civilização Brasileira, 2005. 2 v.

_____. *Escritos políticos*. Rio de Janeiro, Civilização Brasileira, 2004. 2 v.

_____. *Il materialismo storico e la filosofia di Benedetto Croce*. Turim, Einaudi, 1948.

_____. *Lettere dal carcere*. Turim, Einaudi, 1965.

_____. *Lettere dal carcere*. Palermo, Sellerio, 1996.

_____. *Prison Notebooks* v. 1 e 2. Nova York, Columbia University Press, 1992-1996.

_____. *Quaderni del carcere*. Turim, Einaudi, 1975. 4 v.

_____. *Quaderni del carcere*. I. Quaderni di traduzione. Roma, Istituto dell'Enciclopedia Italiana, 2007. 2 v.

_____. *Quaderni del carcere*. Edizione anastatica dei manoscritti. Roma/Cagliari, Biblioteca Trecani/L'Unione Sarda, 2009. 18 v.

HABERMAS, Jürgen. *Teoría de la acción comunicativa*. Madri, Taurus, 1987.

HEGEL, G. W. F. *A razão na história*. São Paulo, Moraes, 1990.

_____. *A sociedade civil-burguesa*. Campinas, IFCH/Unicamp, 1996, "Textos didáticos", n. 21.

_____. *Du droit naturel*. Paris, Vrin, 1990.

_____. *Fenomenologia do espírito*, v. 2. Petrópolis, Vozes, 1992.

_____. *Grundlinien der Philosophie des Rechts*. Frankfurt, Suhrkamp, 1995.

_____. *La positividad de la religión Cristiana*. In: _____. *Escritos de juventud*. México, Fondo de Cultura Económica, 1978.

_____. *Linhas fundamentais da Filosofia do direito*. Terceira parte: a eticidade, Terceira seção: o Estado. Campinas, Unicamp, 1998.

ISTITUTO GRAMSCI (ed.). *Studi gramsciani*. Roma, Editori Riuniti, 1958.

LEFORT, Claude. *A invenção democrática*: os limites do totalitarismo. São Paulo, Brasiliense, 1983.

LENIN, Vladimir I. *Cadernos sobre a dialética de Hegel*. Rio de Janeiro, UFRJ, 2011.

_____. *Materialismo e empiriocriticismo*. Rio de Janeiro, Calvino, 1946.

_____. *O Estado e a revolução*. São Paulo, Global, 1987.

_____. *O programa agrário*. São Paulo, Ciências Humanas, 1980.

LIGUORI, Guido. *Gramsci conteso*: storia di un dibattito 1922-1996. Roma, Editori Riuniti, 1996.

_____. Le edizioni dei Quaderni di Gramsci tra filologia e politica. In: BARATTA, Giorgio; LIGUORI, Guido (orgs.). *Gramsci da un secolo all'altro*. Roma, Editori Riuniti, 1999.

LO PIPARO, Franco. *Lingua, intellettuali, egemonia in Gramsci*. Roma/Bari, Laterza, 1979.

LOSURDO, Domenico. *Hegel*: questione nazionale, restaurazione. Urbino, Università degli Studi, 1983.

_____. *Hegel e la libertà dei moderni*. Roma, Editori Riuniti, 1992.

LÖWY, Michael. Gramsci e Lukács: em direção a um marxismo antipositivista. In: _____. *Romantismo e messianismo*. São Paulo, Edusp/Perspectiva, 1990.

LUKÁCS, G. *Arte e sociedade*. Escritos estéticos 1932-1967. Rio de Janeiro, UFRJ, 2009.

_____. Arte y verdad objetiva. In: _____. *Problemas del realismo*. México/Buenos Aires, Fondo de Cultura Económica, 1966.

_____. *A falsa e a verdadeira ontologia de Hegel*. São Paulo, Ciências Humanas, 1979.

_____. *Estetica*. Turim, Einaudi, 1970. 2 v.

_____. *Existencialismo ou marxismo?*. São Paulo, Ciências Humanas, 1979.

_____. *Frühschriften II*. Geschichte und Klassenbewusstsein. Neuwied/Berlim, Luchterhand, 1968.

_____. *História e consciência de classe*. São Paulo, Martins Fontes, 2003.

_____. *Il giovane Hegel e i problemi della società capitalística*. Turim, Einaudi, 1960.

_____. *Introdução a uma estética marxista*. Rio de Janeiro, Civilização Brasileira, 1970.

_____. *Marxismo e teoria da literatura*. São Paulo, Expressão Popular, 2010.

_____. *Os princípios ontológicos fundamentais de Marx*. São Paulo, Ciências Humanas, 1979.

_____. *Per l'ontologia dell'essere sociale*. Roma, Editori Riuniti, 1976-1981. 3 v.

_____. *Prolegômenos para uma ontologia do ser social*. São Paulo, Boitempo, 2010.

_____. *Scritti politici giovanili*: 1919-1928. Bari, Laterza, 1972.

_____. *Socialismo e democratização*: escritos políticos 1956-1971. Rio de Janeiro, Editora UFRJ, 2008.

_____. Tecnologia e relações sociais. In: BERTELLI, Antonio Roberto (org.). *Bukharin, teórico marxista*. Belo Horizonte, Oficina do Livro, 1989.

MACPHERSON, C. B. *A democracia liberal*: origens e evolução. Rio de Janeiro, Zahar, 1978.

_____. *The Political Theory of Possessive Individualism*. Oxford, Oxford University Press, 1962.

MARX, Karl. *Crítica da filosofia do direito de Hegel*. São Paulo, Boitempo, 2005.

_____. *Grundrisse*: manuscritos econômicos de 1857-1858 – Esboços da crítica da economia política. São Paulo/Rio de Janeiro, Boitempo/Ed. UFRJ, 2011.

_____. *Miséria da filosofia*. São Paulo, Expressão Popular, 2009.

_____. *O capital*, v. 1. Rio de Janeiro, Civilização Brasileira, 1968.

_____. *O 18 de brumário de Luís Bonaparte*. São Paulo, Boitempo, 2011.

_____. Prefácio [1859] de Contribuição à crítica da economia política. In: _____; ENGELS, Friedrich. *Obras escolhidas*, v. 1. Rio de Janeiro, Vitória, 1956.

_____. *Sobre a questão judaica*. São Paulo, Boitempo, 2010.

_____; ENGELS, Friedrich. *A ideologia alemã*. São Paulo, Boitempo, 2007.

_____; _____. *A sagrada família*. São Paulo, Boitempo, 2003.

_____; _____. *Manifesto Comunista*. São Paulo, Boitempo, 1998.

MEDICI, Rita. *Giobbe e Prometeo*: filosofia e politica nel pensiero di Antonio Gramsci. Florença, Alinea, 2000.

MERQUIOR, José Guilherme. *Rousseau e Weber*. Rio de Janeiro, Guanabara, 1990.

MONDOLFO, Rodolfo. *Rousseau y la conciencia moderna*. Buenos Aires, Eudeba, 1962.

MONTANARI, Marcello. Introdução. In: GRAMSCI, Antonio. *Pensare la democrazia*: antologia dei Quaderni del cárcere. Turim, Einaudi, 1997.

_____. *Studi su Gramsci*: americanismo, democrazia e teoria della storia nei Quaderni del cárcere. Lecce, Pensamultimidia, 2002.

NOGUEIRA, Marco Aurélio. Gramsci, a questão democrática e a esquerda no Brasil. In: COUTINHO, Carlos Nelson; NOGUEIRA, Marco Aurélio (orgs.). *Gramsci e a América Latina*. Rio de Janeiro, Paz e Terra, 1988.

OLDRINI, Guido. Gramsci e Lukács avversari del marxismo della Seconda Internazionale. In: _____. *I compiti della intellettualità marxista*. Nápoles, La Città del Sole, 2000.

_____. *György Lukács e i problemi del marxismo del Novecento*. Nápoles, La Città del Sole, 2009.

PLATONE, Felice. Relazione sui quaderni del carcere. Per una storia degli intellettuali italiani. In: *Rinascita*, ano 3, n. 1-2, jan.-fev. 1946.

RILEY, Patrick. *The General Will before Rousseau*. Princeton, Princeton University Press, 1986.

RITTER, Joachim. *Hegel et la Révolution Française*. Paris, Beauchesne, 1970.

ROSENKRANZ, Karl. *Vita di Hegel*. Milão, Mondadori, 1974.

ROUSSEAU, Jean-Jacques. *Discurso sobre a origem e os fundamentos da desigualdade entre os homens*. São Paulo, Abril Cultural, 1973 (Os Pensadores).

_____. *Do contrato social*. São Paulo, Abril Cultural, 1973, (Os Pensadores).

_____. *Oeuvres complètes*. Paris, Gallimard, 1964-1995. 5 v.

RUBEL, Maximilien. *Crónica de Marx*. Barcelona, Anagrama, 1963.

SADER, Emir (org.). *Vozes do século:* entrevistas da New Left Review. São Paulo, Paz e Terra, 1997.

SECCO, Lincoln. *Gramsci e o Brasil*: recepção e difusão de suas ideias. São Paulo, Cortez, 2002.

SIMIONATTO, Ivete. *Gramsci*: sua teoria, incidência no Brasil, influência no Serviço Social. São Paulo/Florianópolis, Cortez/UFSC, 1995.

SOBOUL, Albert. Jean-Jacques Rousseau et le jacobinisme. *Studi storici*. Roma, n. 1, 1963.

SPRIANO, Paolo. *Gramsci in carcere e il partito*. Roma, Editori Riuniti, 1977.

SRAFFA, Piero. *Lettere a Tania per Gramsci*. Roma, Editori Riuniti, 1991.

TALMON, Jacob Leib. *The Origins of Totalitarian Democracy*. Londres, Secker & Warburg, 1952.

VACCA, Giuseppe. Togliatti editore delle Lettere e dei Quaderni. In: _____. *Appuntamenti con Gramsci*. Roma, Carocci, 1999.

VOLPE, Galvano Della. *Rousseau e Marx*. Roma, Editori Riuniti, 1962.

WEIL, Éric. *Hegel et l'État*. Paris, Vrin, 1950.

ZANARDO, Aldo. Il manuale di Bucharin visto dai comunisti tedeschi e da Gramsci. In: ISTITUTO GRAMSCI (org.). *Studi gramsciani*. Roma, Editori Riuniti, 1958.

Índice onomástico

A
Adler, Max, 75
Adorno, Theodor W., 22
Agosti, Héctor P., 101
Alessandroni, Emiliano, 149
Althusser, Louis, 16, 27
Arendt, Hannah, 10,
Aristóteles, 121
Avineri, Shlomo, 49

B
Babeuf, Grachus, 33
Baczko, Bronislaw, 24
Baratta, Giorgio, 80, 108, 140
Bauer, Otto, 75
Benjamin, Walter, 22
Berlin, Isaiah, 22
Berman, Marshall, 66
Blanqui, Auguste, 69
Bobbio, Norberto, 58
Bordiga, Amadeo, 91
Borhese, Lucia, 96
Bresciani, Antonio, padre, 125
Bukharin, Nicolai Ivanovitch, 86, 93,107, 116, 151, 155, 156, 158
Buttigieg, Joseph A., 81, 97, 150
Buzzi, Arcangelo R., 108

C
Caprioglio, Sergio, 91, 100
Cardoso, Fernando Henrique, 27
Cassirer, Ernst, 15, 36
Cattone, Andrea, 140
Cerroni, Umberto, 69
Ciasca, Raffaele, 126
Claudín, Fernando, 57
Coletti, Lucio, 22, 26
Constant, Benjamin, 27
Corradini, Enrico, 125
Cosmo, Umberto, 84
Coutinho, Carlos Nelson, 41, 52, 71, 76, 81, 85, 97, 100, 101, 109, 112, 114, 119, 133, 152, 158
Croce, Benedetto, 85, 91, 108, 123, 126, 133, 134

D
Daniele, Chiara, 88
Dante Alighieri, 84, 123
De Man, Henri, 124
Della Volpe, Galvano, 22, 27
Derathé, Robert, 18, 20, 25
Di Benedetto, Donatella, 98
Dimitrov, Gueorgui Mikailovitch, 89, 90, 92
Durkheim, Émile, 18

E

Einaudi, Giulio, 91, 94
Einaudi, Mario, 23
Engels, Friedrich, 21, 22, 25, 29, 55, 57-76, 93, 115, 116, 117, 139, 140, 143, 151

F

Fausti, Luciano, 88
Ferri, Franco, 81, 94, 97, 98, 99, 100
Fetscher, Iring, 17, 26, 35
Feuerbach, Ludwig, 62, 68, 158
Fichte, Johann Gottlieb, 42, 44, 134, 143, 154
Finocchiaro, Maurice A., 113
Fiorani, Mario, 98, 99
Forni, Guglielmo, 24
Francioni, Gianni, 95, 96, 97, 103
Frederico, Celso, 58
Fubini, Elsa, 91, 100

G

Gazzaneo, Luiz Mário, 99
Gentile, Giovanni, 133, 134
Gerratana, Valentino, 81, 82, 83, 85, 88, 91, 93, 94, 95, 96, 97, 101, 102, 104, 105. 139-147
Giacomini, Ruggero, 114
Goethe, Johann Wolfgang, 81
Gramsci, Antonio, 10, 11, 37, 48, 56, 75, 79-168
Grimm, Jacob e Wilhelm, irmãos, 81, 96

H

Habermas, Jürgen, 118
Hegel, Georg Wilhem Friedrich, 10, 11, 17, 21, 37, 39, 41-56, 59, 60, 63, 64, 65, 66, 75, 116, 133, 134, 135, 136
Henriques, Luiz Sérgio, 81, 109
Hobbes, Thomas, 10, 17, 18, 19, 21, 28, 29, 59, 115
Horkheimer, Max, 22

I

Ibsen, Henrik, 123

K

Kant, Immanuel, 15, 30, 36, 42, 44, 133
Konder. Leandro, 99, 100, 152
Korsch, Karl, 152

L

Lefort, Claude, 62
Lenin, Vladimir Ilitch Ulianov, 54, 93, 108, 110, 128, 140, 142, 143, 144, 145, 149, 153, 155, 158
Lessa, Sérgio, 152
Lévi-Strauss, Claude, 27
Liguori, Guido, 80, 93
Lo Piparo, Franco, 144
Locke, John, 10, 17, 18, 19, 21, 22, 28, 29, 30, 31, 33, 34, 45, 59
Loria, Achille, 116
Losurdo, Domenico, 49, 55, 114
Löwy, Michael, 149, 155
Lukács, György, 19, 22, 42, 43, 54, 63, 71, 107, 112, 115, 119, 149-168
Luxemburgo, Rosa, 119

M

Machado, Lourdes Santos, 16
Macpherson, Crawford Brough, 18, 27
Manacorda, Gastone, 94
Mandeville, Bernard, 26
Manuilski, Dimitri Zakharovitch, 88, 89
Maquiavel, Nicolau, 10, 86, 108, 113, 126, 127, 128, 137
Martelli, Michele, 114
Marx, Karl, 10, 11, 17, 21, 22, 24, 25, 26, 29, 38, 43, 46, 52, 53, 55, 56, 57-76, 81, 103, 108, 110, 112, 113, 115, 116, 117, 128, 129, 132, 133, 134, 136, 139, 140, 141, 142, 143, 153, 155
Medici, Lorenzo de, 126

Medici, Rita, 118
Merquior, José Guilherme, 22, 27, 28
Michels, Robert, 137
Mondolfo, Rodolfo, 22
Montanari, Marcello, 141
Montesquieu, Charles de Sécondat, barão de, 10, 17, 18, 20, 26
Mosca, Gaetano, 108, 113
Müller, Marcos Lutz, 43
Mussolini, Benito, 91

N
Nogueira, Marco Aurélio, 81, 97, 109

O
Oldrini, Guido, 149, 155, 156, 157

P
Paris, Robert, 104
Pinassi, Maria Orlanda, 152
Platão, 10
Platone, Felice, 91, 92

R
Rawls, John, 10
Ricardo, David, 63, 112, 113
Riley, Patrick, 35
Ritter, Joachim, 42
Robespierre, Maximilien, 34
Rosenkranz, Karl, 42
Rousseau, Jean-Jacques, 10, 11, 15-39, 41, 43, 44, 47-54, 58, 60, 61, 62, 63, 65, 66, 70, 133, 134 , 136
Rubel, Maximilien, 75

S
Sader, Emir, 152
Saint-Just, Louis Antoine, 34
Santucci, Antonio A., 91
Schucht, Tatiana, 79, 82, 87, 88, 89, 102
Secco, Lincoln, 97
Silveira, Ênio, 98-101
Simionatto, Ivete, 97
Smith, Adam, 26, 43, 45, 46, 63, 112, 113
Soboul, Albert, 34
Sorel, Georges, 135
Spriano, Paolo, 88, 89
Sraffa, Piero, 87, 88
Stalin, Josip Vissarionovith Djugashvili, 93, 155
Steuart, James, 43, 63
Szabó, Tibor, 149

T
Talmon, Jacob Leib, 27, 28
Togliatti, Palmiro, 87-94, 123
Trivelli, Renzo, 98

V
Vacca, Giuseppe, 88, 89, 94, 98
Vico, Giambattista, 108
Voltaire, François-Marie Arouet, 27

W
Weber, Max, 54, 115, 137
Weil, Eric, 49
Weitling, Wilhelm, 57

Z
Zanardo, Aldo, 156

Este livro foi composto em Adobe Garamond Pro,
corpo 11/13,2 e reimpresso em papel Avena 80 g/m²
pela gráfica Forma Certa, para a Boitempo, em abril
de 2025, com tiragem de 500 exemplares.